GUIA COMPLETO DA MENOPAUSA

Dra. Susan M. Lark

GUIA COMPLETO DA MENOPAUSA

PARA A MULHER SE SENTIR MARAVILHOSAMENTE BEM NA SEGUNDA METADE DA VIDA

O primeiro método prático, totalmente natural, de avaliar e prevenir todos os sintomas da menopausa

Tradução
PAULO CESAR DE OLIVEIRA

EDITORA CULTRIX
São Paulo

Título do original:
The Menopause Self Help Book

Para Jim, meu maravilhoso marido, a quem sou grata por toda a sua ajuda. E para minha querida filha Rebecca, a quem agradeço por ser tão alegre.

NOTA: Este livro só deve ser usado como obra de referência, não como manual de medicina. As informações aqui apresentadas visam ajudar você a tomar decisões conscientes acerca da sua saúde. Elas não pretendem ser um substituto para nenhum tratamento que possa ter sido prescrito pelo seu médico. Se você suspeita de que está com algum problema de saúde, insistimos para que procure assistência médica.

Fotografias: Pete Macchia.

O primeiro número à esquerda indica a edição, ou reedição, desta obra. A primeira dezena à direita indica o ano em que esta edição, ou reedição, foi publicada.

Edição	Ano
1-2-3-4-5-6-7-8-9-10	01-02-03-04-05-06-07

Direitos de tradução para a língua portuguesa
adquiridos com exclusividade pela
EDITORA PENSAMENTO-CULTRIX LTDA.
Rua Dr. Mário Vicente, 368 — 04270-000 — São Paulo, SP
Fone: 272-1399 — Fax: 272-4770
E-mail: pensamento@cultrix.com.br
http://www.pensamento-cultrix.com.br
que se reserva a propriedade literária desta tradução.

Impresso em nossas oficinas gráficas.

Sumário

INTRODUÇÃO
Uma Abordagem de Auto-ajuda para a Menopausa

Escrevi este livro de auto-ajuda para a menopausa para mais de 50 milhões de mulheres norte-americanas com mais de 50 anos de idade e para milhões de outras mulheres que têm entre 35 e 49 anos. Como atualmente estou na casa dos 50, compartilho o mesmo interesse em permanecer forte e saudável depois da menopausa. Todas queremos minimizar os sintomas e incômodos da menopausa e retardar o processo de envelhecimento. Queremos continuar sendo produtivas e desfrutar a segunda metade da nossa vida dispondo de energia e vitalidade.

Muitas mulheres, porém, estão longe de ter uma menopausa tranqüila e livre de sintomas. É grande o número de mulheres na casa dos 30 e dos 40 anos que apresentam aumento da tensão pré-menstrual, irregularidade menstrual e uma diminuição da fertilidade à medida que vão-se aproximando da menopausa. Quando chegam aos 50 anos, a maioria das mulheres já parou completamente de menstruar. A drástica redução nos níveis hormonais associada à menopausa provoca uma nova série de problemas, incluindo ondas de calor, suores noturnos, oscilações de humor e redução da densidade óssea. A incidência de outros problemas de saúde, tais como doenças cardíacas e câncer, começa a se elevar.

Muitos desses sintomas e problemas de saúde relacionados com a menopausa podem ser prevenidos ou, pelo menos, minimizados por meio de técnicas apropriadas de auto-ajuda. Essas técnicas, que incluem orientações nutricionais específicas para mulheres na menopausa, bem como recomendações relativas a suplementos nutricionais, programas de exercícios físicos e técnicas de redução do *stress*, podem ter efeitos muito benéficos para mulheres que estão na meia-idade ou já a ultrapassaram. Infelizmente, a maior parte dessas informações importantes estão escondidas em revistas médicas especializadas e não foram colocadas ao alcance das mulheres que delas necessitam.

Embora tenham sido escritos muitos livros sobre a menopausa, eles analisaram principalmente os sintomas da menopausa e os tratamentos hormonais padronizados que em geral são recomendados e prescritos pelos médicos. Todavia, apenas 30 por cento das mulheres norte-americanas que já passaram pela menopausa optam pela terapia de reposição hormonal, seja por causa de problemas médicos preexistentes, seja por não quererem tomar medicamentos. Tem sido pequena a disponibilidade de informações aprofundadas acerca do que as mulheres podem fazer por si mesmas em favor da própria saúde e bem-estar. Escrevi este livro para suprir essa carência de informações de auto-ajuda mais completas.

Ao longo de mais de duas décadas, trabalhei com milhares de mulheres que já haviam passado pela menopausa ou que estavam vivendo os anos que a precedem. Todas as minhas pacientes manifestavam um grande interesse por informações que as ajudassem a se manter saudáveis e livres de sintomas. Todas essas informações de auto-ajuda agora estão disponíveis neste livro, e espero que, tal como as minhas pacientes, você também o considere útil. Essas medidas preventivas trouxeram enormes benefícios também para mim.

Como Usar o *Guia Completo da Menopausa*

Um programa de auto-ajuda para a menopausa é importante para todas as mulheres. Você irá obter importantes benefícios com esse programa, esteja ou não fazendo a terapia de reposição hormonal. Para oferecer-lhe uma ampla gama de opções, incluí neste livro muitas técnicas de auto-ajuda. Um plano de tratamento que utilize apenas um método e que pretenda ser o único tratamento para a menopausa provavelmente irá funcionar apenas para uma pequena porcentagem das mulheres. Em minha experiência clínica, descobri que os resultados são muito melhores quando é feito um programa de tratamento totalmente individualizado para cada paciente. Ao utilizar simultaneamente tratamentos originários de diversas disciplinas, a maioria das mulheres encontra uma combinação que funciona para elas. Haverá uma combinação que funciona também para você.

Este programa é estabelecido de modo que você possa desenvolver o seu próprio plano de tratamento. Todos os métodos de que você precisa são apresentados neste livro, incluindo nutrição, técnicas de redução do *stress*, exercícios, massagem por acupressão, exercícios de compressão de pontos específicos e yoga. Também incluí uma grande quantidade de informações sobre vitaminas, sais minerais e ervas úteis para combater ou prevenir os sintomas da menopausa. O uso de suplementos nutricionais é uma parte muito importante do programa de otimização da saúde para mulheres que estão passando pelos anos da menopausa. Leia primeiramente o livro todo para familiarizar-se com o material. O Caderno de Avaliação da Menopausa (Capítulo 3) irá ajudá-la a avaliar os seus sintomas, ao passo que a Tabela de Tratamento da Menopausa (Capítulo 4) irá lhe dizer quais tratamentos devem ser usados para cada conjunto específico de sintomas. Eles podem ser usados com rapidez e facilidade, poupando-lhe muitas horas de trabalho. Incluí também informações sobre a terapia de reposição de estrógeno, que há muito tempo vem sendo o tratamento médico tradicional para a menopausa. Para ajudar você a tomar a sua própria decisão acerca de usar ou não a terapia de reposição de estrógeno, incluí um capítulo (Capítulo 16) que apresenta uma revisão completa dos aspectos positivos e negativos da reposição hormonal.

Há uma forma simples e rápida para você descobrir o que irá funcionar para o seu caso: experimente todas as terapias relacionadas abaixo do seu conjunto de sintomas e você provavelmente irá descobrir que sua sensação subjetiva de bem-estar é maior com algumas do que com outras. Estabeleça um regime que funcione para o seu caso e use-o todos os dias. Este programa é prático e fácil de seguir, podendo ser utilizado sozinho ou em conjunto com um programa de tratamento médico. E o melhor é que ele funciona. A sensação de bem-estar que você poderá obter com um programa de auto-ajuda irá irradiar-se e colorir toda a sua vida. Você terá mais tempo e energia para dedicar ao seu trabalho, à sua família e a outros prazeres da vida.

PARTE I: O Problema

CAPÍTULO 1
O Que é Menopausa?

O significado da palavra ***menopausa*** varia de mulher para mulher. Para algumas, menopausa é um processo que se inicia na meia-idade e vai até o fim da vida. Outras encaram a menopausa como um conjunto de sintomas, tais como ondas de calor e suores noturnos, que se manifestam em torno dos 50 anos de idade, quando os seus níveis hormonais começam a cair. Na realidade, a palavra ***menopausa*** refere-se ao término do sangramento menstrual. Conquanto a maioria das mulheres passe pela menopausa entre os 48 e os 52 anos de idade, algumas mulheres param de menstruar já no final da casa dos 30 ou início da casa dos 40, enquanto outras continuam a menstruar até depois dos 55 anos.

Na maioria das mulheres, o processo que leva à menopausa ocorre gradualmente, deflagrado por uma queda da função ovariana. Esse processo inicia-se de quatro a seis anos antes da última menstruação e prossegue por vários anos depois disso. Durante esse período, há uma queda na produção de estrógeno pelos ovários, a qual acaba chegando a níveis tão baixos, que os ciclos menstruais tornam-se irregulares e, por fim, cessam inteiramente. Em algumas mulheres essa transição para um novo equilíbrio hormonal é fácil e tranqüila. Em muitas, no entanto, a transição é difícil e marcada por muitos sintomas desconfortáveis, tais como ondas de calor, suores noturnos, oscilações de humor e secura vaginal. Algum tipo de sintoma é experimentado por 80 por cento de todas as mulheres que passam pela menopausa. Para compreender melhor esse processo, vejamos como é o ciclo menstrual normal para podermos compreender as mudanças que ocorrem durante esse período.

O Ciclo Menstrual Normal

A cada mês, as mulheres que estão no período fértil (antes dos 45 a 50 anos) têm uma menstruação, a perda do revestimento uterino. O revestimento interno do útero aumenta em espessura ao longo do ciclo mensal em virtude de um aumento do suprimento de sangue e de micronutrientes. Esse espessamento prepara o útero para o crescimento e desenvolvimento do óvulo fertilizado, o qual irá viver no útero durante os próximos nove meses. Se a gravidez não ocorre, esse revestimento não é necessário e o útero se livra das células por meio do sangramento mensal.

Os óvulos acham-se em forma inativa e, a cada ciclo menstrual, amadurecem dentro de estruturas chamadas folículos, contidas nos ovários. Os ovários localizam-se na região pélvica da mulher e contêm todos os seus óvulos. Ao nascer, cada bebê do sexo feminino tem aproximadamente um milhão de óvulos. A cada mês, hormônios produzidos pela hipófise, chamados de LH e FSH, fazem com que os folículos amadureçam e que um deles se desenvolva, dando origem a um óvulo. Ao fazer isso, o folículo começa a produzir os hormônios estrógeno e progesterona. Além de preparar o óvulo para ser fertilizado, esses hormônios também estimulam o revestimento interno do útero a preparar um ambiente adequado para o desenvolvimento do ovo. O estrógeno e a progesterona também controlam os óbvios sinais físicos de feminilidade, tais como o desenvolvimento das mamas e o crescimento dos pêlos pubianos. O nível de estrógeno aumenta durante a primeira metade do ciclo e a produção de progesterona ocorre da metade do ciclo em diante, quando

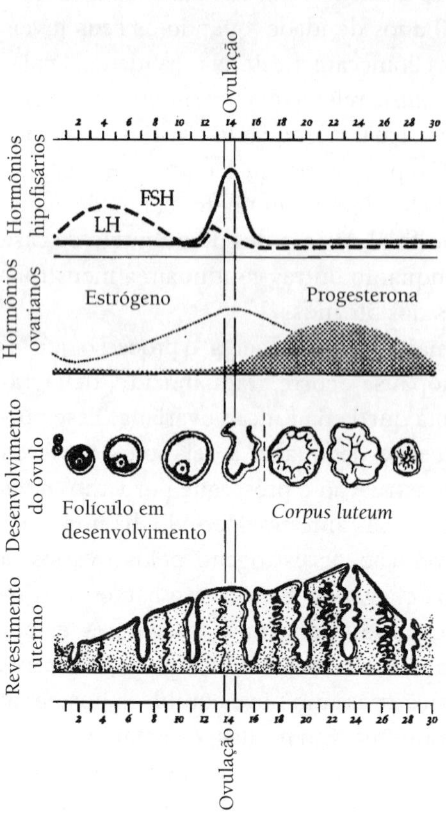

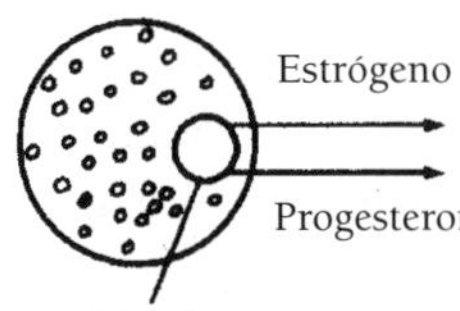

ocorre a ovulação. Esta é a produção, num dos dois ovários, de uma célula-ovo madura, a qual desce pela tuba uterina e chega até o útero, marcando a fase do ciclo em que existe a possibilidade de a mulher engravidar.

À medida que a mulher vai-se aproximando da menopausa, o número de óvulos contidos em seus ovários começa a diminuir. Essa diminuição ocorre de forma progressiva ao longo da vida e deve-se tanto a uma longevidade intrínseca como também a uma combinação de fatores ambientais (como a exposição a substâncias químicas tóxicas ou à radiação, as quais podem lesar e destruir os óvulos). Quando uma mulher chega à menopausa, a maioria dos seus óvulos já foram destruídos e os ovários deixaram de funcionar. O resultado é que, na casa dos 50, ocorre uma drástica queda na produção de estrógeno e progesterona. A seção seguinte abordará os sintomas que se manifestam à medida que a mulher se aproxima da menopausa e passa por ela.

Sangramento Irregular Intenso

Em muitas mulheres, a diminuição da ovulação e dos níveis hormonais, que ocorre entre o meio e o final da casa dos 40, podem causar intensos sangramentos irregulares. Os ciclos menstruais podem-se tornar mais curtos e o intervalo entre uma menstruação e outra diminui. O sangramento pode também ser extremamente intenso e estender-se por um período maior. Não são incomuns períodos menstruais com duração de sete a dez dias, havendo alguns casos de mulheres que sangram durante todo o mês. Essa perda de sangue pode ser perigosa, visto que pode redundar em anemia. À proporção que a menopausa vai-se aproximando, o padrão se inverte e os períodos menstruais vão-se tornando mais distantes e a perda de sangue menos intensa. A fase de sangramento intenso pode ser tratada com uma operação chamada dilatação e curetagem (D&C).

A D&C irá fazer cessar o sangramento e também excluirá outras causas de sangramento, como o câncer. Com esse procedimento, o revestimento interno do útero é removido por uma técnica de sucção ou de raspagem, com a paciente sob anestesia local ou geral. Uma amostra de células é analisada para se verificar a possível presença de algum padrão anormal. Se o sangramento for causado por desequilíbrios hormonais relacionados com a aproximação da menopausa, os sintomas poderão voltar a ocorrer. Nesse caso, o sangramento pode ser tratado com progestágenos – suplementos hormonais, semelhantes à progesterona. A progesterona natural atua no sentido de limitar a quantidade de sangramento do revestimento interno do útero durante a segunda metade do ciclo menstrual. As mulheres que estão passando pelos anos que antecedem a menopausa apresentam deficiência de progesterona e talvez tenham de usar progestá-

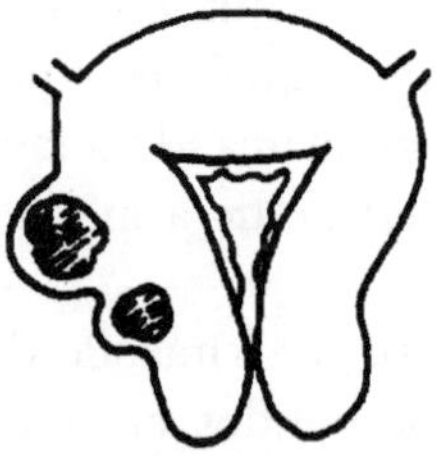

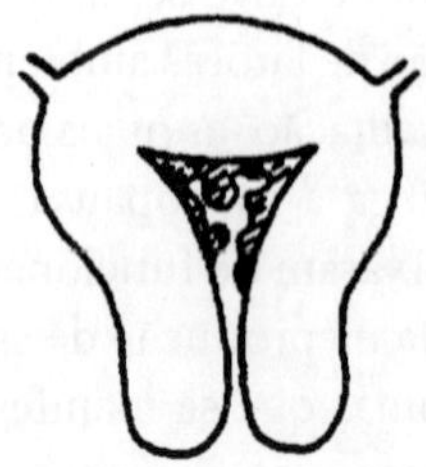

genos para limitar a perda de sangue. Os progestágenos podem ser tomados durante o mesmo período (por uma ou duas semanas, no final do ciclo menstrual). Quando eles são suspensos, ocorre um episódio de sangramento semelhante a uma menstruação normal, que dura menos de uma semana. Muitos fatores ambientais, como o *stress* emocional, o tabagismo e a ingestão excessiva de álcool poderão agravar o problema do sangramento. Em virtude de seus efeitos negativos, todos esses fatores podem fazer com que você se torne mais suscetível a apresentar intensos sangramentos irregulares. As técnicas para lidar com esses problemas são apresentadas na seção de auto-ajuda deste livro. As pesquisas médicas têm mostrado que deficiências de ferro, vitaminas e bioflavonóides podem agravar ou, até mesmo, causar sangramentos menstruais intensos e irregulares. Quantidades adequadas desses nutrientes devem ser incluídas em sua alimentação ou ingeridas na forma de suplementos.

Conquanto a maioria dos casos de sangramentos menstruais irregulares e intensos se devam à flutuação dos seus níveis hormonais à medida que você vai-se aproximando da menopausa, outros problemas médicos também podem causar sangramento. Entre esses, podemos citar miomas (crescimento excessivo do tecido muscular do útero), pólipos, câncer uterino e câncer cervical. Por essas razões, qualquer problema sério de sangramento deve ser avaliado pelo seu médico. Embora esses problemas sejam relativamente incomuns em comparação com o sangramento irregular causado por desequilíbrios hormonais, eles devem ser diagnosticados precocemente, enquanto ainda são fáceis de curar.

Ondas de Calor

As ondas de calor estão entre os sintomas mais incômodos apresentados pelas mulheres que estão passando pela menopausa. Elas se manifestam na forma de súbitos e intensos episódios de calor, antes e depois da menopausa. Esses episódios ocorrem de forma inesperada, quando a mulher de repente nota que está com calor e que precisa tirar a blusa ou jaqueta. Essa ocorrência muitas vezes está associada a uma sudorese de intensidade variável, a qual pode ser moderada em algumas mulheres e abundante em outras. Após o período inicial de calor, o suor esfria sua pele e ela começa a tremer. Essa instabilidade pode ser muito desconfortável para algumas mulheres, fazendo com que

elas fiquem tirando ou vestindo peças de roupa. As ondas de calor muitas vezes começam no peito, pescoço ou face, irradiando-se para outras partes do corpo. Oitenta por cento das mulheres na menopausa apresentam ondas de calor e, em 40 por cento delas, os sintomas são suficientemente intensos para levá-las a procurar ajuda médica. Embora a maioria dos episódios de ondas de calor pareçam ocorrer sem nenhum estímulo ambiental específico, tem sido observado que a ingestão de café e álcool podem causá-las. A freqüência, intensidade e duração das ondas de calor são muito variáveis. Embora na maioria das mulheres os episódios durem de dois a três minutos, eles podem ser mais demorados, chegando até mesmo a durar uma hora, em alguns casos. Na maioria das mulheres, os sintomas começam a ceder de quatro a seis anos depois do último período menstrual.

Conquanto a causa das ondas de calor não esteja clara, ela parece estar relacionada com a diminuição dos níveis de estrógeno por ocasião da menopausa. A hipófise reage à queda dos hormônios ovarianos, aumentando a produção de gonadotrofinas, num esforço para elevar os níveis de estrógeno. A hipófise, por sua vez, é estimulada por fatores de liberação produzidos pelo hipotálamo, o qual também controla a temperatura do corpo. Desse modo, o "termostato" existente no cérebro é afetado pela hipófise e pelas alterações nos níveis de hormônios ovarianos. O tratamento mais comum para esse problema é a terapia de reposição de estrógeno. Ela em geral é bastante eficaz e faz cessar os episódios de ondas de calor. Todavia, ela não é curativa, e as ondas de calor poderão voltar a ocorrer se o estrógeno for suspenso. É importante que uma mulher que sinta essas ondas de calor evite que seu corpo fique muito aquecido. Tomar muita água ao longo do dia, fazer pequenas refeições e evitar a ingestão de álcool ajudam a manter baixa a temperatura do corpo. É também importante não aquecer excessivamente sua casa nem usar roupas demasiado quentes. As perturbações emocionais também podem aumentar as ondas de calor, de modo que técnicas calmantes, como meditação e respiração profunda, também podem ser úteis. As pesquisas médicas também sugerem que a complementação com vitamina E e bioflavonóides pode ajudar a controlar as ondas de calor. Foram também feitas pesquisas com diversas plantas que servem como fonte de compostos com atividade estrogênica. Essas e outras estratégias para lidar com as ondas de calor acham-se analisadas com mais detalhes na seção de auto-ajuda deste livro.

Mudanças na Vagina e no Trato Urinário

À medida que os níveis de estrógeno vão diminuindo, no início da menopausa, os tecidos da vagina e da uretra passam por diversas mudanças. Os tecidos de revestimento da vagina e da uretra tornam-se mais finos, secos e inelásticos. Há

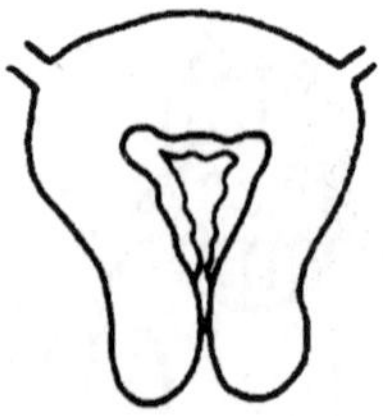

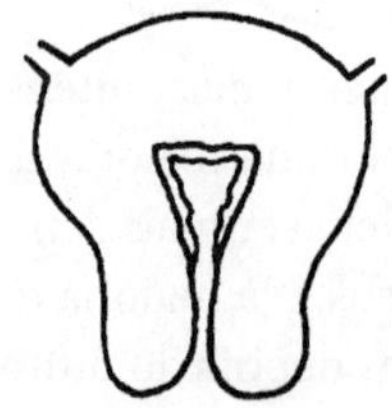

uma redução do suprimento sangüíneo para a região da vagina e da uretra. A produção de muco pelo colo do útero é menor do que nos anos férteis da mulher. A vagina na verdade se encolhe e torna-se muito mais curta e estreita.

O que isso significa para o estilo de vida da mulher durante os anos da menopausa? A relação sexual muitas vezes torna-se mais dolorosa e desconfortável. A excitação sexual não causa mais o mesmo nível de lubrificação e a capacidade de expansão da vagina em resposta à excitação sexual pode diminuir. As infecções vaginais podem tornar-se mais freqüentes, porque os tecidos são facilmente traumatizados. As mudanças que ocorrem nos tecidos da uretra podem aumentar a freqüência de micção. As mulheres descobrem que precisam se levantar à noite para esvaziar a bexiga. Ainda mais frustrante para algumas mulheres é a tendência de perderem urina quando riem, espirram ou tossem.

Felizmente, existem muitos métodos para ajudar a aliviar os incômodos causados pelas mudanças na vagina e na uretra. O estrógeno pode ser tomado na forma de pílulas ou aplicado regularmente nos tecidos vaginais na forma de um creme. (Podem ser usados também cremes contendo testosterona.) Esses tratamentos são muito eficazes para aumentar a espessura e promover a cura dos tecidos da vagina e da uretra. Infelizmente, mesmo com a reposição de estrógeno, a lubrificação vaginal em resposta à excitação sexual não é tão eficaz quanto costumava ser. Um lubrificante adicional, com o K-Y Gel, pode ser muito eficaz na solução desse problema. A obtenção regular de orgasmos e um comportamento carinhoso e sensível por parte do parceiro sexual podem ajudar a relaxar a musculatura pélvica, melhorando o fluxo de sangue para os tecidos vaginais. A suplementação com vitaminas e ervas pode também ser útil.

A vitamina E tem sido usada em apoio ao tratamento da vaginite atrófica. As vitaminas E e A também têm sido usadas com sucesso no tratamento de vulvovaginite e leucoplaquia vulvar, um problema de pele que costuma ocorrer depois da menopausa. Descobriu-se que diversas ervas, tais como a actéia e o alcaçuz, possuem atividade estrogênica e podem também ser úteis no tratamento desses sintomas.

Sintomas Psicológicos da Menopausa

As mulheres talvez notem a ocorrência de moderadas a intensas mudanças de humor na época da menopausa. Esses sintomas incluem insônia (muitas vezes associada a ondas de calor), irritabilidade, ansiedade e depressão. A instabilidade física devida à flutuação nos níveis de estrógeno e progesterona, conforme estes vão se reajustando a um nível de equilíbrio mais baixo, tem o seu correspondente também nas mudanças emocionais. Tanto o estrógeno como a progesterona têm sido estudados quanto a seus efeitos no humor: havendo predomínio de estrógeno, a mulher tende a sentir- se ansiosa; se a progesterona domina o cenário, a mulher pode sentir-se deprimida. Com a diminuição de ambos os hormônios, os sintomas podem variar desde a irritabilidade à depressão.

Essas mudanças de humor são vistas não apenas na menopausa mas também em diversas outras condições marcadas por desequilíbrios emocionais, incluindo a síndrome pré-menstrual, depressão pós-parto, após a remoção cirúrgica dos ovários ou como um efeito colateral de anticoncepcionais orais. A intensidade variável dos sintomas devese provavelmente às peculiaridades bioquímicas de cada mulher, bem como a fatores sociais. Os sintomas se agravam quando as mulheres estão sofrendo um intenso *stress* emocional ou quando adotam hábitos alimentares nocivos, tais como a ingestão excessiva de cafeína, açúcar ou álcool.

Existem muitos tratamentos que podem ajudar as mulheres a gozar de um estado de espírito mais calmo e tranqüilo durante os anos da menopausa. Muitos estudos com terapia de reposição hormonal demonstram a existência de efeitos benéficos sobre os sintomas psicológicos com o uso de estrógeno, progesterona e andrógenos em mulheres que estão passando pela menopausa. Para as mulheres que não querem usar a terapia de reposição hormonal, existem outros tratamentos úteis, incluindo o uso de triptofano (um aminoácido com efeito calmante) e suaves chás de ervas, como camomila e valeriana, tomados na hora de dormir. A prática regular de exercícios pode melhorar imensamente o seu humor, assim como a meditação e outras técnicas de relaxamento. A suplementação com potássio, magnésio, bioflavonóides e vitaminas B e E também pode contribuir para a redução da fadiga, ansiedade e depressão, podendo melhorar o humor e a sensação geral de bem-estar.

Osteoporose

A osteoporose é um dos problemas de saúde mais graves que podem ocorrer na menopausa. Tanto as mulheres quanto os homens tendem a perder massa óssea com a idade, e esse processo é acelerado nas mulheres com o início da menopausa. O estrógeno exerce um importante papel na manutenção da estrutura e da calcificação dos ossos. Com a queda nos níveis de estrógeno que ocorre na menopausa, esse importante suporte hormonal é perdido. Além disso, à medida que a idade avança, as mulheres podem perder a capacidade de absorver e

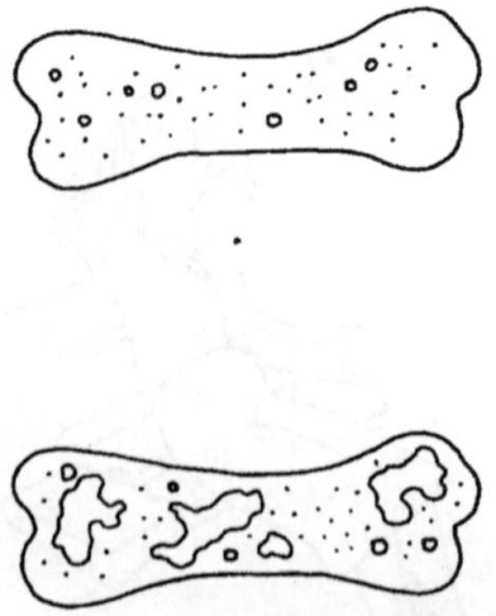

assimilar cálcio a partir da alimentação. Como o cálcio é um importante componente do tecido ósseo, a má absorção de cálcio ou uma dieta inadequada podem enfraquecer os ossos.

Existem muitos outros fatores genéticos e ambientais que podem aumentar o risco de desenvolver osteoporose, entre os quais uma alimentação rica em sal, proteína, cafeína e álcool. Níveis inadequados de vitamina D (seja devido à falta de exposição à luz solar ou à baixa ingestão) podem afetar a sua capacidade de absorver cálcio. As mulheres que fumam correm maior risco de desenvolver osteoporose, assim como aquelas que são magras e baixas. O exercício é necessário para fortalecer e aumentar a massa óssea. Infelizmente, muitas mulheres tornam-se mais sedentárias com a idade. Uma história familiar em que parentes do sexo feminino tenham sofrido de osteoporose aumenta o risco. (A exceção são as mulheres de origem africana, que desenvolvem a doença com menor freqüência.) Todos esses fatores se juntam para fazer com que 25 por cento da população feminina apresentem um elevado risco de desenvolver osteoporose.

Embora o grau de osteoporose piore de forma significativa numa mulher que esteja na casa dos 50, os sinais e sintomas clínicos se manifestam geralmente na casa dos 60 e dos 70. Fraturas de compressão de vértebras e fraturas de bacia estão entre os resultados mais comuns da osteoporose. A compressão de vértebras pode fazer com que as costas fiquem arqueadas e causar perda de altura e dores nas costas. As fraturas de bacia são igualmente comuns, ocorrendo mais de 100 mil casos por ano. Um terço dessas mulheres morrem em virtude das complicações e muitas outras sofrem de debilidade crônica em conseqüência da lesão.

É importante adotar medidas de prevenção contra a osteoporose, em vez de deixá-la desenvolver-se até transformar-se em uma condição avançada e incapacitante. A suplementação com estrógeno pode ajudar a prevenir a osteoporose em mulheres que correm um alto risco de desenvolver esse problema. Exercícios diários como caminhadas, subir escadas, dançar ou praticar *jogging* em ritmo lento são imprescindíveis. Os ossos respondem ao exercício tornando-se mais fortes e mais grossos. Recomenda-se que a suplementação com cálcio e vitamina D seja iniciada na casa dos 40, antes do início da menopausa. Sal, proteínas, café e álcool devem ser substituídos por uma dieta vegetariana modificada, rica em frutas, vegetais, cereais, legumes e verduras e com uma menor quantidade de proteínas provenientes da carne. Todas essas estratégias e outras formas de prevenção da osteoporose são analisadas com detalhes na parte deste livro dedicada à auto-ajuda.

CAPÍTULO 2

Outros Problemas de Saúde Depois da Menopausa

Este capítulo apresenta uma visão geral de outros problemas de saúde e de mudanças relacionadas com a idade que se tornam mais prevalentes nas mulheres após os anos da menopausa. A perda do suporte hormonal associada à menopausa parece aumentar a freqüência de muitas dessas doenças. Os efeitos visíveis do envelhecimento também aumentam depois da meia-idade. Em muitas mulheres, por exemplo, há um aumento das rugas da pele e um rareamento dos cabelos. Doenças ginecológicas, tais como câncer de mama ou de útero, bem como problemas relacionados com a queda dos hormônios tireoidianos, tornam-se mais prevalentes depois da menopausa. As mulheres apresentam hipertensão arterial e uma aceleração no desenvolvimento de doenças cardiovasculares.

Leia este livro com atenção, para verificar se você está correndo um risco elevado de apresentar quaisquer desses problemas. Muitas dessas doenças podem ser evitadas ou amenizadas pela adoção de boas práticas de medicina preventiva e por uma variedade de técnicas de auto-ajuda. Muitas dessas técnicas são apresentadas na seção de auto-ajuda deste livro.

Câncer de Mama

O câncer de mama é o câncer mais comum em mulheres com até 74 anos de idade. Mais de 180 mil mulheres receberam o diagnóstico de câncer de mama em 1994, tendo havido cerca de 46 mil mortes. A maioria dos casos foram diagnosticados entre os 45 e os 55 anos de idade, embora aproximadamente um terço deles tenham ocorrido em mulheres com mais de 65 anos. Estima-se que uma mulher em cada nove irá desenvolver câncer de mama ao longo da vida. Embora as causas do câncer de mama não sejam conhecidas, diversos fatores acham-se associados a um risco aumentado de desenvolver a doença, incluindo:

- Câncer de mama anterior
- Parentes próximos (mãe, irmã, avó, tia) com câncer de mama
- Hiperplasia atípica diagnosticada em biópsia de mama
- Menstruação precoce (antes dos 12 anos) e/ou menopausa tardia (após os 50 anos)
- Maternidade tardia ou nuliparidade
- Ser membro de certos grupos étnicos como, por exemplo, judeus de origem européia, nórdicos
- Dieta rica em gordura
- Terapia de reposição hormonal
- Baixos níveis de selênio
- Baixos níveis de iodo

A detecção precoce da doença tem um efeito significativo sobre as taxas de sobrevivência, o que é particularmente importante para as mulheres que fazem parte dos grupos de risco. Os métodos de detecção precoce incluem:

- Auto-exame completo da mama, todo mês
- Exame anual da mama, realizado por médico
- Mamografia de referência, tirada entre os 35 e os 40 anos de idade
- Mamografia anual após os 50 anos (a cada dois anos para mulheres entre 40 e 50 anos e para mulheres de grupos de risco com mais de 35 anos)

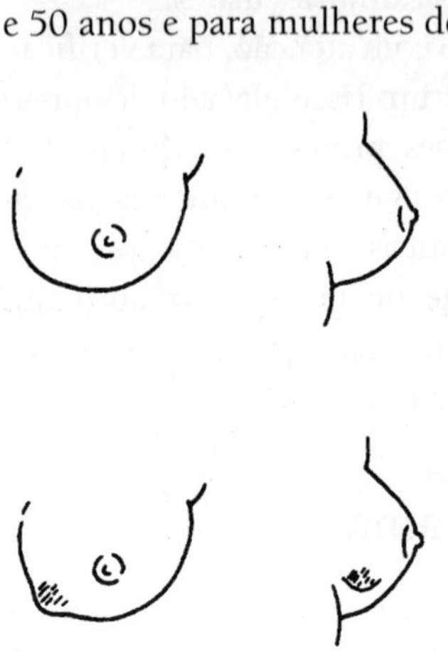

As opções de tratamento atuais para a doença são consideravelmente mais amplas do que eram há uma geração, quando a mastectomia radical de Halsted (remoção completa da mama, de nódulos linfáticos e dos músculos vizinhos) era o tratamento padrão. As opções atuais incluem a mastectomia radical modificada, nodulectomia com remoção do nódulo maligno e de pequena quantidade de tecido circunvizinho ou mastectomia simples, ambas seguidas de radioterapia. Várias combinações de cirurgia, quimioterapia e radioterapia têm produzido um efeito significativo na sobrevivência a longo prazo na doença invasiva. A atenção em relação às medidas preventivas, incluindo a adoção de uma dieta com baixos teores de gordura, é importante para as mulheres de grupos de risco. As pesquisas sugerem que a suplementação com selênio e iodo reduz o risco de desenvolvimento de câncer de mama.

Hipotireoidismo

O hipotireoidismo é muito mais comum nas mulheres do que nos homens. A doença torna-se cada vez mais prevalente com a idade. Os sintomas clássicos de hipotireoidismo incluem voz rouca, constipação, lentidão de fala, pensamento e movimentos, intolerância ao frio, espessamento e descamação da pele, edema de face e retardo dos reflexos tendinosos profundos. Todavia, o diagnóstico clínico de hipotireoidismo em mulheres mais velhas pode ser dificultado porque muitas delas não apresentam os sintomas típicos. Em muitas mulheres mais velhas a debilitação e a apatia podem ser os únicos sinais de baixa função tireoidiana. Os estudos médicos sugerem que a solicitação de testes de função tireoidiana deveria ser uma rotina na avaliação clínica de pacientes idosas.

O tratamento em mulheres mais velhas não é muito diferente daquele usado em mulheres jovens, exceto pelo fato de que pacientes mais velhas talvez necessitem de uma dose de manutenção de tiroxina muito mais baixa. As medidas de auto-ajuda e prevenção incluem a ingestão adequada de iodo, seja pela alimentação, seja pelo uso de suplementos. Existem também evidências de que a ingestão adequada das vitaminas A e E e de iodo pode ser necessária para a manutenção da saúde e da integridade da tireóide.

Câncer de Colo do Útero

Depois do câncer de mama, este é um dos cânceres mais comuns em mulheres. São diagnosticados cerca de 60 mil casos por ano. Felizmente, a detecção precoce com esfregaços de Papanicolaou permite que três quartos dos casos sejam detectados num estágio precoce ou não-invasivo, no qual a cura é possível. A incidência de câncer cervical aumenta com a idade, pois o processo de malignização passa por estágios de anormalidade nas células do colo do útero, chamada de displasia, passando depois para o câncer localizado e, por fim, para o câncer invasivo (a forma mais grave). Os fatores de risco incluem atividade sexual pre-

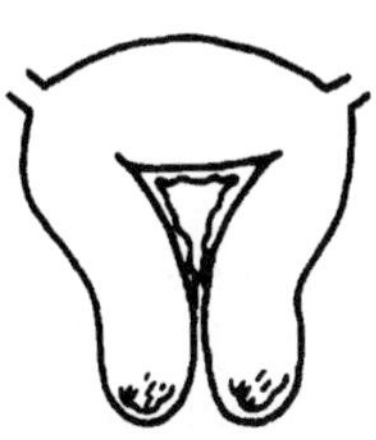

coce com múltiplos parceiros, herpes e gravidez na adolescência. O câncer cervical se desenvolve lentamente, sendo que o câncer localizado surge cerca de dez a quinze anos antes do surgimento do câncer invasivo. Em virtude do lento desenvolvimento da maioria dos cânceres de colo de útero, as mulheres não devem deixar de fazer regularmente o esfregaço de Papanicolaou para detectar o câncer num estágio precoce. A maioria das mulheres, porém, não precisa repetir o esfregaço todos os anos. Se você teve três exames com resultados normais, a maioria dos médicos atualmente recomenda que você os repita a cada três anos.

As pesquisas médicas sugerem que a suplementação com ácido fólico, vitamina C e vitamina A pode ajudar a prevenir o surgimento de padrões celulares anormais no colo do útero. Essa suplementação pode até mesmo ajudar a prevenir o câncer de colo de útero. Se as anormalidades celulares forem detectadas no estágio pré-canceroso, o problema pode ser tratado por congelamento (crioterapia) ou pela remoção cirúrgica de parte do colo. Depois que as alterações se tornam cancerosas, no entanto, o útero tem de ser retirado. A detecção precoce é fundamental porque as taxas de sobrevivência caem acentuadamente depois que a doença se espalha para além dos limites do útero.

Câncer de Útero

O câncer de útero geralmente é encontrado em mulheres que já passaram pela menopausa. A incidência dessa doença aumenta acentuadamente na casa dos 60, embora possa ser encontrada em mulheres mais jovens (especialmente naquelas que tomam pílulas anticoncepcionais). O excesso de estrógeno no corpo parece aumentar o risco de desenvolvimento da doença. As mulheres obesas correm um risco maior porque o tecido adiposo converte androstenediona — um hormônio das glândulas supra-renais — em estrona, um tipo de estrógeno. Assim, quanto maior a quantidade de gordura no seu corpo, maior será o seu nível de estrógeno durante os anos da menopausa. As mulheres que fazem reposição hormonal com estrógeno e sem progesterona apresentam um risco cinco vezes maior de desenvolvimento de câncer de útero. Outros fatores de risco são:

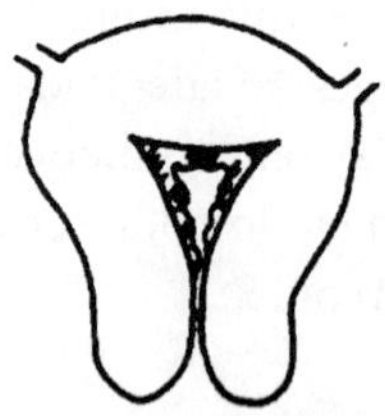

- Diabetes melito
- Nuliparidade
- Hipertensão arterial
- Baixos níveis de iodo
- Menstruação precoce
- História anterior de câncer de mama
- Baixos níveis de selênio

Muitas mulheres que desenvolvem câncer de útero podem ter sangramentos menstruais incomumente intensos, embora isto nem sempre seja verdadeiro. A doença pode ser diagnosticada por meio do esfregaço de Papanicolaou ou por meio de biopsia do revestimento interno do útero. Ambos os procedimentos muitas vezes podem ser feitos no consultório médico. A detecção precoce é importantíssima porque a cura total ainda é possível neste estágio. O câncer de útero geralmente requer a remoção do útero ou uma histerectomia.

As mulheres com um elevado risco de virem a desenvolver o câncer de útero devem fazer um esforço especial para controlar o peso, adotar uma alimentação com baixo teor de gordura e evitar a ingestão excessiva de bebidas alcoólicas (o álcool pode aumentar o nível de estrógeno no organismo). A dieta deve incluir também quantidades adequadas de iodo e selênio, seja pelos alimentos, seja por meio de suplementos.

A Pele na Menopausa

A perda do suporte hormonal na menopausa provoca alterações na estrutura e na textura da pele. Com a redução tanto do estrógeno quanto dos andrógenos (os hormônios masculinos que todas as mulheres produzem em pequenas quantidades), a pele torna-se mais fina e seca, havendo também uma redução da oleosidade. A perda de gordura subcutânea contribui para a aparência de envelhecimento, pois diminui o aspecto arredondado que associamos à juventude. Com a idade, a redução do suprimento sangüíneo para a pele faz com que esta perca sua saudável cor rosada e torne-se cada vez mais pálida. Outros sinais de envelhecimento da pele incluem a perda de tono e de elasticidade, tendo como conseqüência a flacidez e o surgimento de rugas. Há também um aumento da transparência da pele, fazendo com que ela adquira um aspecto apergaminhado. Depois da menopausa, a textura da pele torna-se mais áspera e sua pigmentação mais forte e heterogênea. A ocorrência de manchas na pele, lesões e cânceres aumenta após a meia-idade.

Muitas dessas mudanças na pele poderiam ser evitadas ou reduzidas se as mulheres evitassem a exposição ao sol e os cigarros; ambos estes hábitos cobram um terrível tributo, acelerando o envelhecimento da pele. A exposição ao sol é particularmente perigosa porque danifica tanto a pele quanto o tecido subjacente, agravando as rugas e a secura da pele. As mulheres que se expõem demasiadamente ao sol apresentam maior incidência de câncer de pele e lesões pré-cancerosas.

As mulheres que estão passando pela menopausa devem usar um protetor solar adequado (FPS 15 ou mais) quando estiverem ao ar livre. Também recomendo o uso de proteção comum como blusas de manga comprida e chapéus para evitar um excesso de exposição ao sol. Além de evitar os cigarros, é também importante minimizar a ingestão de álcool, o qual pode desidratar ainda mais a pele. As mulheres que têm a pele seca devem evitar o contato excessivo com sabões e água quente, pois isto pode privar a pele de seus

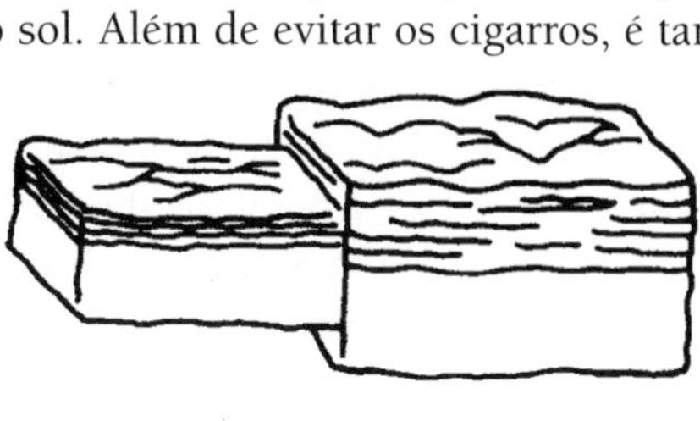

óleos protetores naturais. Quanto às medidas ativas, a prática diária de exercícios é excelente porque melhora a circulação sangüínea e o fluxo de nutrientes para a pele. As pesquisas médicas têm demonstrado que níveis elevados de vitaminas A e E têm um bom efeito na prevenção de doenças de pele e promovem a saúde da pele de modo geral. Deve-se considerar o uso de suplementos ou a inclusão de fontes adequadas de vitaminas A e E na alimentação, tais como cenoura, abóbora, pimenta, vegetais verdes, batata-doce e óleos vegetais.

Doenças Cardiovasculares

São a causa mais comum de morte em mulheres que estão passando pela menopausa. Aos 55 anos de idade, a mulher tem maior probabilidade de morrer de doenças cardiovasculares do que de qualquer outra causa. Para mulheres entre os 55 e os 64 anos, ocorrem 280 mortes por ataque cardíaco em cada grupo de 100 mil; após os 65 anos, este número aumenta para 2001 mortes por grupo de 100 mil. As mulheres que apresentam um risco elevado de doenças cardiovasculares também correm um risco maior que a média de terem derrame ou hipertensão arterial. Os fatores de risco incluem:

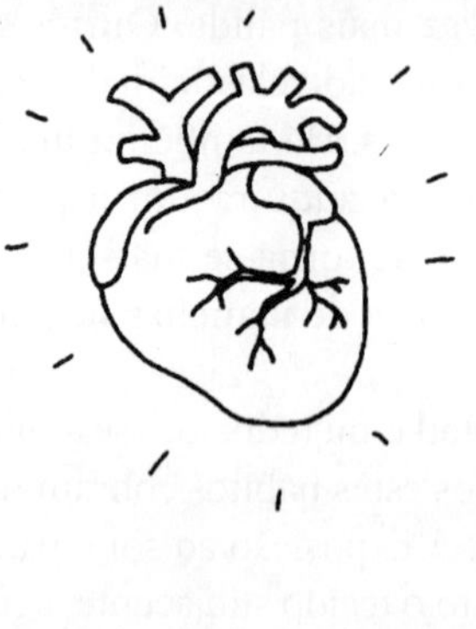

- História familiar de doenças cardiovasculares (pais, irmãos), especialmente antes dos 60 anos
- Tabagismo
- Diabetes
- Níveis sangüíneos elevados de colesterol e triglicerídeos
- Pressão arterial elevada
- Uso de anticoncepcionais orais após os 35 anos
- Falta de exercícios físicos
- Obesidade

Com base no estudo Projeto Framingham (uma pesquisa médica que está em curso desde 1949) e em muitas outras pesquisas médicas, existem evidências de que a modificação desses fatores de risco pode ter certo efeito sobre a morbidade e a mortalidade. Está havendo também um animador declínio na mortalidade por doenças cardiovasculares nos Estados Unidos, particularmente em virtude de derrame ou de problemas coronarianos na sétima e na oitava décadas de vida. Conquanto o ideal seja adotar múltiplas medidas preventivas desde cedo, algumas medidas podem ser úteis mesmo em idades avançadas. Os nutrientes que talvez desempenhem um papel útil no manejo das doenças cardiovasculares e da hipertensão incluem potássio, cálcio, manganês, magnésio e as vitaminas E, C e niacina.

PARTE II: Avaliação dos Seus Sintomas

CAPÍTULO 3
Caderno de Avaliação da Menopausa

Avaliando os Seus Sintomas

Esta seção irá ajudá-la a avaliar os seus hábitos e o modo como eles podem contribuir para os sintomas da menopausa e também o seu risco de desenvolver problemas associados à menopausa, tais como osteoporose e câncer de mama e de útero. Esses problemas tornam-se mais comuns depois da menopausa. Se você reservar algum tempo para preencher as folhas de avaliação, não lhe será difícil identificar as áreas em que você está mais vulnerável, podendo assim montar o seu próprio programa de tratamento com base nas informações apresentadas nos capítulos posteriores e, dessa maneira, otimizar o alívio dos incômodos associados à menopausa.

Preencha primeiramente as avaliações de seus hábitos de vida. Elas irão ajudá-la a avaliar áreas específicas da sua vida para determinar quais hábitos estão contribuindo para os seus sintomas de menopausa. Em seguida, preencha as avaliações de fatores de risco para problemas de saúde femininos, as quais irão mostrar-lhe se você está correndo risco de desenvolver alguma doença em particular. As técnicas de medicina preventiva apresentadas no restante do livro podem ajudá-la a melhorar sua saúde e a reduzir os seus riscos.

Quando tiver concluído as avaliações, você estará pronta para passar para o próximo capítulo e iniciar o seu programa de tratamento.

Hábitos de Vida e Menopausa

Hábitos Alimentares e Menopausa

Assinale a freqüência com que você ingere os seguintes alimentos:

ALIMENTOS	Nunca	Uma Vez por Mês	Uma Vez por Semana	Duas Vezes por Semana +
café				
chá preto				
refrigerantes				
leite de vaca				
queijo de vaca				
manteiga				
iogurte				
ovos				
chocolate				
açúcar				
álcool				
carne de vaca				
carne de porco				
carne de carneiro				
pão à base de farinha de trigo refinada				
macarrão com molho branco				
massas à base de farinha de trigo refinada				
acrescenta sal aos alimentos				
sopa de carne e vegetais				
molhos prontos para salada				
catchup				
cachorro-quente				
macarrão à bolonheza				
salame				
abacate				
feijão				

ALIMENTOS	Nunca	Uma Vez por Mês	Uma Vez por Semana	Duas Vezes por Semana +
beterraba				
brócolos				
couve-flor				
repolho				
cenoura				
aipo				
folhas de couve tipo *collard*				
pepino				
berinjela				
alho				
raiz-forte				
couve-galega				
alface				
mostarda				
quiabo				
cebola				
cenoura-branca				
ervilha				
batata				
rabanete				
inhame				
espinafre				
abóbora				
tomate				
nabo				
folhas de nabo				
batata-doce				
amêndoa				
avelã				
noz-pecã				
noz				
cevada				

ALIMENTOS	Nunca	Uma Vez por Mês	Uma Vez por Semana	Duas Vezes por Semana +
arroz integral				
trigo-mouro				
milho				
painço				
aveia				
sementes de abóbora				
centeio				
sementes de gergelim				
sementes de girassol				
maçã				
damasco				
banana				
bagas (morango, amora, framboesa etc.)				
toranja				
uva				
melão				
pêssego				
laranja				
mamão				
pêra				
abacaxi				
frutas da época				
óleo de milho				
azeite de oliva				
óleo de gergelim				
óleo de linhaça				
peixe				
carne de aves				

Explicação sobre a relação entre hábitos alimentares e menopausa. Todos os alimentos da área sombreada são altamente estressantes e podem agravar sintomas da menopausa. Se você consome um grande número desses alimentos ou se ingere com freqüência quaisquer desses alimentos, os seus hábitos nutricionais poderão estar contribuindo significativamente para os seus sintomas e você provavelmente se beneficiará muito com as orientações oferecidas nos capítulos que tratam de nutrição.

Todos os alimentos que vão do abacate a carne de aves são ricos em nutriente e pouco estressantes, devendo ser incluídos freqüentemente em sua dieta para ajudar a aliviar ou a prevenir os sintomas da menopausa. Se você já estiver comendo muitos desses alimentos e ingerindo apenas um pequeno número de itens dentre os alimentos altamente estressantes, é provável que você tenha bons hábitos alimentares e que a nutrição não seja um fator importante na redução dos seus sintomas da menopausa. As outras técnicas de auto-ajuda, tais como redução do *stress* e exercícios, podem ser mais importantes para você.

Como o Stress *da Menopausa Afeta o Seu Organismo*

Assinale o modo ou os locais do seu corpo onde a tensão se localiza com maior freqüência:

___ Ombros	___ Dores de cabeça
___ Pescoço e garganta	___ Vista cansada
___ Ranger dos dentes	___ Braços
___ Região lombar	___ Estômago

Explicação sobre o que o stress *faz ao seu corpo.* Essa avaliação deve ajudá-la a tomar consciência dos locais onde você guarda o *stress* em seu corpo. Todas as pessoas o fazem em um determinado local. Esse acúmulo aumenta o seu nível geral de fadiga e reduz a sua energia.

Tente permanecer consciente das áreas onde você acumula a tensão. Ao sentir a tensão aumentar numa dessas áreas, faça os exercícios de alongamento e de redução do *stress* descritos neste livro – muitas vezes eles irão ajudá-la a reduzir significativamente a tensão.

Sintomas do Stress *da Menopausa*

Assinale a freqüência com que você é afetada pelos seguintes sintomas:

	Nunca	Leve	Moderada	Grave
insônia				
irritabilidade				
ansiedade				
raiva				
sente-se constantemente estressada				
tensão nervosa				
oscilação de humor				
fadiga				
depressão				
desesperança				
baixa auto-estima				

Explicação sobre os sintomas do stress *da menopausa.* Durante e após a meia-idade, muitas mulheres notam uma mudança em seu estado emocional que está associada à redução dos níveis hormonais. Algumas mulheres queixam-se de ansiedade, irritabilidade e insônia, ao passo que outras sofrem mais com a fadiga e a depressão. Se você tiver algum desses sintomas, consulte as várias opções de autotratamento descritas neste livro. Experimente várias delas para descobrir com quais você se sente melhor.

Hábitos Relacionados com Exercícios Físicos e Menopausa

Assinale o número de vezes que você executa as seguintes atividades:

	Nunca	Uma Vez por Mês	Uma ou Duas Vezes por Semana	3 ou mais Vezes por Semana
marcha rápida				
jogging				
natação				
ciclismo				
esportes de raquete				
dança aeróbica				
yoga				
squash				
frescobol				
golfe				
halterofilismo				
artes marciais				
boliche				
dança em discoteca				
dança de salão				

Explicação sobre a relação entre os hábitos de prática de exercícios e a menopausa. A prática regular de exercícios é absolutamente necessária para as mulheres durante e após os anos de menopausa. Além de melhorar a circulação para os órgãos pélvicos, ela também ajuda a preservar a resistência e a massa dos ossos. Os exercícios são fundamentais para a saúde cardiovascular e a aptidão física, além de ser uma boa maneira de dar vazão ao *stress* relacionado com a menopausa. Se você pratica exercícios físicos menos de três vezes por semana, eles deverão ser realizados com maior freqüência, e os capítulos que abordam os diversos tipos de exercícios para a menopausa serão importantes para você.

Se você já estiver se exercitando mais do que três vezes por semana, continue com os seus exercícios; eles estão ajudando a melhorar a sua saúde e bem-estar. Você talvez queira acrescentar ao seu programa alguns exercícios corretivos específicos apresentados neste livro. Escolha-os de acordo com os seus sintomas individuais, consultando a Tabela de Tratamento da Menopausa, nas páginas 38-41.

Osteoporose

A osteoporose afeta 25 por cento de todas as mulheres americanas com 80 anos de idade ou mais. Trata-se de uma causa significativa de ferimentos e morte em mulheres idosas. É muito importante que você leia a relação dos fatores de risco apresentada abaixo e que se empenhe para corrigir o que lhe disser respeito. A osteoporose pode ser eficazmente prevenida com a prática de exercícios físicos adequados, ingestão de cálcio e vitamina D e com hábitos alimentares corretos.

FATORES DE RISCO	SIM	NÃO
Membro de grupo étnico não-africano	____	____
Parentes do sexo feminino com osteoporose	____	____
Menopausa precoce (antes dos 40 anos)	____	____
Ser baixa e magra	____	____
Nuliparidade	____	____
Consumo elevado de bebidas alcoólicas	____	____
Consumo elevado de cafeína	____	____
Tabagismo	____	____
Alimentação pobre em cálcio	____	____
Carência de vitamina D	____	____
Consumo elevado de sal	____	____
Consumo elevado de proteína	____	____
Diarréia crônica ou remoção cirúrgica do estômago ou do intestino delgado	____	____
Uso diário de cortisona	____	____
Uso de medicamentos para a tireóide (mais que 130 mg), Dilantina ou de antiácidos contendo alumínio	____	____

Câncer de Mama

Você poderá ter um risco elevado de desenvolver câncer de mama se algum dos fatores de risco apresentados abaixo for positivo. Recomendo que você siga as orientações nutricionais e utilize as técnicas de exercício para a saúde das mamas apresentadas na seção de auto-ajuda deste livro. É importante que você examine regularmente as próprias mamas. Consulte o seu médico se você encontrar um nódulo ou algum outro sintoma que possa indicar uma doença na mama.

FATORES DE RISCO	SIM	NÃO
Câncer de mama anterior	____	____
Parentes próximos do sexo feminino (mãe, filha, avó, tias) com câncer de mama	____	____
Hiperplasia atípica (padrão tecidual anormal) diagnosticada por uma biópsia da mama	____	____
Menstruação precoce (começando antes dos 12 anos) e/ou menopausa tardia (após os 50 anos)	____	____
Nuliparidade ou maternidade em idade madura (após os 35 anos)	____	____
Membro de determinados grupos étnicos – judeus de origem européia, nórdicos	____	____
Alimentação rica em gordura	____	____
Mulheres que estão passando ou já passaram pela menopausa e estão usando terapia de reposição de estrógeno, sem progesterona	____	____
Baixos níveis de selênio	____	____
Baixos níveis de iodo	____	____
Exposição freqüente das mamas a elevadas doses de raios X	____	____
Consumo elevado de bebidas alcoólicas (entre três e nove drinques por semana)	____	____

Câncer de Útero

Você corre um risco elevado de desenvolver câncer de útero se apresentar algum dos fatores de risco relacionados abaixo. Não deixe de seguir as orientações nutricionais e de utilizar outras técnicas de auto-ajuda que contribuem para manter saudável o seu útero. Faça regularmente os esfregaços de Papanicolaou e procure o seu médico se tiver algum sinal de sangramento anormal pela vagina depois da menopausa, pois isto pode ser um sinal de câncer de útero.

FATORES DE RISCO	SIM	NÃO
Mulher com mais de 65 anos	____	____
Mulheres que já passaram pela menopausa e estão usando terapia de reposição de estrógeno, sem progesterona	____	____
Obesidade	____	____
Diabetes melito	____	____
Menstruação precoce	____	____
Nuliparidade	____	____
História de câncer de mama	____	____
Hipertensão arterial	____	____
Baixos níveis de selênio	____	____
Baixos níveis de iodo	____	____

Câncer de Colo do Útero

Você corre um risco mais elevado de desenvolver câncer de colo do útero se apresentar um dos fatores relacionados abaixo. O câncer de colo do útero é detectado facilmente por meio do esfregaço de Papanicolaou e você deve submeter-se regularmente a esse exame caso apresente um elevado risco de desenvolvimento de câncer de colo de útero. Certifique-se de seguir as recomendações contidas nos capítulos de auto-ajuda deste livro.

FATORES DE RISCO	SIM	NÃO
Mulheres com mais de 45 anos	____	____
Atividade sexual precoce	____	____
Múltiplos parceiros sexuais	____	____
Parto na adolescência	____	____
História de condiloma acuminado	____	____
História de infecção por herpes genital	____	____
Baixa ingestão de vitamina A	____	____
Baixa ingestão de vitamina C	____	____
Baixa ingestão de ácido fólico	____	____

Hipotireoidismo

A prevalência do hipotireoidismo aumenta com a idade e é muito mais comum em mulheres do que em homens. Se você tiver algum dos sintomas relacionados abaixo, é possível que esteja com hipotireoidismo. Isto pode ser facilmente determinado por um exame de sangue. Para ter uma excelente saúde tireoidiana, siga as recomendações apresentadas na seção de auto-ajuda.

SINTOMAS	SIM	NÃO
Voz rouca	___	___
Constipação	___	___
Fala, pensamento e movimentos lentos	___	___
Fadiga	___	___
Intolerância ao frio	___	___
Espessamento e descamação da pele	___	___
Inchaço da face	___	___
Retardo dos reflexos tendinosos profundos	___	___
Baixa ingestão de iodo	___	___
Temperatura axilar abaixo de 36,6°C	___	___
Níveis elevados de colesterol	___	___

Doenças Cardiovasculares

O risco de doenças cardiovasculares em mulheres aumenta muito depois da menopausa. O risco pode ser efetivamente diminuído prestando-se adequada atenção a uma variedade de fatores relacionados com o modo de vida, incluindo nutrição, exercícios físicos e o uso de técnicas de redução do *stress*.

FATORES DE RISCO	SIM	NÃO
História familiar de doenças cardiovasculares (pais, irmãos), especialmente antes dos 60 anos	____	____
Tabagismo	____	____
Diabetes melito	____	____
Níveis séricos elevados de triglicerídeos	____	____
Níveis séricos elevados de colesterol	____	____
Uso de anticoncepcionais orais após os 35 anos de idade	____	____
Obesidade	____	____
Hipertensão arterial	____	____
Elevado nível de *stress* emocional	____	____
Falta de exercícios físicos (estilo de vida sedentário)	____	____
Alta ingestão de bebidas alcoólicas	____	____

PARTE III: Encontrando a Solução

CAPÍTULO 4

Programa de Auto-ajuda para a Menopausa

Agora que conhece tudo sobre as causas e sintomas da menopausa, você está pronta para iniciar o seu programa de tratamento. Esse programa foi projetado de modo que você possa individualizar um plano de tratamento para si mesma. Os métodos de que você precisa são apresentados nos capítulos que se seguem e incluem dieta, nutrição, redução do *stress*, exercícios físicos, massagem por acupressão, exercícios com pontos de pressão e yoga.

Este capítulo apresenta um plano-mestre que irá ajudá-la a montar o seu próprio programa. A tabela das próximas páginas irá mostrar quais os tratamentos que devem ser usados para os seus sintomas.

Existem basicamente duas maneiras de usar o plano de tratamento. Você pode localizar os seus sintomas na tabela e passar diretamente para o tratamento desses sintomas. Aquilo que irá funcionar para o seu caso poderá ser facilmente descoberto se você experimentar todas as terapias relacionadas sob os seus sintomas. Você provavelmente vai descobrir que alguns fazem você sentir-se melhor e que outros não produzem o mesmo efeito. Defina um regime que funcione para o seu caso e use-o o tempo todo. Outra possibilidade é você continuar a ler o restante do livro, adquirir uma visão geral das diversas abordagens e descobrir as que você está interessada em experimentar. Em seguida, você pode usar a tabela de tratamento para visualizar rapidamente as técnicas e ter uma visão do todo. Qualquer que seja a forma escolhida, se você seguir fielmente o seu próprio plano, começará a perceber uma melhora em seus sintomas e em sua vida muito rapidamente, em um mês ou dois.

Tabela de Tratamento da Menopausa

	Saúde Geral, Condicionamento Físico e Flexibilidade	*Todo o Aparelho Reprodutor Feminino*	*Sangramentos Intensos e Irregulares (Menorragia)*	*Ondas de calor*	*Vaginite Atrófica*	*Desejo Sexual, Frigidez*
Medicamento			Progestágenos	Estrógeno	Estrógeno Creme Tópico	
Nutrição	Dieta de Auto-ajuda para a Menopausa	Dieta de Auto-ajuda para a Menopausa	Dieta de Auto-ajuda para a Menopausa	Dieta de Auto-ajuda para a Menopausa	Dieta de Auto-ajuda para a Menopausa	Dieta de Auto-ajuda para a Menopausa
Vitaminas	Fórmula de Vitaminas e Sais Minerais	Fórmula de Vitaminas e Sais Minerais	Fórmula de Vitaminas e Sais Minerais com Ênfase em Vitamina A, Bioflavonóides, Vitamina C, Ferro	Fórmula de Vitaminas e Sais Minerais com Ênfase em Bioflavonóides, Vitamina E	Fórmula de Vitaminas e Sais Minerais com Ênfase em Bioflavonóides, Vitamina E	Fórmula de Vitaminas e Sais Minerais
Ervas			Bolsa de Pastor, Fruto do Pilriteiro, Cereja, Casca de Uva, Trevo-dos-Prados	Dong Quai, Actéia Preta, Actéia Azul, Raiz de Unicórnio, Falsa Raiz de Unicórnio, Erva-doce, Salsaparrilha, Trevo-dos-prados, Batata-doce selvagem, Batata-doce		

	Mudanças no Trato Urinário Inferior	*Sintomas Psicológicos da Menopausa: Ansiedade, Irritabilidade e Insônia*	*Sintomas Psicológicos da Menopausa: Depressão e Fadiga*	*Osteoporose*	*Doenças das Mamas*	*Problemas de Tireóide*	*Doenças Pélvicas: Útero, Ovários, Colo do Útero*
Medicamento	Estrógeno	Tranqüilizantes	Antidepressivos	Estrógeno e Progesterona	Medicamento Depende da Doença Específica	Terapia de Reposição de Hormônios da Tireóide	Medicamento Depende do Tipo da Doença
Nutrição	Dieta de Auto-ajuda para a Menopausa	Dieta de Auto-ajuda para a Menopausa	Dieta de Auto-ajuda para a Menopausa	Dieta de Auto-ajuda para a Menopausa	Dieta de Auto-ajuda para a Menopausa	Dieta de Auto-ajuda para a Menopausa	Dieta de Auto-ajuda para a Menopausa
Vitaminas	Fórmula de Vitaminas e Sais Minerais	Fórmula de Vitaminas e Sais Minerais; Ênfase em Vitaminas do Complexo B e Magnésio	Fórmula de Vitaminas e Sais Minerais; Ênfase em Potássio, Magnésio e Vitamina B_{12}	Fórmula de Vitaminas e Sais Minerais; Ênfase em Cálcio, Magnésio, Vitamina D, Zinco e Ácido Fólico	Fórmula de Vitaminas e Sais Minerais; Ênfase em Vitamina A, Vitamina E, Iodo e Selênio	Fórmula de Vitaminas e Sais Minerais; Ênfase em Iodo	Fórmula de Vitaminas e Sais Minerais; Ênfase em Vitamina A, Ácido Fólico, Vitamina C e Vitamina B_6
Ervas	Cóleo (dor), Hidraste (infecções), *Uva ursi* (infecções), Raiz de Amora-preta (infecções), Gualtéria	Valeriana, Maracujá, Hortelã, Gatária, Camomila, Lúpula	Palha de Aveia, Gengibre, Pimenta-de-caiena, Dente-de-leão, Ginseng siberiano, Cardo	Folha de Framboeseira, Confrei	Alfafa, *Kelp* (Alga Marrom) Raiz da Erva-dos-cancros, *Poiltices*	Musgo-da-irlanda, *Kelp* (Alga Marrom), *Dulse*, Salsaparrilha	

	Saúde Geral, Condicionamento Físico e Flexibilidade	*Todo o Aparelho Reprodutor Feminino*	*Sangramentos Irregulares e Intensos (Menorragia)*	*Ondas de Calor*	*Vaginite Atrófica*	*Desejo Sexual, Frigidez*
Exercícios Gerais para Condicionamento Físico e Flexibilidade	Exercícios 1, 2 e 3					
Redução do Stress	Exercícios de Redução do *Stress* da Menopausa	Exercícios de Redução do *Stress* da Menopausa	Exercícios de Redução do *Stress* da Menopausa	Exercícios de Redução do *Stress* da Menopausa	Exercícios de Redução do *Stress* da Menopausa	Exercícios de Redução do *Stress* da Menopausa
Massagem por Acupressão	Exercício de Acupressão 1	Exercícios de Acupressão 1, 2, 3	Exercícios de Acupressão 2, 3, 4	Exercícios de Acupressão 2, 6, 7	Exercícios de Acupressão 2, 3, 8, 9	Exercícios de Acupressão 2, 10
Pontos de Massagem Neurolinfática		NL -1, 2		NL-1, 2	NL-1, 2	NL-1, 2
Pontos de Pressão Neurovascular						
Yoga		Bomba de Água, Flexão da Coluna, Gafanhoto, Postura em Ângulo Aberto, Cachorro Olhando para Cima		Bomba de Água, Flexão da Coluna, Gafanhoto, Postura em Ângulo Aberto, Arado, Cachorro Olhando para Cima	Bomba de Água, Flexão da Coluna, Gafanhoto, Postura em Ângulo Aberto, Cachorro Olhando para Cima	Bomba de Água, Flexão da Coluna, Gafanhoto, Postura em Ângulo Aberto, Cachorro Olhando para Cima

	Mudanças no Trato Urinário Inferior	*Sintomas Psicológicos da Menopausa: Ansiedade, Irritabilidade e Insônia*	*Sintomas Psicológicos da Menopausa: Depressão e Fadiga*	*Osteoporose*	*Doenças das Mamas*	*Problemas de Tireóide*	*Doenças Pélvicas: Útero, Ovários, Colo do Útero*
Exercícios Gerais para Condicionamento Físico e Flexibilidade							
Redução do Stress	Exercícios de Redução do *Stress* da Menopausa	Exercícios de Redução do *Stress* da Menopausa	Exercícios de Redução do *Stress* da Menopausa	Exercícios de Redução do *Stress* da Menopausa	Exercícios de Redução do *Stress* da Menopausa	Exercícios de Redução do *Stress* da Menopausa	Exercícios de Redução do *Stress* da Menopausa
Massagem por Acupressão	Exercícios de Acupressão 2, 3, 10, 11	Exercícios de Acupressão 1, 12	Exercício de Acupressão 13	Exercício de Acupressão 14	Exercício de Acupressão 15	Exercícios de Acupressão 5, 13	Exercícios de Acupressão 2, 3
Pontos de Massagem Neurolinfática	NL-3, 4	NL-5	NL-6		NL-7	NL-5	NL-1, 2
Pontos de Presssão Neurovascular		NV-1	NV-2				
Yoga	Bomba de Água, Flexão da Coluna, Gafanhoto, Postura em Ângulo Aberto, Cachorro Olhando para Cima	Bomba de Água, Esponja, Postura de Criança	Cachorro Olhando para Cima, Arco	Bomba de Água Flexão da Coluna, Postura em Ângulo Aberto, Arado, Arco, Cachorro Olhando para Cima, Expansor do Peito, Leão, Árvore	Cachorro Olhando para Cima, Expansor do Peito	Gafanhoto, Arado, Leão	Bomba de Água, Flexão da Coluna, Gafanhoto, Postura em Ângulo Aberto, Cachorro Olhando para Cima

CAPÍTULO 5

Princípios Básicos da Dieta de Auto-ajuda para a Menopausa

A boa nutrição é absolutamente essencial para as mulheres nos anos da menopausa. O corpo de uma mulher de meia-idade está passando por mudanças relacionadas com o processo de envelhecimento. Todos os sistemas do corpo estão se tornando menos eficientes e efetivos. O nosso trato digestivo produz menor quantidade de enzimas e ácido clorídrico à medida que envelhecemos, tornando a digestão mais difícil. A perda do suporte hormonal durante a menopausa pode influenciar de forma adversa todos os sistemas do corpo. Muitas mulheres talvez venham a notar que estão se cansando mais facilmente após a menopausa. A incidência de muitas doenças comuns, tais como câncer, diabetes e doenças cardíacas começa a aumentar acentuadamente. A nossa dieta, repleta de alimentos altamente estressantes, tais como açúcar, álcool e cafeína, pode acelerar esses problemas de saúde relacionados ao processo de envelhecimento.

Uma alimentação saudável é fundamental se você quiser ter mais saúde e passar pela segunda metade da vida sem doenças e cheia de energia e vigor. Uma dieta apropriada para mulheres de meia-idade inclui frutas, vegetais, cereais, feijões, sementes e castanhas, óleos vegetais e pequenas quantidades de carne vermelha magra, aves e peixes. Esses alimentos irão proporcionar-lhe os importantes nutrientes de que o seu corpo precisa para permanecer saudável e para reparar quaisquer danos que ele venha a sofrer. Muitos problemas da menopausa – tais como a osteoporose, as ondas de calor e as alterações vaginais – podem até mesmo ser prevenidos e controlados por uma nutrição correta. A escolha dos alimentos corretos é um dos fatos mais importantes com os quais você terá de lidar em seu programa de auto-ajuda. Este capítulo lhe proporciona informações confiáveis a respeito do que comer e do que evitar durante os anos da menopausa.

Alimentos para a Menopausa

A Dieta da Mulher é um retorno aos alimentos frescos e integrais aos quais o nosso corpo se adaptou ao longo de milhares e milhares de anos. Ela baseia-se em alimentos preparados a partir de cereais integrais, legumes, vegetais, frutas, sementes e castanhas, carne vermelha magra, peixe, carne de aves e óleos vegetais.

Cereais Integrais

Essa categoria inclui trigo, milho, cevada, aveia, centeio, painço, trigo-mouro, arroz integral e arroz selvagem. Os cereais integrais proporcionam muitos benefícios para as mulheres que estão passando pela menopausa. Eles contêm ligninas (substâncias químicas encontradas em plantas), as quais se ligam a receptores de estrógeno do corpo, proporcionando um certo suporte hormonal. Pesquisas recentes sugerem que as ligninas vegetais talvez possam ajudar a proteger as mulheres contra o câncer de mama. Os cereias integrais contêm carboidratos complexos capazes de estabilizar os níveis de açúcar do seu sangue, ajudando a eliminar o desejo de consumir alimentos doces. Eles são úteis na prevenção e no controle do diabetes melito. Cinqüenta por cento das mulheres com mais de 60 anos apresentam anormalidades nos níveis de açúcar do sangue. Os cereais integrais, com sua doçura natural, podem ajudar a controlar os níveis sangüíneos de açúcar na população dessa faixa etária.

Os cereais são ricos em fibras, a parte dos alimentos vegetais que não é digerida. As fibras ajudam a aliviar a constipação e a prevenir a diverticulite e a hérnia de hiato. Elas podem também ter um efeito protetor contra o desenvolvimento do câncer de colo, uma doença encontrada mais freqüentemente em pessoas que comem alimentos ricos em gordura. Os cânceres de mama e de ovário também são encontrados com maior freqüência em pessoas que comem alimentos gordurosos, principalmente derivados do leite. Os cereais, com seu baixo teor de gordura, talvez tenham um efeito protetor também contra essas doenças. Quando combinados com feijões, os cereais são uma excelente fonte de proteína. Eles são altamente nutritivos e contêm vitaminas B e E e diversos sais minerais. Devemos consumir os cereais integrais ou a farinha de cereais integrais em vez de produtos preparados com a farinha refinada porque os cereais integrais contêm mais nutrientes e fibras.

Os cereais integrais ou a farinha de cereais integrais podem ser preparados de diversas maneiras, incluindo cereais em flocos, pão, bolachas, panquecas, biscoitos, *waffles* e massas. Certas mulheres podem ser alérgicas ao trigo integral, necessitando eliminá-lo de sua dieta.

Legumes

O termo *legume* refere-se a diversos membros da família dos feijões e das ervilhas, dentre os quais os mais comuns são lentilha, soja, feijão comum, feijão-preto, feijão *garbanzo*, feijão *adzuki* e ervilhas verdes.

Um dos legumes mais úteis para as mulheres na menopausa é a soja. Esta contém fitoestrogênios chamados flavonóides, substâncias químicas com fracas propriedades estrogênicas. Os flavonóides são encontrados em frutas e vegetais e possuem atividade anti-oxidante, antiviral e hormonal. As substâncias químicas estrogênicas encontradas na soja pertencem à classe dos flavonóides chamadas isoflavonas. A soja contém genistina e dadzeína. Esses estrógenos fracos têm 1/50.000 da potência do estilbestrol, um estrógeno sintético usado em terapia médica há várias décadas. Como estrógenos fracos, esses compostos ligam-se aos receptores de estrogênio e atuam como um substituto do estrógeno no organismo.

Como as mulheres na menopausa têm deficiência de estrógeno, essas isoflavonas da soja podem ajudar a diminuir os sintomas. As mulheres japonesas consomem uma dieta rica em soja e apenas raramente sofrem com os sintomas da menopausa. Além disso, as isoflavonas podem também ter um efeito anticarcinogênico, o que poderia explicar a baixa incidência de câncer de mama entre as mulheres japonesas e uma baixa mortalidade por câncer de próstata entre os homens japoneses.

Um estudo recente publicado no *The British Medical Journal* descreveu o modo como a modificação da dieta – incorporando alimentos como a soja, ricos em fitoestrogênios – pode alterar determinados indicadores da menopausa. Nesse estudo, 25 mulheres que estavam passando pela menopausa (idade média de 59 anos) foram solicitadas a complementar sua dieta normal com alimentos contendo fitoestrogênios, tais como farinha de soja, óleo de linhaça e broto de trevo-dos-prados. As mulheres consumiram esses alimentos ao longo de um período de seis semanas. Foram feitos esfregaços da parede vaginal a cada duas semanas para verificar se o acréscimo de alimentos vegetais contendo fitoestrogênios poderiam produzir efeitos hormonais benéficos na vagina. A mucosa vaginal das voluntárias mostrou uma resposta estrogênica à farinha de soja e óleo de linhaça. Todavia, esse efeito não persistiu depois que as mulheres interromperam os fitoestrogênios e retomaram sua alimentação regular.

Os legumes são muito ricos em proteínas e, quando combinados com cereais, são uma excelente fonte de aminoácidos. Os feijões também são ricos em fibras e são digeridos lentamente. Tais como os cereais, sua lenta absorção pelo trato digestivo ajuda a regular os níveis de açúcar do sangue. Os legumes são ótima fonte de muitos outros nutrientes de que necessitam as mulheres nos anos de pós-menopausa. Eles contêm cálcio, magnésio e potássio, sendo também uma boa fonte de vitaminas do complexo B, ferro, cobre e zinco. As mulheres na menopausa irão descobrir que o aumento do uso de legumes em sua dieta irá permitir que elas reduzam significativamente o consumo de carne vermelha.

Vegetais

A maioria dos vegetais são extremamente ricos em vitaminas e sais minerais. Vegetais ricos em vitamina A podem ser reconhecidos pela cor amarela, laranja, vermelha ou verde-escuro. Entre eles estão as abóboras, batatas-doces, pimentas, cenouras, couve e alface, bem como muitos outros alimentos comuns. Apresentam particular interesse para as mulheres na menopausa os estudos segundo os quais a vitamina A pode proteger contra doenças nas mamas e câncer de colo de útero. Ela também é necessária para ter pele e olhos saudáveis. Curiosamente, a vitamina A pode ser tóxica quando tomada como suplemento porque em geral é obtida a partir de outras fontes, tais como óleo de fígado de bacalhau, sendo solúvel em gordura e podendo ser tóxica para o fígado em doses acima de 20.000 U.I. por dia. A vitamina A encontrada nos vegetais é solúvel em água, bastante segura e pode ser ingerida em grandes quantidades.

Muitos vegetais também são ricos em vitamina C, a qual é particularmente importante para as mulheres que estão passando pela menopausa porque, juntamente com o ferro e os bioflavonóides, pode proteger contra o freqüente problema do sangramento menstrual excessivo. Ela também é importante para a cura de ferimentos e para se ter uma pele saudável. Entre os vegetais ricos em vitamina C estão as batatas, pimentas, ervilhas, tomates, brócolos, couve-de-bruxelas, repolho, couve-flor, couve e salsa.

Os vegetais contêm muitos outros nutrientes importantes, tais como ferro, magnésio e cálcio. As verduras de folhas verdes, como as folhas da beterraba, couve tipo *collard* e as folhas de dente-de-leão protegem contra a osteoporose e o sangramento menstrual excessivo. A cebola e o alho reduzem a propensão para a formação de coágulos sangüíneos e os níveis séricos de colesterol, o que pode ajudar a diminuir a incidência de derrames e ataques cardíacos. Pesquisas indicam que os cogumelos podem ter um efeito similar e, além disso, estimular o funcionamento do sistema imune. Alguns vegetais, como a alga *kelp*, são ricos em iodo e em oligominerais, ambos importantes para a saúde da tireóide. Use a *kelp* (alga marrom) como um tempero polvilhado sobre cereais e vegetais.

Para preservar o valor nutritivo dos vegetais, coma-os crus ou cozidos levemente no vapor. Não cozinhe na água nem deixe por um tempo excessivo no vapor, pois as vitaminas e sais minerais podem ser perdidos em virtude de uma preparação inadequada.

Frutas

As frutas contêm muitos nutrientes importantes, incluindo uma grande variedade de vitaminas e sais minerais. Elas são a principal fonte de uma classe de flavonóides que é fracamente estrogênica e pode ajudar a regular os níveis de estrógeno do organismo. Elas são particularmente úteis para as mulheres que estão entrando nos anos da menopausa e podem estar sofrendo com sangramentos menstruais intensos e irregulares ou com o aparecimento de miomas uterinos. Estas substâncias químicas são encontradas naturalmente na casca das frutas cítricas e acham-se disponíveis em lojas de produtos naturais, onde são chamadas de "bioflavonóides".

As frutas costumam ser ricas em potássio, o qual ajuda a diminuir a hipertensão arterial e protege contra as doenças cardíacas. O potássio também diminui a fadiga relacionada com a menopausa. Entre as frutas ricas em potássio estão as bananas, as laranjas, a toranja, o morango, a amora, a framboesa, o pêssego, o damasco e o melão. A maioria das frutas contêm alguma vitamina C e a laranja, o melão, o morango, a amora e a framboesa são excelentes fontes desse nutriente essencial. Laranja e frutas amarelas como mamão, caqui, damasco e tangerina também possuem elevados níveis de vitamina A.

As frutas são substitutos saudáveis de doces, biscoitos, bolos e outros alimentos ricos em açúcar. Embora as frutas sejam ricas em açúcar, o seu alto teor de fibras ajuda a retardar a digestão, prevenindo a constipação, saciando o apetite e estabilizando os níveis de açúcar do sangue. Abacaxi e mamão contêm determinadas enzimas que ajudam a digerir proteínas e aceleram o trânsito intestinal. Os sucos, todavia, não contêm a mesma quantidade de fibras da fruta integral e, portanto, não estabilizam os níveis de açúcar no sangue nem produzem efeitos benéficos sobre a função intestinal. Os sucos atuam de forma mais semelhante aos açúcares simples encontrados nos doces e, assim, devem ser consumidos com moderação.

Sementes e Castanhas

Muitas sementes e castanhas são uma excelente fonte de proteínas e óleos vegetais poliinsaturados, contendo os ácidos linoleico e alfa-linoleico. Esses óleos de importância fundamental não são produzidos pelo organismo, devendo ser obtidos mediante a alimentação. Sementes de gergelim e de girassol constituem excelente fonte de ácido linoleico, ao passo que a linhaça, a semente de abóbora e o óleo de noz são ricos tanto em ácido linoleico quanto em ácido alfa-linoleico.

As pesquisas têm demonstrado que esses óleos podem ter efeitos significativos sobre a função reprodutiva feminina. O óleo de linhaça, por exemplo, possui uma fraca atividade estrogênica sobre as mulheres que estão passando pela menopausa, a qual pode ajudar a diminuir sintomas como secura da pele e da vagina. Há também evidências de que o corpo usa esses óleos para produzir substâncias chamadas prostaglandinas, que regulam a função menstrual e podem ajudar a prevenir a dor menstrual e as inflamações.

As sementes e as castanhas são altamente calóricas, devendo ser consumidas em quantidades moderadas. As castanhas são muito ricas em magnésio e cálcio, importantes na prevenção da osteoporose. Também constituem uma boa fonte de potássio, sendo portanto alimentos altamente nutritivos. Excelentes castanhas para as mulheres na menopausa são as amêndoas, as nozes e as avelãs; entre as sementes recomendamos as de girassol, abóbora e gergelim. Castanhas e sementes devem ser mantidas em refrigeração para que os seus óleos não se tornem rançosos.

Infelizmente, muitas pessoas comem castanhas como se estas fossem salgadinhos ou batatas fritas. Essas castanhas costumam ser torradas e salgadas, e ambos esses tratamentos são pouco saudáveis. Recomendo que as sementes e as castanhas sejam consumidas cruas e sem sal. Elas podem ser comidas como a principal fonte de proteína numa refeição leve, usadas como guarnições em saladas, cozidos e pratos à base de vegetais.

Carne vermelha, aves e peixes

A refeição americana típica gira tradicionalmente em torno de generosas porções de carne. Grandes filés, costeletas e sanduíches gigantes são as medidas normais das porções oferecidas na maioria dos restaurantes ou das refeições feitas em família. Embora eu sem dúvida alguma recomende a manutenção da carne em sua alimentação, se você gostar de seu sabor, o tamanho das porções deve ser dramaticamente reduzido no caso das mulheres de meia-idade. A maioria de nós precisa apenas de pequenas porções (90 gramas ou menos por dia) para manter um aporte adequado de proteínas. Em vez de grandes porções de carne, recomendo o aumento das porções de cereais, feijões e vegetais. A carne pode também ser usada como guarnição ou para dar sabor em sopas, cozidos e refogados. As carnes tendem a ser ricas em gorduras saturadas, as quais aumentam o risco de câncer de mama e do colo do útero, bem como de doenças cardíacas e derrame, males comuns após a meia-idade. Recomendo o consumo de peixes e de carne de aves com a pele removida, porque esta medida reduz o seu teor de gorduras. Consuma carnes vermelhas com menor freqüência, talvez uma vez por semana ou menos, e apenas em pequena quantidade. A digestão da carne vai se tornando mais difícil à medida que a pessoa envelhece, razão pela qual muitas pessoas sentem-se cansadas após uma refeição contendo grande quantidade de carne. Procure evitar completamente carnes processadas, tais como presunto, mortadela e salame, pois esses alimentos são ricos em gordura, sal e conservantes.

Óleos

Em geral, recomendo óleos prensados a frio, os quais costumam ser mais frescos e puros. Devemos mencionar especialmente o óleo de germe de trigo, o qual é uma excelente fonte de vitamina E, tal como o óleo de soja e o de milho. Conforme já mencionado, o óleo de linhaça tem sido estudado por suas propriedades estrogênicas.

Há muito tempo se conhecem os efeitos da vitamina E sobre o aparelho reprodutor feminino. Demonstrou-se que ela pode ajudar a controlar as ondas de calor e a manter a saúde do trato vaginal e urinário, os quais podem tornar-se secos e vulneráveis a traumatismos e infecções após a menopausa.

Os óleos de sementes e de castanhas devem ser usados em pequenas quantidades em cozidos, frituras e refogados; uma exceção é o óleo de linhaça, o qual, em virtude de seu caráter altamente perecível, deve ser acrescentado ao alimento cozido logo antes de servir. Óleos prensados a frio são também excelentes para saladas e escabeches. Depois de abertos, os óleos devem ser mantidos em refrigeração para conservar suas características originais.

Alimentos que Devem Ser Evitados

Sal

As mulheres que estão passando pelos anos da menopausa precisam vigiar atentamente sua ingestão de sal porque este pode agravar a hipertensão arterial, o inchaço e a retenção de líquidos, podendo ainda contribuir para a osteoporose. Infelizmente, grandes quantidades de sal estão presentes na alimentação dos americanos, seja na forma de sal de cozinha (cloreto de sódio), de glutamato monossódico ou de uma variedade de aditivos alimentares. Alimentos comprados em lanchonetes de *fast food*, tais como hambúrgueres, cachorros-quentes, batatas fritas, pizzas e *tacos*, estão cheios de sal e de gorduras saturadas. Alimentos comuns de supermercado, tais como sopas, batatas fritas, queijos, azeitonas, molhos para saladas e *catchup* (para citar apenas alguns), também estão repletos de sal. Não bastasse isso, muitas pessoas usam muito sal no preparo dos alimentos ou depois de estes terem sido levados à mesa. Obviamente, esse costume não é saudável para ninguém e pode influenciar de forma adversa a saúde das mulheres durante os anos da menopausa.

Felizmente, existem muitas soluções fáceis e eficazes para o problema do sal. Frutas, vegetais, carne vermelha e cereais contêm todo o sal de que precisamos em nossa alimentação, de modo que você pode jogar fora o seu saleiro. Para dar sabor, use temperos como alho, ervas aromáticas, especiarias e suco de limão. Evite alimentos processados industrialmente e ricos em sal, tais como enlatados, azeitonas, picles, batatas fritas, *catchup*, molhos para salada e outros alimentos ricos em sal. É importante ler os rótulos e procurar pela palavra "sódio" (sal). Se ela aparecer no alto da relação de ingredientes, não compre o produto. Nas lojas de produtos naturais existem muitas marcas de alimentos em cujo rótulo se lê "sem adição de sal". Exemplos dessas marcas são Hain e Health Valley. Alguns supermercados também possuem alimentos "sem adição de sal" na seção de produtos dietéticos. Certifique-se de consumir grande quantidade de frutas e vegetais frescos: eles são deliciosos, acham-se disponíveis em grande variedade na maioria dos supermercados e são ricos em potássio. O potássio ajuda o organismo a excretar o sódio, reduzindo a pressão arterial.

Açúcar

A maioria dos americanos consome açúcar em excesso – o americano médio ingere cerca de 55 quilos de açúcar por ano. Assim como o sal, o açúcar está em toda parte. Muitos alimentos comprados em lojas de conveniência, tais como molhos para saladas, *catchup* e temperos, contêm altos níveis de açúcar e de sal. O açúcar está presente nos refrigerantes e em doces, biscoitos, bolos e sorvetes. Muitas pessoas estão de fato viciadas em açúcar e usam alimentos doces como uma forma de lidar com frustrações e outros aborrecimentos.

Os efeitos negativos de todo esse açúcar se manifestam dramaticamente após a menopausa. A ingestão excessiva de açúcar acelera o desenvolvimento do diabetes e causa desequilíbrios nos níveis de açúcar no sangue, ambos os quais aumentam depois da menopausa. O açúcar esgota o estoque de sais minerais e de vitaminas do complexo B do organismo, podendo agravar a tensão nervosa e a ansiedade (um problema real para muitas mulheres na menopausa). Alimentos açucarados favorecem a perda de dentes em virtude de doenças nos dentes e na gengiva.

Para reduzir a ingestão excessiva e o desejo por alimentos doces, tente satisfazer o seu apetite por doces com alimentos mais saudáveis, tais como frutas ou alimentos à base de cereais, como biscoitos de aveia preparados com frutas ou mel. Você irá descobrir que quantidades menores desses alimentos irão satisfazer o seu apetite. Em vez de perturbar o seu metabolismo do açúcar, eles na verdade têm um efeito saudável e ajudam a equilibrar os níveis de açúcar no sangue.

Cafeína

A cafeína é um estimulante encontrado no café, no chá preto, em muitos refrigerantes e no chocolate. As mulheres ingerem bebidas contendo cafeína para aumentar a energia e diminuir a fadiga. Infelizmente, a cafeína tem muitos efeitos negativos sobre o corpo. A cafeína pode fazer com que as mamas fiquem doloridas. Quinze a trinta por cento das mulheres com dores nas mamas notam um alívio dos sintomas ao suspenderem a ingestão de bebidas contendo cafeína. Quando ingerida em excesso, a cafeína também aumenta a ansiedade, a irritabilidade e as oscilações do humor. Esse pode ser um problema real para algumas mulheres durante a menopausa. Ela também diminui o estoque de vitaminas do complexo B, interferindo assim com o metabolismo dos carboidratos. Muitas mulheres que estão passando pela menopausa também se queixam de que a cafeína aumenta o número de episódios de ondas de calor. O consumo de cafeína em grande quantidade também pode agravar a osteoporose.

Considerando todos esses efeitos colaterais negativos, é importante que, no caso das mulheres que estejam passando ou que tenham passado pela menopausa, o consumo de cafeína seja bastante diminuído ou, mesmo, eliminado por completo. Como a interrupção da ingestão de cafeína pode causar sintomas de abstinência, tais como irritabilidade e dores de cabeça, recomendo que as mulheres eliminem a cafeína gradualmente. Recomendo o uso de café descafeinado por um processo que utilize água – pelo qual a cafeína é retirada com água quente e não com substâncias químicas. Depois de um ou dois meses tomando café descafeinado, passe para substitutos de café preparados à base de cereais, tais como Pero, Postum ou Caffix. Como têm um efeito calmante, chás de ervas, como camomila e lúpulo, podem na verdade ser terapêuticos para mulheres que sofrem de ansiedade.

Álcool

As mulheres que estão passando pela menopausa devem consumir bebidas alcoólicas apenas em pequenas quantidades. Quando usado cuidadosamente, de modo que o consumo diário não seja maior do que 120 ml de vinho, 280 ml de cerveja ou 30 ml de destilados, ele pode produzir um delicioso efeito relaxante. O álcool faz com que nos tornemos mais sociáveis e acentua o sabor dos alimentos. Para ter a melhor saúde possível, no entanto, recomendo o uso do álcool apenas como um regalo ocasional, não mais do que uma ou duas vezes por semana. Algumas mulheres que são particularmente suscetíveis aos efeitos negativos das bebidas alcoólicas não devem consumi-las de forma alguma. O álcool esgota os estoques de vitaminas do complexo B e de sais minerais do organismo, prejudicando o metabolismo dos carboidratos. O álcool é tóxico para o fígado e pode prejudicar a capacidade de metabolizar hormônios do organismo, agravando as ondas de calor. Ele também está associado à osteoporose em mulheres nos anos pós-menopausa. Em grande quantidade, o álcool pode ser tóxico para o coração e o sistema nervoso.

Se você gosta de bebidas alcoólicas e de beber socialmente, recomendo que reduza a sua ingestão de álcool e procure consumir bebidas que não contenham álcool. Vinhos e cervejas *light*, por exemplo, consumidos em pequenas quantidades, têm um conteúdo de álcool menor que o de bebidas destiladas, licores e vinho comum. Um coquetel não-alcoólico, como água mineral com algumas gotas de suco de lima ou de limão ou com uma pequena quantidade de *bitter*, por exemplo, é um substituto ainda melhor. Existem cervejas não-alcoólicas cujo sabor assemelha-se ao da cerveja genuína.

Lacticínios

Em virtude dos vários aspectos negativos do uso de lacticínios (em que pese os derivados do leite serem ricos em cálcio), eu geralmente recomendo que as mulheres na menopausa os evitem, passando a usar fontes alternativas de cálcio. A maioria dos produtos derivados do leite tendem a ser ricos em gorduras saturadas e em sal, o que aumenta a incidência de ataques cardíacos, derrame e hipertensão arterial. Muitas mulheres são alérgicas ao leite ou carecem das enzimas necessárias para digeri-lo. O leite causa problemas digestivos em muitas pessoas, incluindo alteração do funcionamento dos intestinos, distensão abdominal e gases. Tenho visto muitas pacientes cujos problemas digestivos foram solucionados simplesmente com a suspensão da ingestão de leite. Se você sente depressão ou cansaço relacionados com a menopausa, evite o leite de vaca porque o triptofano, presente em altas concentrações nos derivados do leite de vaca, aumenta a fadiga. Por fim, pesquisas médicas recentes sugerem que as mulheres com um elevado consumo de derivados do leite apresentam maior incidência de câncer de ovário, uma doença que muitas vezes é mortal.

Geralmente eu recomendo que as mulheres usem suplementos de cálcio, magnésio e vitamina D em lugar dos derivados do leite. Existem muitas e excelentes fontes de cálcio, incluindo verduras de folhas verdes (couve, couve do tipo *collard*, folhas de mostarda), feijões, ervilhas, soja, sementes de gergelim, alfarroba, peixe e frango preparado junto com os ossos. Para uso culinário, os leites de soja e de nozes (encontrados na maioria das lojas de produtos naturais) são boas fontes de cálcio. Eles podem ser consumidos puros, acompanhados de cereais ou utilizados no preparo de pães e bolos. Veja a seção Livro de Receitas para exemplos de receitas que incluem os leites de soja e de nozes.

Gorduras

Os americanos consomem 40 por cento de suas calorias na forma de gordura. A maior parte dessas calorias é obtida a partir de produtos derivados do leite (tais como manteiga, creme e queijo), carnes gordurosas (de vaca ou de porco) e dos óleos saturados presentes em muitos alimentos industrializados. Uma alimentação rica em gorduras representa perigo para as mulheres que estão passando pela menopausa porque a gordura está relacionada com doenças cardíacas, hipertensão arterial, derrame e câncer de ovário, de mama, de útero e de colo. As mulheres que consomem uma alimentação rica em gordura tendem a apresentar um maior excesso de peso.

Em vez de alimentos ricos em gordura, você deve consumir mais frutas, vegetais, cereais, peixe e carne de aves. As carnes vermelhas devem ser usadas com menor freqüência, dando-se preferência às carnes magras e tomando-se o cuidado de retirar a gordura visível. Procure cozinhar com pouco óleo, ingerindo pequenas quantidades de alimentos *sauté* e evitando frituras. Evite receitas complicadas e substanciosas cujo preparo requeira grande quantidade de manteiga, creme de leite, queijo e outros alimentos ricos em gorduras. Aprenda a preparar escabeches e molhos com pouca gordura ou evite-a por completo, temperando os seus alimentos com alho, cebola, ervas, suco de limão ou com um pouco de azeite de oliva (um óleo monossaturado que não produz elevação dos seus níveis de colesterol). Prefira consumir as sementes e castanhas cruas em vez de cozidas (a cocção altera a natureza dos óleos) e utilize-as com moderação por causa de seu elevado teor de gordura. Procure sempre que possível consumir alimentos frescos e preparados em casa, com um mínimo de gordura e óleo. Se você precisar consumir alimentos industrializados, leia o rótulo. Evite aqueles com um elevado teor de gordura ou aos quais foram acrescentadas gorduras ou óleos.

Outros Princípios Básicos da Dieta de Auto-ajuda para a Menopausa

Utilize a maior variedade possível de alimentos. Ao fazer um rodízio de alimentos, você também diminui os sintomas de alergias alimentares. Isso também assegura que você estará recebendo uma ampla variedade de nutrientes, os quais são muito importantes para a manutenção da melhor saúde possível durante e após os anos de menopausa. Não caia na rotina de comer os mesmos alimentos dia após dia. Muitas mulheres percorrem as mesmas prateleiras dos supermercados, por hábito ou por conveniência. O consumo de uma pequena variedade de alimentos pode influenciar adversamente a sua saúde a longo prazo.

Faça com que as suas refeições sejam simples e fáceis de preparar. As mulheres de hoje são muito ocupadas. Muitas têm a responsabilidade de manter a casa e, simultaneamente, um emprego em tempo integral. Isso não lhes deixa muito tempo para planejar e preparar as refeições. Não admira que muitas mulheres voltem-se para os alimentos de preparo rápido. Felizmente, o preparo de alimentos nutritivos pode ser tão rápido quanto o de alimentos não tão nutritivos. Ao longo dos anos, minhas pacientes e eu desenvolvemos muitas maneiras de facilitar o preparo de alimentos de alta qualidade. Muitas delas têm usado essas técnicas com grande proveito, podendo preparar uma refeição completa em dez a vinte minutos. Planos de refeições e receitas fáceis e rápidas são apresentados nos capítulos seguintes.

Refeições saudáveis para mulheres na menopausa podem ser usufruídas com a família e os amigos. As sugestões nutricionais oferecidas neste livro e voltadas para a otimização da saúde nos anos da menopausa podem ser usadas com proveito por todos os seus amigos e familiares. A maioria das minhas pacientes descobriu que os seus familiares gostam de compartilhar esses novos alimentos e que eles se sentem mais saudáveis. A maioria dos pratos podem ser adaptados ao gosto de todas as pessoas. Se você ainda tiver crianças em casa, a sua alimentação pode ser facilmente modificada para também agradar ao paladar delas. Acrescente, por exemplo, uma quantidade extra de queijo ou de hambúrguer num lado da panela. Ou, então, prepare o seu lado do prato sem o suculento molho que o resto da família adora, ou acrescente mais vegetais.

Coma um desjejum reforçado e almoço e jantar leves. Durante os anos da menopausa as mulheres freqüentemente observam uma redução na eficiência do aparelho digestivo. Constipação, produção de gases e outras perturbações intestinais podem tornar-se mais comuns. Concentre a maior parte da sua alimentação no começo do dia, quando o seu corpo está mais ativo e eficiente. Evite ingerir grande quantidade de alimentos à noite. A digestão dos alimentos durante o sono impõe uma grande carga metabólica a todo o seu organismo. A noite é o período em que o seu corpo descansa e se regenera; não é saudável solicitar que o seu organismo continue trabalhando durante esse período de repouso.

Faça lentamente a transição para uma alimentação saudável durante a menopausa. Em minha atividade clínica, descobri que são necessários de um mês a dois anos para que uma mulher modifique os seus hábitos alimentares de uma forma tal que isso lhe dê prazer (e não apenas saúde) e que ela se sinta confortável com a mudança. Não é uma atitude realista esperar que você jogue fora todos os alimentos altamente estressantes que estejam em seu armário simplesmente por causa da modificação das necessidades de seu organismo.

Reveja a lista de alimentos a serem evitados (páginas 48-52) apresentada anteriormente neste capítulo. Escolha nessa lista um ou dois alimentos dos quais você estaria disposto a abrir mão de imediato. Em seguida, consulte a lista de alimentos substitutos. Se você toma seis xícaras de café por dia, por exemplo, poderá tomar a decisão de passar a utilizar um sucedâneo do café, como o Postum. Você talvez não queira fazer nenhuma outra mudança durante um mês. Quando sentir-se confortável com as mudanças já efetuadas, volte a consultar a sua lista de produtos a serem evitados. Talvez agora você esteja pronta para diminuir a ingestão de produtos derivados do leite; você poderia eliminar a fatia de queijo do sanduíche que você come no almoço. Em vez de iogurte, você poderia tomar um prato de sopa.

A cada período de algumas semanas, volte a consultar a lista de produtos a serem reduzidos e de produtos cujo consumo deve ser estimulado. Escolha mais alguns produtos a serem eliminados ou acrescentados à sua alimentação.

Lembre-se de que mesmo modestas mudanças na alimentação podem produzir uma significativa melhora na sua saúde. Por outro lado, algumas pessoas acham mais fácil mudar sua alimentação suspendendo abruptamente o consumo de diversos alimentos, e não há nenhum problema em agir assim. O importante é descobrir um modo que funcione para você.

A Dieta de Auto-ajuda para a Menopausa precisa ser agradável. As sugestões alimentares contidas neste livro proporcionam a você uma oportunidade de conhecer novos tipos de alimentos e experimentar novas receitas. Quando for provar novos alimentos, faça-o com a atitude que teria ao conhecer um novo restaurante – com um sentimento de entusiasmo e prazer. Para aumentar ao máximo o prazer que a sua nova alimentação irá lhe proporcionar, enfatize os aspectos estéticos da apresentação dos pratos. Uma toalha de mesa, velas e uma boa louça podem aumentar o prazer proporcionado mesmo pela refeição mais simples. Destaque a cor e a textura de cada alimento servindo-os em pratos diferentes daquele onde serão comidos. Procure servir alimentos com cores complementares pois, assim, você estará ampliando a variedade de nutrientes e também tornando o prato mais atraente para os olhos. (Alimentos vermelhos e amarelos, por exemplo, são ricos em vitamina A, ao passo que vegetais verdes são ricos em vitamina C.) Essa atenção ao prazer da refeição irá aumentar a sua gratificação emocional e seu senso de bem-estar.

ALIMENTOS A SEREM CONSUMIDOS

Frutas
Vegetais
Cereais integrais
Feijões
Sementes e castanhas
Peixe
Carne de aves (com moderação)
Óleos
Frutos do mar (com moderação)

ALIMENTOS A EVITAR

Açúcar
Sal
Gordura animal
Cafeína
Álcool (exceto com moderação)
Lacticínios
Carne vermelha (exceto com moderação)

LISTA DE COMPRAS DA MENOPAUSA

Carnes
peixe
aves (com moderação)
frutos do mar (com moderação)

Cereais Integrais
cevada
arroz integral
trigo-mouro
milho
painço
aveia
centeio
arroz selvagem

Frutas
maçã
damasco
banana
bagas (morango, amora, framboesa etc.)
toranja
kiwi
limão
melão
laranja
mamão
pêssego
pêra
abacaxi
ameixa

Óleos Vegetais
canola
milho
linhaça
oliva
gergelim
açafrão-bastardo
girassol

Sementes e Castanhas
amêndoas
avelãs
linhaça
amendoim
noz-pecã
sementes de abóbora
sementes de gergelim
sementes de girassol

Vegetais
alcachofra
abacate
feijões
beterraba
brócolos
couve-de-bruxelas
repolho
cenoura
aipo
acelga
couve do tipo *collard*
pepinos
alho
raiz-forte
couve
alface
cogumelos
folhas de mostarda
quiabo
cebola
pastinaca
ervilhas
batatas
rabanetes
rutabaga
espinafre
abóbora
batata-doce
tomates
folhas de nabo
nabos
mandioca

CAPÍTULO 6

Cardápios e Planos de Refeições

Ao longo dos anos, descobri que a maioria das minhas pacientes queriam orientações específicas acerca de cardápios e planos de refeições. Embora seja extremamente útil oferecer informações a respeito de quais elementos devem ser consumidos e quais evitados, a maioria das mulheres querem saber como dar o próximo passo e combinar os alimentos certos em refeições saudáveis. Elas também querem saber como fazer a transição da antiga para a nova dieta sem muita dificuldade ou confusão. Descobri que milhares de minhas pacientes se beneficiaram enormemente com essas orientações simples e fáceis de seguir, de modo que incluí essas informações neste capítulo para que você também se beneficie.

Orientações Gerais

Faça Todas as Mudanças Alimentares de Forma Gradual

A transição para uma dieta saudável entre as mulheres na menopausa deve ser feita com tranqüilidade e sem *stress*. Não tente mudar todos os seus hábitos alimentares de uma só vez, fazendo uma limpeza em sua geladeira e despensa. Tenho visto pacientes que chegam ao meu consultório num absoluto estado de pânico.

Recomendo que, em vez disso, você passe a consumir vários alimentos saudáveis em substituição aos alimentos altamente estressantes que vinha ingerindo. Para isso, reveja periodicamente a relação de alimentos cujo consumo deve ser restringido ou estimulado. Cada vez que você revir essa relação, selecione vários alimentos que esteja disposta a eliminar ou a experimentar. Reveja essas listas com a freqüência que escolher, mas faça-o com regularidade. Qualquer mudança que você vier a fazer em sua alimentação, mesmo que pequena, poderá ajudar.

Procure Fazer Refeições Simples e Fáceis de Preparar

Muitas mulheres têm uma vida muito ativa e ocupada, não lhes restando tempo suficiente para preparar refeições complicadas. Por essa razão, tenho-me esforçado para desenvolver planos de refeições que sejam rápidos e fáceis de preparar, enfatizando o uso de alimentos saborosos e altamente nutritivos. Para as acostumadas a comer refeições rápidas em lanchonetes de *fast-food* ou lanches industrializados com muita gordura, açúcar ou aditivos alimentares, essas refeições simples representam uma alternativa muito mais saudável.

Café da Manhã

O café da manhã é, na verdade, a refeição mais importante do dia. Se você escolher alimentos que sejam saudáveis e nutritivos, ele irão lhe proporcionar a energia de que você precisa para dar conta do seu trabalho e das suas atividades do dia. Infelizmente, muitas mulheres simplesmente deixam de tomar o café da manhã. Outras, na esperança de obter energia rapidamente, comem coisas como rosquinhas com café; estes alimentos, todavia, podem fazer com que a pessoa fique tensa e ansiosa. Outras mulheres poderão comer uma refeição pesada, cheia de alimentos altamente estressantes – ovos, bacon, leite, torradas e manteiga. Qualquer uma dessas refeições pode ter um efeito catastrófico sobre as mulheres que estão passando pela menopausa. Um plano para o café da manhã deve incluir:

Bebidas

A ingestão de uma quantidade adequada de líquidos é muito importante. Consuma bebidas que lhe proporcionem alimentos importantes e que façam você se sentir calma e relaxada ao longo do dia. Podemos sugerir sucos de frutas, chás de ervas, bebidas preparadas com cereais torrados (substitutos do café), leites vegetais e água mineral. Os sucos de frutas são excelentes para o café da manhã em virtude de seus elevados níveis de vitamina C, vitamina A, potássio e outros nutrientes essenciais. Excelentes chás de ervas para o café da manhã são os de camomila e lúpulo, que poderão acalmar os seus nervos se você se sentir ansiosa ou irritadiça pela manhã. O gengibre é uma boa escolha para mulheres que tendem a ficar cansadas pela manhã e que necessitam de um estimulante. Outros chás bastante saudáveis são os de amora-preta, framboesa e hortelã. Substitutos de café preparados com cereais, como Postum, Pero ou Caffix, são bebidas vigorosas e satisfatórias.

Recomendo enfaticamente que os adeptos do café o substituam por essas bebidas, com o propósito de evitar os efeitos estressantes da cafeína. O mesmo efeito estimulante pode ser obtido de uma forma muito mais adequada com o uso de chás de ervas, vitaminas, sais minerais e de exercícios físicos. O café descafeinado, em pequena quantidade, pode ser usado como uma bebida de transição enquanto você está mudando para os chás de ervas ou substitutos do café. Os leites vegetais – preparados à base de soja, amêndoa ou cereais – podem ser deliciosos, tanto puros como em combinação com cereais matinais em flocos. O leite de soja é encontrado facilmente em lojas de produtos naturais. O leite de amêndoa pode ser preparado rapidamente no liqüidificador (veja o Capítulo 8, Livro de Receitas para a Menopausa). A mais importante de todas as bebidas é a água, que deve ser consumida de 6 a 8 copos por dia. Recomendo que você consuma água mineral ou filtrada. Com o aumento da poluição dos nossos lençóis freáticos, a pureza da água está-se tornando uma preocupação importante. Enquanto essa tendência não for revertida por meio da proteção adequada do nosso suprimento de água, recomendo que você deixe de beber água da torneira, se isso for possível, ou que compre um filtro para uso doméstico.

Frutas

As frutas são maravilhosas para o café da manhã porque constituem grandes fontes de vitaminas e sais minerais, tais como vitamina C, vitamina A e potássio. Conquanto as frutas tenham muito açúcar, elas também têm muitas fibras. Isso faz com que nos sintamos saciados mais rapidamente, diminuindo o nosso apetite e evitando que venhamos a comer em excesso. As fibras contidas nas frutas também ajudam a regular a função intestinal, um importante benefício para as mulheres que estão passando pela menopausa e que, comumente, se queixam de constipação intestinal. Atualmente, existe uma ampla variedade de frutas disponível durante o ano todo, especialmente maçãs, bananas, laranjas e toranja. Também é uma boa idéia usufruir de frutas sazonais, como damascos, pêssegos, morango, amora, framboesa, cerejas, melões e outras deliciosas frutas disponíveis apenas por um curto período durante o ano. Procure consumir frutas da época cultivadas em locais próximos, pois elas tenderão a ser mais maduras e mais frescas. Além disso, dê preferência às frutas cultivadas organicamente, se isto for possível, para evitar exposição a pesticidas. Muitos dos supermercados estão começando a comercializar alimentos cultivados sem o uso de agrotóxicos por causa da forte demanda dos consumidores por produtos isentos de contaminação por substâncias químicas tóxicas.

Alimentos à Base de Cereais Integrais

Estes estão entre os melhores alimentos para o café da manhã. Os cereais integrais têm muitas vitaminas do complexo B, magnésio, potássio e vitamina E. Apresentam bastante carboidratos complexos, os quais são os melhores alimentos para estabilizar o nível de açúcar no sangue e fornecer energia, de forma lenta e constante, ao longo do dia. Os carboidratos complexos também são muito úteis para normalizar as oscilações de humor e a ansiedade que muitas mulheres sentem durante a menopausa. Entre esses alimentos destacam-se:

Cereais quentes. Conforme mencionei no capítulo anterior, prefiro arroz, centeio e aveia ao trigo por causa da tendência deste último para causar alergias, distensão abdominal e perturbações estomacais. A sua loja de alimentos orgânicos deve dispor de uma grande variedade de cereais de excelente qualidade. Procure por creme de centeio, creme de trigo-mouro, aveia integral e por combinações de sete ou quatro cereais (excluindo o trigo). Escolha marcas nas quais não haja adição de açúcar. Se não houver lojas de alimentos naturais perto de sua casa, a maioria dos supermercados terá produtos adequados. Recomendo enfaticamente a aveia integral (e não a aveia refinada em flocos finos, para cozimento rápido). Muitos dos "cereais naturais" produzidos por grandes indústrias ou são altamente refinados ou contêm excesso de açúcar, de modo que você deve ler cuidadosamente os rótulos e ficar atenta. Muitos supermercados estão começando a vender cereais a granel. Talvez uma mercearia próxima a você tenha esses produtos.

Cereais frios. Como já disse, há um grande número desses produtos disponíveis em lojas de produtos naturais, incluindo flocos de arroz, milho, painço e granola não adoçada. Nos supermercados, procure por produtos em cujo rótulo se leia "cereais integrais". Evite cereais frios com adição de açúcar.

Você pode umedecer os seus cereais numa quantidade muito pequena de leite de vaca ou usar substitutos como leite de cabra, leite de soja ou leite de amêndoa. Algumas mulheres gostam de comer os cereais secos ou com um pouco de suco de maçã. Para adoçar, o melhor é frutose ou xarope de bordo. Eles são muito concentrados, de modo que uma embalagem pequena dura muito tempo.

Bolinhos, Pães e Biscoitos. É fácil encontrar em supermercados ou preparar deliciosos pães, bolinhos e biscoitos com cereais integrais. Incluí diversos exemplos no Capítulo 8, Livro de Receitas para a Menopausa. Recomendo bolinhos de aveia com uma quantidade extra de farelo de aveia, bolinhos de centeio ou pão de milho. Também recomendo enfaticamente os bolos de arroz comumente disponíveis em lojas de produtos naturais e, atualmente, encontrados cada vez mais facilmente em supermercados. O pão preparado sem trigo pode ser encontrado em lojas de produtos naturais. Bolinhos, pães e biscoitos podem ser consumidos com molho de maçã, manteiga de nozes, frutas, conservas ou com uma pequena quantidade de margarina. Tente evitar manteiga preparada a partir do leite de vaca, em virtude de seu elevado teor de gorduras saturadas.

Pastas para Espalhar Sobre o Pão. Manteiga de amêndoa, óleo de gergelim e pasta de soja são bons para passar no pão. O óleo de gergelim pode ser encontrado na seção de importados da maioria dos supermercados e em todas as lojas de produtos naturais. Ele é delicioso e também uma maravilhosa fonte de nutrientes. Além disso, rende muito, de forma que uma embalagem pequena dura muito tempo. Molho de maçãs e conservas preparadas sem açúcar também são bons para passar sobre torradas, panquecas e bolinhos.

Cardápios para o Café da Manhã

Esses cardápios de fácil preparo irão proporcionar a você uma variedade de refeições saudáveis e deliciosas. Eles também servem como orientação para você elaborar os seus próprios planos de refeições. As receitas para muitos destes alimentos (preste atenção nos asteriscos) podem ser encontradas no Capítulo 8, Livro de Receitas para a Menopausa.

Mingau de aveia com xarope de bordo
Maçã
Chá de hortelã*

Mingau de *tofu**
Amoras-pretas
Bebida à base de cereais torrados (substituto do café)

Mingau instantâneo de linhaça*
Sementes de girassol
Suco de laranja com morango*

Vitamina de frutas*
Amêndoas e uva passa

Pão de soja e milho
Pêra
Chá de ervas energizante

Pão de cereais integrais
Pasta de óleo de gergelim/*tofu*
Leite de gergelim

Mingau de *tofu**
Manteiga aromatizada com maçã
Leite de gergelim

Flocos de arroz
Leite de soja
Banana

Almoço e Jantar

Sopas

As sopas são um alimento excelente porque podem combinar uma variedade de ingredientes altamente nutritivos, como vegetais, cereais, féculas, carne e peixe. As sopas em geral são de fácil preparo porque todos os ingredientes podem ser reunidos e, então, cozidos sem necessitar de muita atenção, enquanto você faz outras coisas. Recomendo as sopas feitas em casa, pois você pode evitar sal, excesso de gordura e aditivos alimentares. Incluí diversas receitas de sopas simples e deliciosas no Capítulo 8, Livro de Receitas para a Menopausa. Se você for comprar sopas enlatadas ou em pó, prefira aquelas do tipo "sem adição de sal ou açúcar". As marcas Hain e Health Valley produzem sopas "sem adição de sal" que podem ser encontradas facilmente em lojas de produtos naturais. Se não houver nenhuma loja de produtos naturais perto de sua casa, leia cuidadosamente os rótulos das sopas disponíveis no supermercado onde você faz compras.

Recomendo enfaticamente sopas de legumes tais como lentilhas ou ervilhas junto com um cereal ou torrada. Essa combinação proporciona excelente fonte de proteínas: cereais e leguminosas complementam-se um ao outro quanto ao conteúdo de aminoácidos e, juntos, constituem uma fonte de proteínas de alta qualidade. As sopas de vegetais e caldo de galinha também são boas. Se você estiver preocupada com a osteoporose, acrescente ossos de frango, de peixe ou de vaca à sua sopa, juntamente com algumas colheres de sopa de vinagre. O vinagre irá retirar o cálcio dos ossos e lhe proporcionará uma sopa nutritiva e deliciosa. Para as mulheres que não podem comer sopa sem um pouco de sal, sugiro que acrescentem uma colher de chá de missô a cada prato de sopa. O missô é um produto fermentado de soja originário do Japão. Ele é facilmente encontrado em mercados orientais e em lojas de produtos naturais. Seu teor de sal é muito menor que o do sal de mesa comum.

Saladas

As saladas são uma maravilhosa fonte de refeições leves e com uma grande variedade de nutrientes. Muitos vegetais contêm nutrientes essenciais para as mulheres durante os anos da menopausa. Diversos vegetais de folhas verdes, por exemplo, têm alto teor de magnésio, cálcio e ferro, enquanto os feijões são ricos em cálcio. Quanto mais ousada for a sua salada, maior a probabilidade de você estar ingerindo uma refeição altamente nutritiva. Por exemplo: não adquira o hábito de usar sempre a alface comum como base para a sua salada. Verduras de folhas mais escuras, como espinafre fresco, alface romana, endívia, salsa e alface vermelha, são mais nutritivos e também fazem uma bela apresentação. As saladas podem ser feitas com uma variedade de verduras cruas. Use nabo, beterraba, feijão verde, rabanete, cenoura, couve-flor, abacate, pimentão-vermelho, castanhas, abobrinha, ervilhas e jicama. Elas podem ser guarnecidas com brotos de feijão, grãos de soja, *croutons* e castanhas. Feijões cozidos são uma grande fonte de proteínas quando acrescentados à sua salada. Uma pequena quantidade de camarão ou peixe pode ser acrescentada para se ter uma salada mais substanciosa. Evite molhos para salada industrializados. Muitos deles contêm glutamato monossódico, açúcar, substâncias químicas indesejáveis e óleos. A sua salada pode ser temperada com óleos prensados a frio e suco de limão ou vinagre. Acrescente o molho antes de servir ou sirva-o à parte para que os comensais possam escolher o que quiserem. Evite molhos espessos e cremosos, com alto teor de calorias e de gordura.

Sanduíches

Para muitas mulheres que trabalham, um sanduíche bem-feito é uma refeição rápida, fácil e deliciosa. O recheio deve conter uma variedade de nutritivos vegetais, como alface, tomate, cebola, além de brotos de feijão e abacate, os quais também podem ser usados como guarnições ou como base para o sanduíche. Carnes magras como a de peru, de frango (sem a pele) e de atum enlatado com água têm muitas proteínas e poucas calorias. Também excelentes são as pastas à base de feijões, tais como de soja, *hummus* e *tahini* (preparada com feijão *garbanzo* e sementes de gergelim). Evite pães gordurosos em seus sanduíches, como *croissants* e brioches. O *croissant* médio, por exemplo, contém mais de 50 por cento de manteiga. Evite também recheios com elevado teor de gordura, como queijo, queijo cremoso, salsichas, mortadela e salame ou molhos gordurosos. Estes são de difícil digestão, perigosos para o seu sistema cardiovascular e podem causar um excessivo ganho de peso.

Vegetais

Estes devem ser consumidos crus ou levemente cozidos no vapor, para que seus nutrientes sejam preservados ao máximo. São um importante acompanhamento para pratos como cereais, feijões, carne e peixes, podendo ajudar a equilibrar as suas refeições. Os vegetais não devem ser cozidos em água, fritos em óleo ou cobertos com molhos. O alto valor nutritivo dos vegetais se perde ou é prejudicado por ingredientes altamente estressantes. São excelentes vegetais para as mulheres que estão passando pelos anos da menopausa:

Vegetais de folhas verdes. Couve, espinafre, couve do tipo *collard*, folhas de nabo, de mostarda ou de beterraba estão repletos de nutrientes como cálcio, magnésio e ferro. As folhas devem ser cozidas levemente no vapor (e nunca em água fervente) até que fiquem tenras porém não encharcadas. Após cozinhá-las no vapor, tempere-as com uma mistura de azeite de oliva, suco de limão e uma pitada de sal marinho.

Brócolos, couve-de-bruxelas e couve-flor. São deliciosos cozidos no vapor e levemente temperados com suco de limão. Os brócolos também podem ser comidos crus ou usados em saladas.

Raízes. Rutabaga, nabo, pastinaca, beterraba e batata-doce têm elevado teor de importantes vitaminas e sais minerais. Podem ser cozidos no vapor ou assados e servidos inteiros, amassados ou cortados em tiras longas (como batatas fritas). Muitas mulheres raramente preparam estes vegetais ou o fazem apenas nos feriados. Recomendo que você as consuma com maior freqüência.

Abóbora. Este delicioso vegetal é de fácil digestão e tem poucas calorias. Assar a abóbora faz com que ela fique seca e grudenta. Existem duas maneiras melhores de prepará-la:

- Cozinhe-a no vapor até ficar macia e, então, passe-a no liqüidificador e transforme-a num purê, o qual será macio, suave e com uma linda cor dourada. Ao transformá-la em purê você quebra os carboidratos complexos, de modo que ela fica surpreendentemente doce e gostosa – o sabor é semelhante ao da batata-doce. Você talvez queira acrescentar noz-moscada e canela para dar mais sabor.
- Corte a abóbora em pedaços e refogue-a levemente com azeite de oliva, molho de soja ou caldo de carne.

Cenoura e aipo. Estes são membros da mesma família de alimentos. Ambos são deliciosos comidos crus, especialmente gelados e crocantes. Eles também são muito saborosos cortados em fatias e cozidos no vapor. Coma as cenouras com uma pequena quantidade de xarope de bordo, para acentuar-lhe o sabor adocicado. O aipo pode ser consumido com salsa, erva-doce ou sementes de alcaravia.

Repolho. Esse vegetal é delicioso quando picado fino ou cozido no vapor. Para um prato vistoso mas simples, corte o repolho ao meio, depois corte fatias do repolho como as fatias de uma torta. Cozinhe no vapor essas fatias e sirva cada fatia num prato raso. Salpique o prato com salsa, erva-doce ou com sementes de cariz.

Cereais, Féculas e Legumes

Servidos juntos, esses alimentos podem ser usados como a principal fonte de carboidratos complexos e proteínas para o seu almoço ou jantar. Cereais e feijões são substanciosos, fáceis de digerir e tendem a estabilizar o nível de açúcar no sangue. São excelentes alimentos para mulheres com diabetes (um problema cada vez mais comum na menopausa) ou com desequilíbrios no nível de açúcar no sangue. Muitas mulheres deixam de cozinhar feijão e cereais por causa do tempo de preparo. Eis aqui um método para você encurtar o tempo de cozimento do feijão:

- Ponha a água para ferver (3 xícaras de água para cada xícara de feijão). Acrescente o feijão à água fervente e cozinhe por dois minutos. Desligue o fogo, tampe parcialmente a panela e deixe o feijão em repouso por uma hora. Cuide de seus assuntos ou execute outras tarefas enquanto o feijão vai cozinhando. Depois de uma hora, escorra a água, lave o feijão com água fria e, em seguida, congele-o. Quando você quiser utilizá-lo para uma refeição, descongele-o rapidamente em água corrente. Ferva cinco xícaras de água para cada xícara de feijão. Acrescente o feijão. Abaixe o fogo e deixe cozinhar por trinta a cinqüenta minutos. O feijão estará pronto para ser consumido.

Arroz ou cereais integrais. Estes podem ser preparados em grandes quantidades. Os cereais podem ser guardados por vários dias na geladeira, num recipiente plástico com tampa. Eles podem ser reaquecidos e usados conforme a necessidade. A melhor forma de esquentar o arroz é colocá-lo numa panela para banho-maria ou numa panela de pressão e cozinhá-lo por três a cinco minutos.

Batatas. As batatas são extremamente fáceis de digerir quando assadas ou cozidas no vapor. O problema com as batatas são as guarnições que muitas pessoas usam, como manteiga, creme azedo e *bacon.* Essas guarnições ricas em gordura devem ser evitadas; em vez disso, use cebolinha, sementes de girassol e outros temperos isentos de sal. As batatas também podem ser recheadas com sobras de vegetais e caldos, para dar mais sabor.

Carnes e Peixes

Estes devem ser cozidos no vapor ou assados (no caso das aves, sem a pele). Evite molhos ou guarnições pesadas. Compre sempre cortes magros e retire da peça toda a gordura visível. Peixes e carne de aves devem ser consumidos mais freqüentemente do que carne de vaca, de porco ou de carneiro, que são mais ricas em gordura. Os jantares americanos tradicionalmente são organizados em torno de um grande peça de carne ou peixe, a qual constitui o prato principal, com pequenas porções de cereais e vegetais como acompanhamento. Para as mulheres que querem gozar de ótima saúde durante os anos da menopausa, recomendo que esta proporção seja invertida. Limite-se a pequenas porções de carne (90 gramas) e complete com uma boa variedade de pratos de acompanhamento. A maioria das pessoas consome mais proteínas do que seria necessário.

Em grandes quantidades, a carne é difícil de digerir e, em muitas mulheres, pode aumentar a fadiga.

Pratos de Combinação

Nestes pratos, uma variedade de alimentos são combinados tanto em função do sabor quanto da facilidade do preparo. Vegetais e grãos constituem os ingredientes principais, sendo a carne usada mais para dar sabor (cortada em pedaços pequenos e acrescentada a sopas, saladas, pratos de forno e refogados). Como exemplos de pratos de combinação, podemos citar canja de galinha com arroz e vegetais, *tacos* com feijão, frango desfiado ou camarão com *tortilla* de milho. Acrescido de vegetais e molho, o *taco* proporciona três boas fontes de proteínas de alta qualidade: carne, feijão e cereais. Os pratos de forno não devem ser preparados com molho à base de queijo ou manteiga e sim com molhos mais nutritivos. Por exemplo: faça purê de vegetais como brócolos, couve-flor ou cenoura e, então, bata-o no liqüidificador com caldo de galinha para obter um molho cremoso, o qual pode ser engrossado com araruta, farinha de arroz ou flocos de trigo-mouro. Pode-se também bater *tofu* junto com molho, para deixá-lo mais cremoso.

Temperos

Evite pimenta-do-reino, sal, açúcar e glutamato monossódico, os quais são muito estressantes para o corpo. Em vez disso, use ervas suaves como manjericão, orégano, erva-doce, manjerona, tomilho, endro e estragão. Se você tiver de usar temperos mais fortes, use apenas metade ou um quarto da quantidade sugerida na receita.

Cardápios para Almoço e Jantar

Estes cardápios permitem que você organize as suas refeições de maneiras muito variadas. As receitas para vários destes pratos (indicadas por asterisco) são apresentadas no Capítulo 8, Livro de Receitas para a Menopausa.

SOPAS	SANDUÍCHES	SALADAS	CARNES
Sopa de ervilha partida* Pão de milho* Salada verde* Molho de maçã*	Sanduíche de salada de atum* Pão de centeio Salada de repolho	Salada de cálcio* Molho francês Sopa de lentilhas* Pão integral	Truta grelhada com endro* Feijão verde italiano no vapor Batata assada Salada verde mista*
Caldo de potássio* Pão de centeio Tomates picados Fatias de melão	Sanduíche vegetariano Pão de arroz Salada de batata* Maçã	Salada de maçã e nozes Palitos de aipo Pão de centeio	Linguado grelhado Brócolos e nabos Salada de agrião*
Sopa de tomate* Batata no vapor Feijão verde Pêra	Geléia e manteiga de amêndoa Pão integral Caldo de vegetais* Bananas fatiadas	*Guacamole* com vegetais frescos* Flocos de milho Salada de frutas frescas	Linguado gigante escalfado Arroz integral* Ervilhas e cenouras* Salada de repolho
Sopa de lentilhas* Arroz selvagem Brócolos com limão Salada romana* Bolo meio quilo	Sanduíche de abacate* Pão de pita Palitos de aipo e cenoura Biscoitos de aveia	Salada de cenoura com uva passa* Salada de batata* Salada de feijão verde* Biscoitos de chá	Peru assado Pão de milho e soja* Cenouras e cebolas* Couve-flor e salsa* Sobremesa de abóbora*
			Atum grelhado Arroz selvagem Aspargo no vapor
			Salmão escaldado* Alcachofra no vapor* Brócolos com limão

REFEIÇÕES DE UM PRATO SÓ

Tofu com ervilhas*
Fatias de melão

*Tacos**
Guacamole com vegetais frescos*
Guarnição de tomate e abacate

Tofu com arroz integral*
Abobrinha com cebolinha verde e alho

Arroz com *tofu* e molho *pesto**
Brócolos e cenoura

Arroz integral*
Mamão com abacaxi

Opções Saudáveis para o Café da Manhã

- Bebidas
- Frutas
- Cereais – em flocos, bolinhos e pão
- Pastas
- Castanhas e sementes cruas

Opções Saudáveis para o Almoço e o Jantar

- Bebidas – água mineral, vinho, cerveja, chá de ervas, suco, bebida de grãos tostados
- Sopa
- Salada e tempero
- Sanduíche
- Cereais e féculas
- Vegetais
- Peixe, aves
- Refeições de um prato só
- Sobremesa leve

CAPÍTULO 7

A Cozinha Saudável

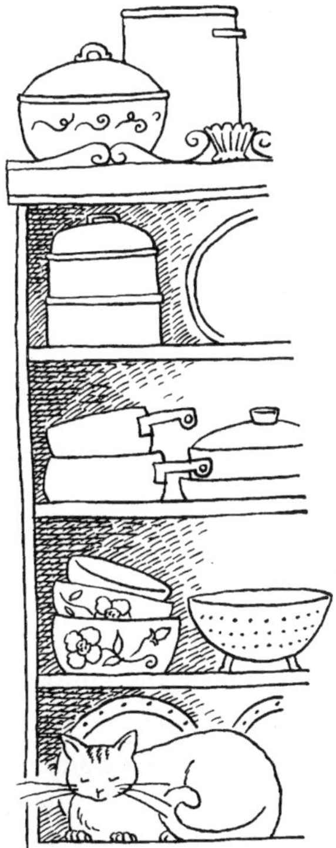

Na menopausa, os pratos que você prepara devem ser rápidos, fáceis e benéficos para a sua saúde. Não acredite que cozinhar deva ser uma tarefa complicada, com preparação demorada e a utilização de todos os tipos de equipamentos culinários caros e especiais. Neste capítulo, descreverei algumas peças de equipamento que, em minha opinião, irão facilitar a sua vida na cozinha. Também irei discutir as melhores técnicas de culinária e como substituir ingredientes nas receitas. Ao longo dos últimos anos este tipo de informação tem trazido muitos benefícios para a minha saúde e para a saúde de minhas pacientes.

Equipamento de Cozinha

Existem vários equipamentos que podem facilitar e simplificar o preparo de sua alimentação:

Panela de Pressão de Aço Inoxidável. O cozimento no vapor é uma forma altamente recomendável de preparar vegetais, frutas e carnes. Não se acrescenta gordura durante o preparo e as vitaminas e sais minerais de seus alimentos são conservados durante o processo de cozimento; isso não acontece quando se cozinha os alimentos em água fervente, processo durante o qual nutrientes essenciais são dissolvidos na água de cocção.

Wok. A *wok* pode ser usada para fritar alimentos com um mínimo de óleo. Na verdade, geralmente a gordura das carnes e vegetais é tudo o que você precisa, juntamente com um pouco de água ou um pouco de caldo. Deliciosas refeições de um só prato, usando carnes, cereais e vegetais, podem ser preparadas em poucos minutos.

Liqüidificador. O liqüidificador pode ser usado para preparar leites vegetais, vitaminas, molhos e purês de frutas e vegetais. Um liqüidificador é relativamente barato, sendo um meio rápido e fácil de preparar muitos alimentos altamente nutritivos.

Processador de Alimentos. Saladas e massas para pão ou bolo – assim como muitos outros alimentos que precisem ser cortados, ralados ou fragmentados – podem ser preparadas rapidamente com um processador de alimentos.

Panelas e Caçarolas Esmaltadas, de Aço Inoxidável, Vidro ou Ferro. Evite utensílios de alumínio ou cobre, pois o metal pode passar para a sua comida. Os alimentos ácidos interagem com o alumínio para formar os sais de alumínio, que são tóxicos. O alumínio tem sido relacionado com a doença de Alzheimer, um transtorno do sistema nervoso que prejudica as faculdades intelectuais e a memória. Ao comprar um utensílio esmaltado, não se esqueça de escolher uma marca de alta qualidade, pois os esmaltados inferiores podem descascar e expor o metal subjacente. Cozinhar com utensílios de ferro, no entanto, pode na verdade proporcionar uma útil suplementação de ferro para mulheres em menopausa, as quais vêm perdendo ferro ao longo de uma vida de menstruação.

Técnicas Culinárias e Preparo Saudável dos Alimentos

Todas as mulheres que estão passando pela menopausa precisam conhecer as boas técnicas culinárias e métodos saudáveis de preparo de alimentos. Técnicas apropriadas de preparo dos alimentos, que reduzem a quantidade de alimentos altamente estressantes em suas refeições, podem diminuir o seu risco de vir a ser acometida por câncer ou doenças cardíacas. As técnicas saudáveis de culinária também podem fazer a diferença entre ter ou não aqueles quilinhos a mais. O modo como você cozinha e prepara os alimentos é tão importante para a boa saúde e a prevenção das doenças quanto o uso de alimentos frescos e integrais.

Como Preparar Frutas e Vegetais

Frutas e Vegetais precisam estar limpos e frescos. Tente evitar produtos que tenham sido pulverizados com inseticidas perigosos. Ultimamente tem havido muitas notícias de pessoas que ficaram doentes depois de comer alimentos que tinham sido intensamente pulverizados. Essas substâncias químicas acumulam-se em nosso corpo e enfraquecem o nosso sistema imunológico. Muitas lojas de produtos naturais agora comercializam produtos cultivados organicamente (sem agrotóxicos) e, cada vez mais, o mesmo acontece com grandes redes de mercearias. Para obter alimentos cultivados sem agrotóxicos, telefone para as lojas da sua região e procure por anúncios nos jornais locais. Recomendo que você lave completamente o produto com água e detergente líquido para remover pelo menos os resíduos superficiais dos pesticidas.

Compre frutas e vegetais da estação. Estes em geral são cultivados localmente. Eles serão mais frescos, macios e saborosos do que os produtos cultivados fora da estação e que vieram de longe.

Guarde cuidadosamente os produtos frescos na gaveta para vegetais de sua geladeira para conservá-los frescos. Batatas, cebola e alho devem ser guardados nas áreas mais frias para permanecerem frescos. Faça as suas compras com maior freqüência para ter produtos mais frescos.

Produtos frescos são melhores para a sua nutrição. Produtos enlatados e congelados perdem nutrientes essenciais durante o processo de preparação e não se comparam com os elementos frescos em sabor e qualidade.

Frutas e vegetais frescos podem ser servidos inteiros ou, para uma apresentação mais atraente, podem ser cortados fininho ou em cubos e servidos frescos. Cenoura, aipo, jicama, brócolos, couve-flor, repolho, espinafre, tomate, pepino, cogumelos e muitos outros vegetais são deliciosos quando servidos crus. Eles têm uma bela apresentação e são ricos em vitamina A, magnésio, cálcio e em muitos outros nutrientes essenciais para a menopausa. Eles também podem ser consumidos com molhos e temperos leves. (Veja o Capítulo 8, Livro de Receitas para a Menopausa.)

Para cozinhar os ingredientes, o vapor é a forma mais eficaz de preservar o valor nutritivo e o sabor. Os alimentos a serem cozidos no vapor devem ser colocados numa cesta acima da água fervente. O alimento é cozido pelo vapor e não toca diretamente na água fervente. Depois que a água ferver por alguns segundos, abaixe o fogo e tampe a panela para prender o vapor dentro dela. Os alimentos cozidos no vapor costumam apresentar textura e sabor muito mais interessantes do que os cozidos em água. Cozinhar no vapor não consome mais tempo do que preparar vegetais congelados ou para assar alimentos no forno. Os alimentos com menor teor de nutrientes são os que foram excessivamente cozidos em água, assados ou fritos. Essas técnicas de culinária devem ser evitadas.

Outra boa maneira de preparar vegetais é refogá-los sem óleo. Este método pode substituir a fritura em muitos pratos e, assim, eliminar um bocado de gordura. O refogado pode ser feito numa frigideira ou numa *wok*. Em vez de óleo quente, use caldos de carne ou vegetais, molho de soja ou água. Despeje os alimentos sobre o líquido quente e fique mexendo-os com uma colher. Isso irá cozinhá-los rapidamente e selar sua superfície, impedindo a saída dos sucos. Muitos vegetais contêm suficiente açúcar natural para dourar naturalmente por este método.

Para preparar saladas, os ingredientes devem estar frescos e crocantes. Deve-se escorrer bem a água numa peneira ou secá-los com papel toalha. Em vez de cortar a alface, rasgue delicadamente as folhas com as mãos e jogue-as numa saladeira. Acrescente o tempero logo antes de servir ou ofereça-o à parte, de modo que cada um possa escolher o que quiser. As verduras de folhas verdes, tais como alface romana, endívia, salsa, agrião e alface vermelha são mais nutritivas do que a alface comum. As saladas podem ser preparadas a partir de uma variedade de vegetais crus, tais como nabo, beterraba, cenoura, couve-flor, nozes, ervilhas e jicama. Muitos desses vegetais contêm elevadas quantidades de cálcio e de outros nutrientes importantes para as mulheres na menopausa. Feijão cozido também é um ingrediente muito bom para saladas e proporciona uma excelente fonte de proteínas.

Guarde num saco plástico bem fechado os restos dos ingredientes usados para fazer a salada. Isso assegura que os vegetais se conservem frescos e crocantes.

Como Preparar Carnes, Aves e Frutos do Mar

Se possível, compre carnes e aves provenientes de criações em que os animais fiquem soltos. Muitos produtores de carnes e aves mantêm os animais confinados em espaços exíguos. Esses animais recebem hormônios, antibióticos e outras substâncias químicas com o propósito de fazê-los crescer e ganhar peso rapidamente. A carne muitas vezes é tratada quimicamente entre o matadouro e o supermercado para poder ficar nas prateleiras por mais tempo sem se deteriorar.

Em contraste, animais criados soltos podem andar à vontade, têm uma dieta saudável e balanceada e levam mais tempo para amadurecer. Eu não quero ter em meu corpo os perigosos resíduos químicos contidos na carne de animais criados em confinamento e você deve fazer o mesmo. Também acabei descobrindo que a carne dos animais criados soltos é mais macia e saborosa. A carne de animais e aves criados soltos pode ser encontrada na maioria das lojas de produtos naturais e, cada vez mais, também nas cadeias de supermercados.

Compre carnes magras. Evite as carnes nobres, que são mais caras e repletas de gordura, ou cortes gordurosos, como aqueles da cernelha. Se você comer carne de vaca, prefira os cortes mais magros, como os da ilharga e o hambúrguer magro. Não se esqueça de pedir ao açougueiro que retire todo o excesso de gordura ou, então, faça isso em casa. Quanto à carne de aves, toda a pele deve ser removida, medida que reduz significativamente a quantidade de calorias e o seu teor de gordura.

Tente comer peixe pelo menos uma ou duas vezes por semana. O peixe tem pouca gordura e muitos nutrientes importantes, tais como o iodo, que é essencial para a saúde da tireóide. Ele tem baixas calorias e, para muitas pessoas, sua digestão é mais fácil do que a carne de vaca, de porco ou de carneiro.

Evite fritar as carnes. Esse método aumenta o teor de gordura da carne. Se você quiser fritar a sua carne, experimente fritá-la numa panela ou frigideira, mexendo constantemente e, em vez de óleo, use água quente, molho de soja ou caldo de carne ou vegetais. Quando a carne é preparada dessa forma, a gordura natural nela contida irá lhe proporcionar um sabor delicioso.

Experimente cozinhar carnes vermelhas, aves e peixes na panela de pressão ou em fogo lento. Dessa forma, a carne pode ser cozida em água ou em sucos de vegetais em vez de na gordura. A carne fica macia e deliciosa quando preparada dessa maneira, e os nutrientes naturais são preservados.

Ao assar carne vermelha ou de aves, coloque-a no espeto ou sobre uma grelha. Isso permite que a gordura escorra. A carne não deve ficar no meio de uma poça de gordura. Esta técnica de preparo ajuda a reduzir a quantidade de gordura saturada que você estará ingerindo.

Ao preparar a carne no forno, asse-a em temperaturas baixas ou moderadas (de 165 a 200°C). O preparo lento deixa a carne úmida e macia e preserva melhor os seus nutrientes.

Evite molhos pesados e espessos. Estes acham-se repletos de óleo, manteiga, queijo e de outros alimentos altamente estressantes. Sirva a carne juntamente com uma mistura de ervas e temperos isentos de sal e não use nenhuma substância química para acentuar-lhe o sabor. Isso permitirá que você sinta realmente o delicioso sabor da carne.

Como Fazer Substituições nas Receitas

Aderir a uma alimentação saudável para a menopausa não significa que você tenha de deixar de lado o seu livro de culinária nem suas receitas favoritas. Conquanto a maioria dos livros de receitas usem ingredientes altamente estressantes, tais como lacticínios e açúcar, para dar mais sabor aos alimentos, você ainda pode preparar os seus pratos favoritos substituindo os ingredientes. Isso irá permitir-lhe reduzir as grandes quantidades de chocolate, derivados de leite, açúcar, sal e outros alimentos que fazem parte de muitas receitas. Estes alimentos altamente estressantes não são necessários para produzir pratos saborosos e, na verdade, podem agravar os sintomas da menopausa. Você também pode diminuir substancialmente a quantidade dos ingredientes e, ainda assim, conservar todo o seu aroma e paladar. O paladar da maioria das pessoas está acostumado com um excesso de sal, açúcar e outros flavorizantes. Em muitos pratos, tudo o que sentimos é o sabor dos aditivos e nunca chegamos realmente a desfrutar do delicioso sabor dos próprios alimentos. Faz anos que venho substituindo ingredientes ao cozinhar seguindo receitas; gosto cada vez mais do sabor sutil dos pratos e acredito que a minha saúde e vitalidade continuam a melhorar depois que eliminei de minha dieta os alimentos altamente estressantes. Use as informações que se seguem para substituir alimentos altamente estressantes por alimentos saudáveis. As substituições, além de simples e fáceis de fazer, deverão beneficiar enormemente a sua saúde.

Como Substituir o Açúcar

Reduza a quantidade de açúcar em suas receitas a dois terços ou à metade da quantidade originalmente recomendada. Os americanos tendem a ser viciados em açúcar. Este é simplesmente um fato que se fundamenta em nossa tendência para consumir cerca de 50 quilos de açúcar por ano. A maioria de nós cresceu tomando refrigerantes com elevado teor de açúcar ou comendo doces e bolos – não admira que a incidência de diabetes esteja aumentando em nossa população. Descobri que, quando as mulheres reduzem a ingestão de açúcar, a maioria delas começa realmente a apreciar os sabores sutis dos alimentos que consomem.

Use adoçantes mais concentrados. Adoçantes concentrados, tais como mel de abelhas e xarope de bordo, têm um poder adoçante relativamente maior do que o açúcar comum. Isto lhe permitirá reduzir a quantidade total de adoçante utilizada numa receita. Se você utilizar um adoçante concentrado em lugar do açúcar, numa receita comum, reduza o conteúdo líquido do adoçante em 1/4 de xícara. Se nenhum líquido for usado na receita, acrescente 3 a 4 colheres de farinha para cada 3/4 de xícara de adoçante concentrado.

Substitua o açúcar por frutas em doces de massa. Ao fazer bolinhos e biscoitos, você talvez queira retirar totalmente o açúcar e acrescentar uma quantidade extra de frutas e castanhas.

Como Substituir Lacticínios

Reduza a quantidade de queijo que você usa ao cozinhar. Se você precisar usar queijo no preparo de algum prato, reduza a quantidade à metade ou a 2/3, de modo que ele se torne mais um flavorizante ou uma guarnição em vez de uma fonte importante de gorduras e proteínas. O *tofu* pode ser acrescentado às receitas em substituição ao queijo. Se você não puder abrir mão dos derivados de leite, tente utilizar queijos magros. Todavia, queijos de leite de cabra ou de ovelha podem ser usados para substituir o queijo de vaca, pois a gordura neles contida é emulsificada mais facilmente no organismo.

O leite pode ser facilmente substituído nas receitas. Tente substituir o leite de vaca por leite de soja, de batata, de amêndoa ou de cereais. O leite de soja e de amêndoa acham-se disponíveis na maior parte das lojas de produtos naturais. Eles são boas fontes de cálcio e podem ser usados no preparo de bebidas, misturados com cereais ou em pães e bolos. Acrescente cálcio às bebidas para ter uma melhor nutrição na menopausa. Um delicioso e excelente substituto do leite é o Vance's DariFree. Ele é preparado a partir de carboidratos extraídos da batata e tem um sabor surpreendentemente parecido com o do leite com 2% de gordura. Ele pode ser encontrado na seção de lacticínios do seu supermercado local e em lojas de produtos naturais.

Substitua a manteiga por pastas preparadas com óleo vegetal. Para as mulheres que precisam ficar atentas à ingestão de gorduras saturadas, existem muitos produtos à base de óleos vegetais que podem substituir a manteiga. Alguns destes produtos são muito saborosos e têm uma textura agradável. O Spectrum Spread é um excelente exemplo desse tipo de produto e está disponível nas lojas de produtos naturais.

Como Substituir o Sal

Substitua o sal de cozinha (cloreto de sódio) por produtos à base de potássio. Produtos à base de potássio são muito mais saudáveis e não irão agravar doenças cardíacas ou a hipertensão arterial.

Use algas moídas, como kelp e nori, *para temperar vegetais, cereais e saladas.* Elas têm alto teor de iodo (essencial para a saúde do organismo) e de oligoelementos.

Para dar sabor, utilize ervas em vez de sal. O sabor das ervas é muito mais sutil e irá ajudar mesmo o paladar mais mal-acostumado a apreciar o sabor de frutas frescas, vegetais e carnes.

Como Substituir o Chocolate e o Cacau

Substitua o chocolate pela alfarroba. A alfarroba não adoçada tem um gosto semelhante ao do chocolate porém é muito mais nutritiva. Ela é membro da família das leguminosas e contém muito cálcio. Pode ser comprada em pedaços, como substituto do chocolate em barra, ou em pó, para ser usada em bolos ou bebidas. Tenha cuidado, porém, para não exagerar na quantidade consumida: a alfarroba, assim como o chocolate, tem alto teor de calorias e de gordura. Ela deve ser considerada um guloseima e um excelente recurso culinário para ser usado apenas em pequenas quantidades.

Como Substituir o Café

Use substitutos do café. Os melhores substitutos para o café são os sucedâneos de café à base de cereais torrados, tais como Pero, Postum e Caffix.

Use café descafeinado como bebida de transição. Se você não conseguir abrir mão do café, comece por substituir o café verdadeiro por café descafeinado (processo a água). Em seguida, tente parar completamente de tomar café ou passe a utilizar algum substituto.

Como Substituir a Farinha Refinada

Utilize cereais integrais. Passe a utilizar farinhas integrais, que têm maior teor de nutrientes essenciais, como vitaminas do complexo B e muitos sais minerais. Elas também têm mais fibras.

Como Substituir o Álcool

Ao cozinhar, use produtos não-alcoólicos ou com baixo teor de álcool. Ao preparar molhos e escabeches, utilize vinho ou cerveja com baixo teor alcoólico ou sem álcool. Você irá conservar boa parte do sabor conferido pelo álcool e, ao mesmo tempo, irá reduzir substancialmente um fator de *stress.*

Substitutos para Ingredientes Comuns Altamente Estressantes

3/4 de xícara de açúcar	1/2 xícara de mel 1/4 de xícara de melaço 1/2 xícara de xarope de bordo 15 gramas de malte de cevada 1 xícara de manteiga de maçã 2 xícaras de suco de maçã
1 copo de leite	1 xícara de leite de soja, de batata, de amêndoa ou de cereais. (Veja o Capítulo 8, Livro de Receitas para a Menopausa.) Para fazer com que esta bebida tenha um alto teor de cálcio, acrescente 1.000 mg de cálcio líquido ou em pó e 400 U.I. de vitamina D a 1 litro de leite vegetal.
1/2 colher de chá de sal	1 colher de sopa de missô 1/2 colher de chá de cloreto de potássio 1/2 colher de chá de Mrs. Dash, Health Valley ou de algum outro tempero isento de sódio 1/2 colher de sopa de ervas (basílico, estragão, orégano, etc.) 1/2 colher de sopa de Bragg's Liquid Amino Acids 1/2 colher de vegetais do mar – *dulse, kelp*
1 1/2 xícara de chocolate em pó	1 xícara de alfarroba em pó
1 barra de chocolate	3/4 de colher de sopa de alfarroba em pó
1 colher de sopa de café	1 colher de sopa de café descafeinado 1 colher de sopa de Pero, Postum, Caffix ou de outro sucedâneo de café à base de cereais
100 ml de vinho	100 ml de vinho leve
200 ml de cerveja	200 ml de cerveja sem álcool
1 xícara de farinha refinada	1 xícara de farinha de arroz (pão, bolinhos, biscoitos) 1 xícara de farinha de cevada (crosta de tortas)

CAPÍTULO 8

Livro de Receitas para a Menopausa

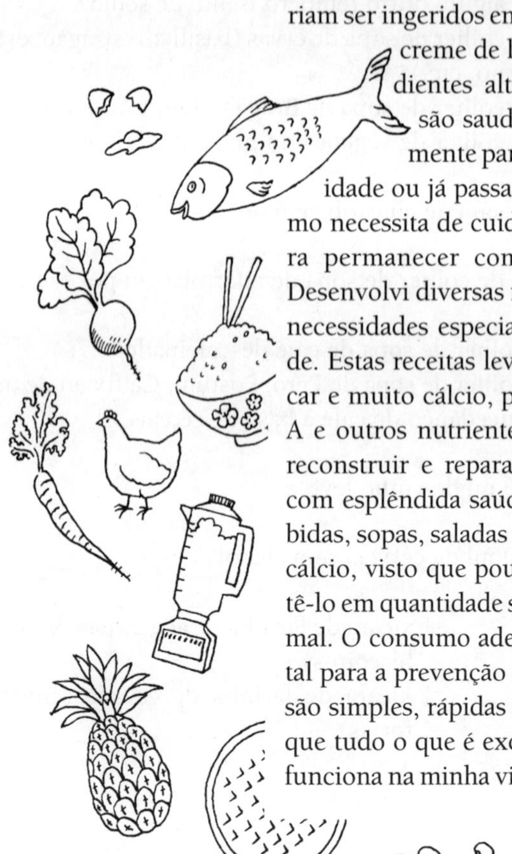

Ao longo dos anos, muitas das minhas pacientes pediram-me que lhes recomendasse receitas e livros de culinária que satisfizessem suas necessidades especiais. Infelizmente, a maioria dos livros de receitas tentam o nosso paladar com pratos deliciosos porém repletos de ingredientes que não deveriam ser ingeridos em excesso: gordura, sal, açúcar, creme de leite, chocolate e outros ingredientes altamente estressantes que não são saudáveis para ninguém, especialmente para mulheres que estão na meia-idade ou já passaram dessa fase e cujo organismo necessita de cuidados e atenção adicionais para permanecer com a melhor saúde possível. Desenvolvi diversas receitas que podem atender as necessidades especiais das mulheres de meia-idade. Estas receitas levam pouco sal, gordura e açúcar e muito cálcio, potássio, vitamina C, vitamina A e outros nutrientes essenciais necessários para reconstruir e reparar o organismo e conservá-lo com esplêndida saúde. Incluí especificamente bebidas, sopas, saladas e sobremesas com alto teor de cálcio, visto que poucas mulheres conseguem obtê-lo em quantidade suficiente a partir da dieta normal. O consumo adequado de cálcio é fundamental para a prevenção da osteoporose. Estas receitas são simples, rápidas e fáceis de preparar. Descobri que tudo o que é excessivamente complicado não funciona na minha vida e, com certeza, também na a maioria das minhas pacientes. O melhor de tudo é que estas receitas não apenas são nutritivas como também deliciosas, além de satisfazerem o apetite. Espero que você as aprecie tanto quanto eu.

Café da Manhã

BEBIDAS

Vitamina de Frutas

Faz 2-3 xícaras

1 xícara de suco de laranja ou maçã
2 bananas
3/4 de xícara de frutas frescas (abacaxi, amora-preta, vacínio, framboesa, mamão, pêssego ou morango)

Coloque no liqüidificador o suco de maçã ou de laranja, as bananas e uma terceira fruta de sua escolha. Bata até a mistura ficar homogênea e sirva.

Chá de Ervas

Faz 2 xícaras

1 colher de chá de folhas de ervas (erva-doce, hortelã, camomila, gengibre, folhas de framboeseira, fruto da roseira, folha de morango ou palha de aveia)
2 xícaras de água
1 colher de chá de mel (se desejar)

Deixe a água no fogo até levantar fervura. Coloque as ervas na água. Deixe ferver por 15 minutos e sirva.

Chá de Ervas Energizante

Faz 2 xícaras

2 xícaras de água
2 colheres de chá de gengibre fresco
1 colher de chá de mel (se desejar)
1 colher de chá de folhas de hortelã

Ponha a água para ferver. Coloque o gengibre e a hortelã na água e mexa. Abaixe o fogo e deixe ferver em fogo brando por 15 minutos. Se desejar, acrescente o mel para adoçar.

Esta bebida é um excelente substituto do café. Tanto o gengibre quanto a hortelã são ervas estimulantes, que podem aumentar o seu nível de energia; o gengibre também ajuda a aliviar os problemas digestivos, enquanto a hortelã acalma os espasmos musculares.

Leite de Gergelim nº 1

Faz 1 1/2 xícara

1/2 xícara de suco de maçã
1/2 xícara de água
3 cubos de gelo
3 colheres de sopa de *tahini* (manteiga de gergelim)
1/2 banana
500 mg de cálcio líquido ou em pó (se desejar)

Bata todos os ingredientes no liqüidificador. Esta combinação produz uma bebida deliciosa.

Leite de Gergelim nº 2

Faz 2 xícaras

3/4 de xícara de suco de maçã
4 cubos de gelo
2 colheres de sopa de *tahini* (manteiga de gergelim)
1/2 banana congelada
2 tâmaras cortadas em pedaços
500 mg de cálcio líquido ou em pó (se desejar)

Bata todos os ingredientes no liqüidificador para obter uma bebida deliciosa.

Leite de Amêndoa

Faz 1 1/4 xícara

1/2 xícara de amêndoas cruas ou peladas em água fervente
1 colher de sopa de mel ou xarope de arroz
1 xícara de água quente
250 mg de cálcio líquido ou em pó (se desejar)

Coloque as amêndoas, o mel e 1/2 xícara de água quente no liqüidificador. Despeje lentamente o restante da água, deixando bater até a mistura ficar cremosa. Se preferir um leite mais ralo, acrescente mais 30 a 80 ml de água quente.

Leite de Aveia

Faz 2 1/2 xícaras

1/4 de xícara de aveia trilhada
2 xícaras de água
1/3 de banana
1/4 de colher de chá de canela
60 ml de suco de maçã
1 pitada de sal marinho
250 mg de cálcio líquido ou em pó (se desejar)

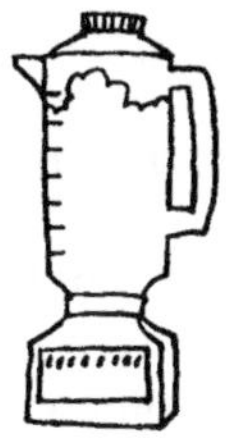

Misture a aveia com água quente numa panela. Deixe cozinhar em fogo brando por 30 minutos. Bata no liqüidificador com os demais ingredientes até a mistura ficar homogênea e cremosa.

ALIMENTOS À BASE DE GRÃOS INTEGRAIS

Mingau de Cereais Integrais

2 porções

2 xícaras de água fria
1 xícara de cereal (escolha um ou mais dentre os grãos relacionados abaixo)

cevada	aveia
trigo-mouro	milho
centeio	arroz

Coloque 1 xícara de cereal e 2 xícaras de água fria numa panela. Acrescente uma pitada de sal. Aqueça e mexa constantemente os cereais até a água levantar fervura. Tampe e desligue o fogo. Deixe descansar por 20 minutos e sirva.

Mingau Instantâneo de Linhaça

1 porção

4 colheres de sopa de sementes de linhaça cruas
2/3 de xícara de leite vegetal (soja ou outros)
1/2 banana fatiada
1 a 2 colheres de chá de mel ou outro adoçante (para dar sabor)

Triture as sementes de linhaça até virarem pó, usando um moedor de café ou de grãos. Coloque o pó numa tigela para cereais e acrescente lentamente o leite vegetal, mexendo bem até a mistura ficar espessa e com uma textura semelhante à do creme de arroz ou do mingau de aveia. Disponha por cima a banana fatiada. Acrescente o adoçante, se desejar. Coma imediatamente, pois as sementes de linhaça são sensíveis à luz, ao ar e ao calor. Esse cereal deve ser comido frio;

não o cozinhe. Para variar o sabor, experimente acrescentar noz-moscada, pimenta-da-jamaica, canela ou macis.

Mingau de Tofu

2 porções

120 gramas de *tofu* macio
1/4 de xícara de leite vegetal
2 colheres de sopa de óleo de linhaça
1 banana
1 maçã
15 amêndoas cruas
adoçante (se desejar)

Junte todos os ingredientes no processador de alimentos e bata até a mistura ficar cremosa. Despeje numa tigela e sirva. Esta é uma papa nutritiva, com muitas substâncias estrogênicas vegetais, ácidos graxos essenciais, cálcio, magnésio e potássio. Para variar, experimente acrescentar um pouco de macis, pimenta-da-jamaica, canela ou noz-moscada.

Pão de Milho e Soja

1 pão

2 xícaras de fubá
3/8 de xícara de farinha de soja
1 colher de chá de fermento em pó
1/2 colher de chá de bicarbonato de sódio
1/4 de colher de chá de sal marinho
1 ovo batido
2 xícaras de leite vegetal
3 colheres de sopa de mel
2 colheres de sopa de óleo de canola

Aqueça o forno a 220°C. Numa tigela, misture o fubá, a farinha de soja, o fermento em pó, o bicarbonato de sódio e o sal marinho. Numa outra tigela, junte o ovo, o leite vegetal, o mel e o óleo de canola. Misture todos os ingredientes e bata no liqüidificador até homogeneizar. Despeje numa fôrma untada com óleo e deixe assar por 30 a 35 minutos, ou até a faca sair limpa ao testar a massa.

Bolinhos de Molho de Maçã e Farelo de Aveia

Faz 8 bolinhos

2 xícaras de farelo de aveia
1 xícara de farinha de trigo integral

3 colheres de chá de bicarbonato de sódio
2 colheres de chá de canela
1/2 xícara de óleo de canola
1/2 xícara de molho de maçã
1/2 xícara de mel
1/2 xícara de suco de maçã
2 colheres de chá de baunilha

Aqueça o forno a 190°C. Numa tigela, junte todos os ingredientes secos. Numa outra tigela, junte todos os ingredientes líqüidos. Misture todos os ingredientes juntos. Despeje a massa mole em forminhas de estanho untadas com óleo, enchendo-as até 3/4 da capacidade. Asse durante 20 minutos ou até que o centro esteja seco. (Use o teste do palito de dentes: se um palito de dentes for introduzido e voltar seco, os seus bolinhos estão prontos.)

PASTAS

Pasta de Manteiga de Gergelim e Tofu

Faz 1 1/2 xícara

1/2 xícara de *tofu* drenado
1/4 de xícara de *tahini* (manteiga de gergelim)
1 a 2 colheres de sopa de mel

Misture todos os ingredientes no liqüidificador ou processador de alimentos.

Manteiga de Gergelim e Amêndoa

Faz 1 1/2 xícara

1/4 de xícara de *tofu* macio drenado
1/4 de xícara de *tahini* (manteiga de gergelim)
6 colheres de sopa de manteiga de amêndoa
1/4 de xícara de mel

Misture todos os ingredientes no liqüidificador ou processador de alimentos.

Manteiga de Maçã e Condimentos

Faz 2 xícaras

1/2 quilo de maçãs, sem casca, cortadas em quatro e sem a parte central
1/4 a 1/2 xícara de água
1/2 colher de chá de canela
1/8 de colher de chá de cravo-da-índia
1/4 de colher de chá de gengibre
2 colheres de sopa de mel

Cozinhe as maçãs em água por 5 a 10 minutos ou até amolecerem. Acrescente os condimentos e o mel. Mexa para misturar. Deixe esfriar. Bata no liqüidificador ou processador de alimentos até a mistura ficar homogênea.

Banana com Manteiga de Amêndoa

Faz aprox. 1/2 xícara

1 banana
2 colheres de sopa de manteiga de amêndoa

Corte a banana ao meio no sentido do comprimento. Corte cada pedaço ao meio, de modo que a banana fique dividida em quatro partes. Passe a manteiga de amêndoa.

Molho de Maçã Fresco

Faz 2 1/3 xícaras

2 1/2 maçãs
1/2 xícara de suco de maçã fresco
1/2 colher de chá de canela

Descasque as maçãs e corte-as em quatro. Junte todos os ingredientes no liqüidificador ou processador de alimentos e bata até a mistura ficar homogênea.

Almoço e Jantar

SOPAS

Sopa de Tomate

8 porções

2 dentes de alho amassados
1 cebola picada
2 colheres de sopa de azeite de oliva
4 tomates picados
8 xícaras de tomates enlatados, com baixo teor de sódio, cortados, incluindo o líquido

Refogue levemente o alho e a cebola em azeite de oliva até ficarem macios. Transfira para uma panela maior. Acrescente os tomates enlatados e os frescos. Em seguida, tampe a panela e deixe ferver em fogo brando por uma hora.

Caldo de Peixe com Cálcio

Faz 4 litros

2 quilos de ossos e cabeças de peixe
1 xícara de vinho branco seco de mesa
2 colheres de chá de vinagre
4 litros de água
1 cebola picada em quatro
1 maço de cebolinha verde
1 cenoura
1 talo de aipo
1/4 de xícara de cogumelos picados
1 colher de sopa de pimenta em grão

Coloque os ossos e as cabeças de peixe numa panela para caldo com capacidade de aproximadamente 8 litros; acrescente o vinho, o vinagre e a água e, lentamente, deixe levantar fervura. Retire a escuma superficial. Corte os vegetais e acrescente-as à panela do caldo. Deixe ferver em fogo brando por 30 minutos. Coe o caldo.

Sopa de Vegetais

4 a 6 porções

1 cebola picada
1 talo de aipo picado
1 nabo picado
1/2 alho-porró picado
2 cenouras picadas
1/4 de maço de salsinha picada
5 cogumelos, fatiados
1/2 colher de sopa de tomilho
1 folha de louro
1/2 colher de sopa de erva-doce
1 1/2 litro de água

Coloque todos os ingredientes numa panela. Cubra com água. Deixe levantar fervura e, em seguida, abaixe o fogo. Deixe cozinhar por 2 horas. Sirva em pratos individuais.

Sopa de Lentilhas

4 porções

1 xícara de lentilhas
1/2 cebola picada
1/2 xícara de cenoura picada

1 a 1 1/2 litro de água
1 colher de chá de missô de arroz integral

Lave as lentilhas. Ponha as lentilhas, a cebola, a cenoura, a água e o missô numa panela. Leve ao fogo até ferver e, em seguida, abaixe o fogo, tampe a panela e deixe cozinhar em fogo brando por 45 minutos ou até as lentilhas ficarem macias.

Sopa de Ervilha Partida

4 porções

1 xícara de ervilhas partidas ao meio
1/2 cebola picada
1 cenoura pequena em fatias
1 litro de água
1/4 de colher de chá de sal marinho

Lave as ervilhas. Coloque as ervilhas, a cebola e a cenoura em uma panela. Acrescente a água. Deixe ferver, abaixe o fogo e tampe a panela. Cozinhe por 45 minutos. Acrescente o sal marinho e continue a cozinhar até as ervilhas ficarem macias. A sopa pode ser esfriada e, então, batida no liqüidificador ou processador de alimentos, se preferir uma textura cremosa.

Borscht de Beterraba

6 a 8 porções

6 xícaras de água
2 xícaras de beterraba crua ralada
1/3 de xícara de mel
1/3 de xícara de suco de limão

Ponha a água para ferver. Coloque a beterraba ralada numa chaleira pesada ou pote de barro. Despeje a água fervente sobre a beterraba e deixe descansar de um dia para o outro. Coe e acrescente mel e suco de limão ao líquido. Sirva gelado.

Caldo de Potássio

6 a 8 porções

8 tomates frescos
3 xícaras de água
1 xícara de cenoura fatiada
1 xícara de brócolos picados
1 xícara de abóbora picada (abobrinha ou moranga)
1/2 xícara de cogumelos
1/2 xícara de nabo
2 colheres de sopa de salsinha picada
1 cebola cortada em cubos

2 dentes de alho cortados em cubinhos
1/4 a 1 colher de chá de manjericão (para dar sabor)

Bata os tomates no liqüidificador ou processador de alimentos. Junte todos os ingredientes numa panela para sopa e deixe ferver por 30 minutos. Desligue o fogo e deixe descansar por 30 minutos. Coe e sirva.

SALADAS

Salada de Cenoura com Uva Passa

2 porções

3 cenouras
1/2 xícara de uva passa
1 colher de sopa de maionese
1 colher de sopa de vinagre de maçã

Raspe a pele das cenouras e rale-as no ralo grosso. Misture a cenoura ralada e as uvas passas com a maionese e o vinagre de maçã.

Salada de Repolho

4 porções

1 xícara de repolho roxo cortado fino
3 xícaras de repolho verde cortado fino
1 1/2 colher de chá de semente de cariz
1/2 colher de chá de sementes de papoula
1/2 colher de chá de sementes de aipo
1/2 colher de chá de endro

Coloque o repolho picado em água gelada por 10 a 15 minutos e depois escorra a água. Esmague ou moa as sementes e acrescente-as ao repolho com o endro. Sirva com o seu molho favorito.

Salada Waldorf

8 porções

6 maçãs
1/8 de xícara de suco fresco de limão
3 talos de aipo cortados
1/2 xícara de nozes picadas
4 colheres de sopa de mel
8 folhas de alface

Corte as maçãs em oito pedaços e salpique-as com suco de limão para impedir que fiquem escuras. Misture as maçãs, o aipo e os pedaços de nozes. Despeje o mel sobre a mistura e mexa suavemente. Usando uma colher, coloque a mistura sobre as folhas de alface e sirva.

Salada Verde Mista — *4 a 6 porções*

1 maço de alface verde ou vermelha
1 tomate grande cortado em cunha
1/2 pepino fatiado
2 cebolinhas verdes picadas
1 cenoura fatiada
4 rabanetes fatiados
1 abacate fatiado
1/4 de xícara de sementes de girassol

Misture todos os ingredientes numa saladeira grande. Sirva com o seu molho favorito.

Salada Romana — *4 porções*

1 maço de alface romana
1/8 de cabeça de repolho roxo cortado
4 rabanetes picados
1 cenoura pequena ralada
azeite de oliva e vinagre a gosto

Junte todos os ingredientes numa saladeira e misture com o azeite e o vinagre.

Salada de Batata — *6 porções*

8 batatas vermelhas médias
1 xícara de aipo picado
1/2 xícara de salsinha cortada fino
3/4 de xícara de cebola picada

Cozinhe as batatas no vapor durante aproximadamente 45 minutos. Esfrie-as e corte-as em cubos. Misture o aipo, a salsinha e as cebolas com as batatas e mexa bem. Acrescente uma pequena quantidade do seu molho favorito. Tanto o vinagrete quanto a maionese vão muito bem com a salada de batata.

Salada de Agrião

4 porções

cebolinha verde
2 maços de agrião
180 gramas de brotos de feijão frescos
2 colheres de chá de cebolinha verde cortada fino
1/2 colher de sopa de sementes de girassol
molho vinagrete

Lave o agrião. Remova os talos maiores e coloque o restante numa saladeira. Acrescente os brotos de feijão e a cebolinha. Misture a salada. Acrescente as sementes de girassol e o molho vinagrete e mexa bem. Sirva imediatamente.

Salada de Cálcio

6 porções

1 maço de alface romana
1 abacate fatiado
3/4 de xícara de nabo fatiado
3/4 de xícara de aipo cortado em cubos
3/4 de xícara de cebola verde fatiada
3/4 de xícara de agrião
3/4 de xícara de cenoura ralada

Junte todos os ingredientes numa saladeira grande e mexa delicadamente. Sirva com seu molho favorito de baixas calorias.

Salada de Tomate com Feijão Verde

4 porções

1/2 quilo de feijão verde
1 tomate cortado
3 colheres de chá de cebolinha verde picada em pedacinhos
1 dente de alho picado em pedacinhos
1/4 de colher de chá de pimenta-do-reino
1 colher de chá de orégano

Cozinhe o feijão verde no vapor durante 6 minutos. A textura deve ser crocante. Coloque todos os ingredientes numa saladeira grande. Tempere com seu molho vinagrete favorito.

Guacamole *com Legumes Frescos* — *4 porções*

2 abacates maduros
2 colheres de sopa de suco de limão
1 cebolinha verde cortada em cubinhos
1 dente de alho cortado em pedacinhos
1 tomate picado
2 cenouras fatiadas em palitos
1 pimentão vermelho fatiado
4 cogumelos grandes fatiados

Descasque os abacates, remova o caroço, coloque-os numa tigela e amasse-os com um garfo. Acrescente o suco de limão, a cebolinha verde, o alho e o tomate, mexendo bem. Ponha para gelar e sirva como uma mistura onde serão molhados os pedaços de cenoura, pimentão e cogumelos.

SANDUÍCHES

Sanduíche Saudável — *1 porção*

2 fatias de pão (centeio, painço, arroz, mistura de grãos integrais, pita)
2 folhas de alface
2 fatias de tomate
1/8 de xícara de brotos de feijão (opcional)
1/2 xícara de pasta para sanduíche (abacate, berinjela, atum, vegetariana, manteiga de amêndoa crua ou geléia)

Coloque o tomate, a alface e os brotos de feijão sobre uma fatia de pão. Acrescente a pasta para sanduíche sobre a outra fatia. Junte tudo e sirva.

Pasta de Abacate para Sanduíche — *2 a 4 porções*

1 abacate maduro
2 colheres de chá de maionese *light*
1/2 colher de chá de suco de limão
1/2 colher de chá de páprica

Descasque o abacate e amasse-o com um garfo numa tigela. Acrescente os demais ingredientes e misture bem. Sirva sobre fatias finas de pão ou biscoitos de centeio.

Recheio de Atum para Sanduíche

4 porções

180 gramas de conserva de atum em água, drenado
2 colheres de chá de maionese
2 colheres de chá de cebolas verdes picadas
2 colheres de sopa de aipo picado

Coloque todos os ingredientes numa tigela e misture bem. Sirva sobre pão ou bolacha salgada.

Pasta de Berinjela para Sanduíche

4 porções

1 berinjela média
1 cebola cortada fino
1 xícara de aipo cortado em cubinhos
suco de 1 limão
2 colheres de sopa de azeite de oliva
1/4 de xícara de azeitonas pretas picadas
1 dente de alho cortado em pedacinhos

Asse a berinjela a 180°C até ficar macia. Em seguida, retire a pele e amasse até ficar com uma textura homogênea. À parte, junte todos os outros ingredientes e deixe descansar por 5 minutos. Misture a berinjela com os outros ingredientes e mexa bem. Ponha para gelar e sirva sobre pão ou bolacha salgada.

Recheio de Sanduíche Vegetariano

1 porção

4 fatias de abacate
4 fatias finas de cenoura
2 fatias de cebola roxa
2 fatias de tomate

Junte tudo num sanduíche e sirva.

Manteiga de Amêndoa e Geléia

1 porção

2 colheres de sopa de manteiga de amêndoa
2 colheres de sopa de geléia sem açúcar

Junte tudo num sanduíche e sirva.

GRÃOS, LEGUMES, FÉCULAS

Arroz Integral

4 porções

1 xícara de arroz integral
2 xícaras de água fria
1/2 colher de chá de sal marinho

Lave o arroz em água fria. Junte todos os ingredientes em uma panela. Coloque a panela em fogo forte até ferver. Abaixe o fogo, tampe e cozinhe sem mexer (por 25 a 35 minutos) até o arroz ficar macio. Resista à tentação de verificar antes de 20 minutos porque isso deixa escapar o vapor.

Kasha

4 porções

1 xícara de *kasha* (sêmola de trigo-mouro)
3 1/4 xícaras de água
uma pitada de sal marinho

Ponha os ingredientes para ferver, abaixe o fogo e deixe cozinhar em fogo brando por 25 minutos ou até ficar macio. Os grãos devem ficar soltos como os do arroz. Para o café da manhã, bata no liqüidificador, junto com água, até formar um "creme". A seguir acrescente leite de amêndoa, de gergelim ou de girassol e também canela, manteiga de maçã, gengibre, uva passa, morangos, amoras ou framboesas.

Feijão Adzuki

4 porções

1 xícara de feijão *adzuki*
4 xícaras de água
1/4 de colher de chá de sal marinho

Lave o feijão. Coloque-o numa panela com água e sal. Ponha para ferver, tampe a panela e deixe cozinhar em fogo brando por 2 horas ou até que o feijão fique macio.

Batata Assada

4 porções

4 batatas vermelhas
1 colher de sopa de óleo vegetal
2 colheres de sopa de cebolinha verde picada

Aqueça o forno a 200°C. Lave as batatas, passe sobre elas o óleo vegetal e deixe assar por 45 a 60 minutos ou até que fiquem macias ao serem espetadas com um garfo. Guarneça com a cebolinha verde.

Alcachofras no Vapor — *4 porções*

4 alcachofras

Desbaste as alcachofras. Coloque-as na panela de pressão com água suficiente para cozer no vapor durante 45 minutos. Retire da panela e sirva quente ou frio. Guarneça com maionese ou seu vinagrete favorito.

Aipo à Juliana — *4 porções*

6 talos de aipo
2 colheres de sopa de pimentão vermelho

Corte o aipo em tiras pequenas (como se faz com a batata antes de fritar). Cozinhe no vapor durante 15 a 20 minutos ou até ficar macio. Escorra a água e misture com o pimentão vermelho.

Cenoura em Cubinhos com Ervilhas — *4 porções*

1 1/2 xícara de caldo de galinha
1 xícara de ervilhas verdes
1 xícara de cenoura em cubinhos

Numa caçarola, aqueça o caldo de galinha até ferver e então abaixe o fogo. Acrescente a ervilha e a cenoura e deixe cozinhar em fogo brando por 30 minutos ou até que os vegetais fiquem macios.

Couve-Flor com Salsinha — *4 porções*

1 cabeça média de couve-flor
3-4 colheres de sopa de salsinha fresca cortada bem fininho

Divida a couve-flor em pequenos florículos. Cozinhe no vapor durante 10 minutos ou até ficar macia. Misture com a salsinha fresca.

Brócolos com Limão

4 porções

1/2 quilo de brócolos
suco de 1/2 limão

Corte os brócolos em pequenos floríclos; cozinhe no vapor durante 12 minutos ou até ficarem macios. Esprema o suco de limão sobre os brócolos e sirva.

Cenouras Alegres

4 porções

12 cenouras pequenas, limpas e fatiadas
4 colheres de sopa de noz-pecã picada
1 colher de sopa de xarope de bordo

Cozinhe as cenouras no vapor até ficarem macias. Misture com as nozes-pecãs. Despeje por cima o xarope de bordo.

Abobrinha com Cebolinha Verde

4 porções

2 abobrinhas médias, cortadas em cubinhos
2 colheres de chá de cebolinha verde picada
2 colheres de chá de óleo de açafrão-bastardo
1/2 dente de alho cortado fininho
1 colher de chá de manjericão seco
1 colher de chá de orégano

Aqueça o óleo numa frigideira em fogo médio. Acrescente todos os outros ingredientes na frigideira. Cozinhe até ficarem macios, mexendo constantemente.

Abóbora Batida

4 porções

2 abóboras
90 ml de suco de maçã
1 pitada de canela

Descasque as abóboras e corte-as em pedaços grandes. Cozinhe-as no vapor até ficarem macias. Coloque-as num processador de alimentos, acrescente o suco e a canela e bata. Você pode acrescentar água em pequenas quantidades até a mistura ficar homogênea e cremosa.

SEMENTES E NOZES

Manteiga de Gergelim e Amêndoa

Ver receita na página 83.

Shake *de Linhaça*

2 porções

4 colheres de sopa de sementes de linhaça cruas
1 banana inteira descascada
3/4 de xícara de suco de maçã
3/4 de xícara de água
1 colher de sopa de mel

Passe as sementes de linhaça por um moedor de café ou de grãos até transformá-las em pó. Ponha a linhaça moída no liqüidificador, acrescente os demais ingredientes e bata.

Pasta de Linhaça

2 porções

4 colheres de sopa de sementes de linhaça
suco de 1/2 limão
1/2 colher de chá de Bragg's Liquid Amino Acids
2 colheres de sopa de água

Passe as sementes de linhaça por um moedor de café ou de grãos até virarem pó. Coloque a linhaça moída numa tigela, acrescente os demais ingredientes e mexa até formar uma pasta. Use-a para passar sobre o pão de arroz ou bolacha salgada de centeio.

Hummus e Tahini (Manteiga de Gergelim)

Faz 3 xícaras

1/2 xícara de sementes de gergelim cruas sem casca
1 1/2 xícara de feijão *garbanzo* cozido, sem sal
1/2 xícara de água
suco de 1 limão
2 dentes de alho picados fininho
água a gosto

Passe as sementes de gergelim por um moedor de café ou de grãos até formarem uma pasta fina. Transfira para o liqüidificador. Acrescente o feijão *garban-*

zo, o suco de limão e os dentes de alho. Bata até ficar homogêneo, acrescentando água até obter a consistência desejada. Use a mistura para nela molhar vegetais frescos, como cenouras ou brócolos, ou passe-a sobre pão de centeio.

PEIXE

Salmão Escaldado

4 porções

4 filés de salmão com cerca de 90 gramas cada
1 xícara de água
suco de 1 limão
1 colher de sopa de cebola picada em cubos
1 colher de sopa de cenoura picada em cubos
1/4 de xícara de suco de tomate com baixo teor de sódio

Junte a água e o suco de limão numa panela e aqueça. Coloque o salmão no líquido quente e despeje por cima os vegetais em cubinhos. Tampe a panela e escalde por 6 a 8 minutos ou até que o salmão comece a se desfazer ao pressioná-lo com um garfo. Retire o peixe e mantenha-o quente. Acrescente o suco de tomate e reduza o líquido pela metade. Cubra o salmão com o molho e sirva quente.

Truta Grelhada com Endro

4 porções

2 trutas frescas com cerca de 250 g cada
2 colheres de sopa de suco de limão
endro fresco picado (ou seco, se não for possível obtê-lo fresco)

Corte cada truta ao meio, separando os ossos. Isso dará quatro filés. Salpique os filés com o suco de limão e com o endro. Coloque as trutas numa grelha por 5 ou 6 minutos ou até que fiquem prontas.

Linguado Gigante Escalfado

4 porções

4 filés de linguado de 90 gramas cada
2 xícaras de água
2 cebolinhas picadas
2 ramos novos de salsinha
1 talo pequeno de aipo picado
1 folha de louro

Coloque a água, a cebolinha, a salsinha e a folha de louro numa panela. Tampe a panela e deixe ferver em fogo brando por 10 minutos. Acomode delicadamente os filés de linguado sobre o líquido. Tampe a panela e deixe cozinhar em fogo brando por 10 minutos ou até que o peixe fique macio.

Refeições de um Prato Só

Tofu *com Amêndoas*

4 porções

3/4 de xícara de aipo cortado fino
1/2 xícara de água
1 colher de chá de óleo de gergelim ou de açafrão
1 xícara de *tofu* em cubos
1/4 de xícara de amêndoas peladas em água fervente
3 xícaras de arroz integral cozido
molho de soja tamari

Refogue o aipo em água e óleo em fogo brando durante 20 minutos ou até ficar macio. Acrescente o *tofu* e as amêndoas e cozinhe por 5 minutos. Transfira para uma travessa e misture com o arroz, acrescentando o molho de soja a gosto.

Tofu *com Ervilhas*

4 porções

3/4 de xícara de *tofu* em cubos
1 xícara de ervilhas cozidas no vapor
1/4 de xícara de água
1 colher de chá de óleo de gergelim ou de açafrão
3 xícaras de arroz integral cozido
molho de soja tamari

Junte o *tofu* e as ervilhas numa frigideira grande com água e óleo. Cozinhe em fogo brando por 5 minutos. (Se necessário, acrescente mais água à frigideira.) Acrescente o arroz e mexa. Aqueça por 5 minutos ou até amornar. Transfira para uma travessa e misture com o molho de soja tamari a gosto.

Tacos

4 porções

4 *tortillas* de milho
1/2 quilo de feijão *pinto* em forma de purê
1/2 abacate cortado em fatias finas
1/4 de cebola amarela cortada fininho
6 colheres de sopa de salsa
1/2 maço de alface romana picada

Aqueça as *tortillas* e o feijão em panelas separadas. Coloque as *tortillas* em pratos individuais e passe sobre elas a pasta de feijão. Guarneça com abacate e cebola e, então, cubra cada *taco* com alface e 1 1/2 colher de salsa.

Arroz com Tofu *e Molho* Pesto

4 porções

4 xícaras de arroz integral cozido
1 xícara de *tofu* em cubos
molho *pesto* a gosto

Numa tigela grande misture o arroz e o *tofu*. Despeje por cima a quantidade de molho *pesto* desejada (ver a receita seguinte). Misture e sirva.

Molho Pesto

4 porções

2 dentes de alho grandes cortados em pedaços
3 xícaras de folhas frescas de manjericão picadas
1/2 xícara de amêndoas picadas
2 colheres de sopa de queijo parmesão ralado
uma pitada de sal marinho

Misture o alho, o manjericão, a amêndoa, o queijo e o sal no processador de alimentos até que fiquem bem misturados. Aos poucos, acrescente o azeite de oliva até a mistura ficar uma pasta homogênea. O molho pesto pode ficar em geladeira por algumas semanas e também pode ser congelado de maneira adequada. É excelente para ser usado como molho para arroz ou massa.

Salada de Tofu *com Arroz Selvagem*

4 porções

3/4 de xícara de *tofu*
2 xícaras de arroz selvagem cozido
3 cebolinhas verdes picadas
1/4 a 1/2 xícara de salsinha cortada fininha
1/2 pimentão verde cortado em pedaços
molho de vinagre e óleo de ervas

Corte o *tofu* em pedaços de tamanho adequado para serem mastigados e coloque-o numa tigela junto com os demais ingredientes. Misture com um molho preparado com vinagre e com seu óleo de ervas favorito. Observação: o arroz selvagem pode ser substituído por arroz integral.

Tofu e *Arroz Integral*

4 porções

2 xícaras de arroz integral cozido
1 xícara de *tofu*, cortado em cubos
1 cebolinha verde picada
1/4 de xícara de uva passa
1/4 de xícara de amêndoas peladas em água fervente
1/4 de xícara de ervilhas cozidas
1/4 de xícara de pimentão verde
1/4 de xícara de aipo

Junte todos os ingredientes numa tigela. A salada pode ser temperada com molho vinagrete ou com um molho preparado juntando-se 1 1/2 colher de sopa de vinagre de arroz, 1/2 colher de chá de molho Worcestershire e 2 1/2 colheres de sopa de maionese.

Sobremesas

Bolo Meio Quilo Rico em Cálcio

8 porções

2 1/2 xícaras de farinha de arroz
1/2 de colher de chá de bicarbonato de sódio
1 1/2 colher de sopa de fermento químico em pó
1/2 de colher de chá de sal marinho
2 ovos
1/2 xícara de óleo de milho
1/3 de xícara de mel
1 colher de chá de essência de baunilha
1 xícara de leite de nozes ou de gergelim
1.500 mg (1/2 colher de chá) de cálcio em pó

Aqueça o forno a 180°C. Peneire junto a farinha, o bicarbonato de sódio, o fermento em pó, o cálcio e o sal marinho. Misture o óleo de milho, o mel e a baunilha. Separe os ovos. Batas as gemas e acrescente-as à mistura de óleo de milho, mel, baunilha, juntando também o leite de nozes ou de gergelim. Acrescente lentamente os ingredientes peneirados à mistura formada com as gemas e o leite. Batas as claras em neve e adicione-as à massa. Despeje a massa numa assadeira untada e deixe assar por 30 a 40 minutos ou até que, ao inserir uma faca no centro do bolo, esta esteja limpa ao ser retirada.

Sorvete de Leite de Caju Rico em Cálcio — *6 a 8 porções*

1/2 xícara de água
flocos de ágar-ágar (até a marca de 90 ml num copo de medida)
2 xícaras de suco de maçã
1 xícara de leite de caju
2 colheres de sopa de mel
1/2 de colher de sopa de baunilha
500 mg de cálcio líquido
2 gemas de ovo

O ágar-ágar é uma gelatina extraída de algas marinhas. Ele é usado como agente espessante e pode ser encontrado na maioria das lojas de produtos naturais.

Misture o ágar-ágar com a água e cozinhe em fogo brando até ele se dissolver. Acrescente o suco de maçã, o leite de caju, a baunilha, o cálcio e o mel. Misture as gemas com algumas colheres de chá da mistura. Acrescente-as ao restante da mistura. Cozinhe em fogo brando até engrossar, mexendo sem parar. Despeje a mistura em taças individuais e congele.

Banana com Manteiga de Gergelim — *2 porções*

2 bananas maduras
3 colheres de sopa de manteiga de gergelim
1/2 colher de chá de mel

Amasse as bananas numa tigela e, lentamente, misture a manteiga de gergelim e o mel. Essa é uma mistura muito nutritiva para as mulheres na menopausa.

Creme de Maçã e Tofu — *2 porções*

1/2 xícara de *tofu* macio
1 maçã vermelha
1 banana madura
1/2 colher de chá de mel

Coloque o *tofu*, a maçã, a banana e o mel no liqüidificador e bata até ficar com a consistência de um creme.

Bananas Assadas

4 porções

4 bananas
1 colher de sopa de suco de limão
2 colheres de sopa de mel

Descasque as bananas e corte-as ao meio no sentido do comprimento. Disponha as metades numa assadeira bem untada com óleo. Despeje por cima o suco de limão e o mel. Leve ao forno frio regulado para 200°C. Quando o suco começar a borbulhar, desligue o fogo. Deixe no forno para terminar de assar com o calor residual.

Sobremesa de Banana e Caqui

4 porções

3 caquis maduros
4 bananas
2 colheres de sopa de mel
1/2 xícara de coco

Retire a pele dos caquis e amasse-os. Retire a pele das bananas e corte-as em fatias finas. Em cada prato, alterne camadas de banana e de caqui. Despeje o mel por cima e cubra com coco ralado. Ponha para gelar e sirva.

CAPÍTULO 9

Vitaminas e Sais Minerais para a Menopausa

Introdução

A ingestão de uma boa quantidade de vitaminas e sais minerais é muito importante durante a menopausa e os anos que se seguem a ela. À medida que a mulher perde o seu suporte hormonal e que, com a idade, o metabolismo e as reações químicas tornam-se menos eficientes, uma ingestão adequada desses "tijolos" essenciais é fundamental para dar suporte aos processos de reparação, regeneração e manutenção das nossas células. Um bom programa de suplementos pode até mesmo ajudar a aliviar e prevenir muitos dos sintomas da menopausa. Isso é muito mais desejável do que o consumo de medicamentos fortes, os quais podem ter efeitos colaterais perigosos ou nocivos. Por exemplo: antidepressivos freqüentemente são prescritos para tratamento de fadiga e depressão na menopausa, embora existam pesquisas médicas mostrando que potássio e aspartato de magnésio apresentam impressionantes resultados na melhora dos níveis de energia dessas pacientes. Muitas mulheres não querem tomar hormônios para tratar as ondas de calor por temerem seus efeitos colaterais. Outras mulheres não podem usar hormônios por razões médicas, tais como câncer de mama ou de útero. Para elas, o uso de suplementos nutricionais pode ser bastante útil. Muitas pesquisas médicas mostram que a vitamina E e os bioflavonóides podem ajudar a aliviar os sintomas da menopausa. As mulheres que estão fazendo terapia hormonal também deveriam considerar o uso de um programa bem planejado de suplementos nutricionais para a manutenção do melhor nível possível de saúde.

Ao ler este capítulo, você irá aprender a respeito dos inacreditáveis efeitos benéficos que a boa nutrição pode ter sobre todos os sintomas da menopausa, incluindo problemas de sangramento, ondas de calor, alterações na vagina e no sistema urinário, depressão, fadiga, insônia, ansiedade e osteoporose. Os nutrientes também são essenciais para ajudar a prevenir as doenças do trato reprodutivo feminino, problemas de tireóide e muitos problemas de saúde associados à idade avançada, tais como doenças cardíacas e diabetes melito. Com efeito, uma nutrição pobre ou inadequada pode acarretar esses problemas ou contribuir enormemente para o seu surgimento. Em minha opinião, um programa bem equilibrado de suplementação de vitaminas e sais minerais é absolutamente essencial para qualquer mulher que esteja passando pela meia-idade ou que já tenha passado por ela. Essa crença apóia-se em centenas de estudos médicos realizados em muitos hospitais e centros universitários. Para aqueles que desejam informações mais técnicas, incluí no final deste capítulo uma bibliografia selecionada de mais de cem estudos médicos sobre a menopausa e outros problemas relacionados com o envelhecimento.

A suplementação com vitaminas e sais minerais, todavia, não deve ser usada como uma desculpa para a pessoa continuar com os seus maus hábitos alimentares. Para que a mulher goze da maior saúde possível, a ingestão desses suplementos deve ser acompanhada por uma alimentação nutritiva e constituída por alimentos pouco estressantes. Se você tiver algum problema de saúde, é importante certificar-se de que tanto a alimentação quanto o programa de suplementos atende às necessidades do seu corpo. Se você apresentar tendência para hemorragias intensas no ano ou nos dois anos que precedem a menopausa, por exemplo, é importante ingerir uma quantidade extra de ferro, bioflavonóides e vitamina C. A sua alimentação deve incluir alimentos ricos nesses nutrientes, como fígado, folhas de beterraba e frutas em abundância. Se você tiver uma história familiar de osteoporose, não se esqueça de prevenir a doença comendo bastante feijão, verduras de folhas verdes e salmão, juntamente com suplementos de cálcio. Na próxima seção, falaremos acerca dos nutrientes que ajudam a amenizar problemas de saúde específicos relacionados com a menopausa.

Vitaminas e Sais Minerais para a Menopausa

Vitamina A. A vitamina A é necessária para o crescimento e para a saúde da pele, das membranas mucosas e dos olhos. A deficiência de vitamina A causa cegueira noturna, descamação grosseira da pele, fadiga e aumento da suscetibilidade a infecções. Curiosamente, pesquisas médicas têm mostrado que a baixa ingestão de vitamina A também pode aumentar o risco de sangramentos menstruais intensos, de resultados anormais no teste de Papanicolaou e de câncer de colo do útero. A deficiência de vitamina A pode predispor a mulher a problemas de pele relacionados com o processo de envelhecimento, como a leucoplaquia vulvar e a queratose senil. Ambos os problemas podem preceder o surgimento de um câncer de pele. Na Faculdade de Medicina da Universidade de Montreal, a vitamina A também tem sido usada com sucesso no tratamento de nódulos mamários não-cancerosos.

Vitaminas do Complexo B. As vitaminas do complexo B em geral são encontradas juntas em alimentos como feijão, cereais integrais e fígado. Várias das vitaminas B são particularmente importantes quando usadas como suplementos para tratar problemas relacionados com a menopausa. Você deve tomar a vitamina B_6 caso esteja fazendo a terapia de reposição de estrógeno. O ácido fólico é importante para ajudar a prevenir a displasia do colo do útero (a qual pode preceder o câncer de colo do útero). É importante, porém, ter uma ingestão adequada de todos os onze fatores do complexo B. Este trabalha em conjunto para desempenhar importantes funções metabólicas, incluindo o metabolismo da glicose, a inativação do estrógeno pelo fígado e a estabilização da química cerebral. As vitaminas do complexo B são solúveis em água e o *stress* emocional relacionado com a menopausa pode aumentar a perda das vitaminas do complexo B, tendo como resultado fadiga e irritabilidade.

No caso de algumas das vitaminas B mais importantes, recomendo para as mulheres que estão na menopausa as seguintes doses terapêuticas diárias:

Tiamina (vitamina B_1)	50 mg
Riboflavina (vitamina B_2)	50 mg
Niacina (vitamina B_3)	50 mg
Biotina	30 mcg
Ácido pantotênico (vitamina B_5)	50 mg
Pirodoxina (vitamina B_6)	30 mg
Ácido para-aminobenzóico	50 mg
Colina	50 mg
Inositol	50 mg
Cianocobalamina (vitamina B_{12})	50 mcg
Ácido fólico	400 mg

Vitamina C. Muitas frutas e vegetais, bem como alguns tipos de carne, contêm elevados níveis de vitamina C. Como agente antioxidante, pesquisas recentes sugerem que ela de fato protege as mulheres na menopausa (e também os homens) de ataques cardíacos. (A incidência de ataques cardíacos e de derrames cerebrais aumenta significativamente depois da menopausa.) Descobriu-se também que a baixa ingestão de vitamina C pode predispor as mulheres à displasia do colo do útero e a um excessivo sangramento menstrual (menorragia).

A vitamina C ajuda a conservar o colágeno e a curar ferimentos e queimaduras. Sendo uma eficiente vitamina anti-*stress*, ela ajuda a combater infecções e alergias. Grandes quantidades de vitamina C são encontradas nas glândulas supra-renais, onde ela é usada para a síntese dos hormônios adrenocorticais.

Bioflavonóides. Os bioflavonóides incluem as flavonas e flavonóis, compostos que apresentam atividade estrogênica fraca e podem controlar as ondas de calor e os sintomas psicológicos da menopausa, além de regular os intensos sangramentos menstruais das mulheres na pré-menopausa, particularmente quando usados em combinação com a vitamina C. Diferentemente do que acontece com a terapia de reposição de estrógeno, não se notou nenhum efeito colateral na terapia com bioflavonóides. Com efeito, o uso de bioflavonóides ou de alimentos contendo bioflavonóides, como cascas de frutas cítricas ou trigo-mouro, pode até mesmo ajudar a fortalecer as gengivas e proteger contra a propensão ao surgimento de equimoses, graças à sua capacidade de fortalecer as paredes dos capilares.

Vitamina D. Muitos estudos médicos têm demonstrado a importância da vitamina D na prevenção da osteoporose. Ela contribui para a absorção do cálcio no intestino e na assimilação do fósforo. Um aporte adequado de vitamina D é essencial para a manutenção de ossos fortes e vigorosos durante e após a fase da menopausa. Ela é uma vitamina lipossolúvel que pode ser ingerida a partir dos alimentos ou produzida pela exposição aos raios solares. Um precursor da vitamina D presente na superfície da pele é convertido em vitamina D pela ação da luz solar.

Vitamina E. A vitamina E tem sido estudada nos últimos cinqüenta anos pela sua capacidade de aliviar diversas queixas relacionadas com a menopausa. Junto com certos bioflavonóides, ela pode atuar como um substituto do estrógeno, aliviando as ondas de calor e os sintomas psicológicos da menopausa. Pesquisas antigas também demonstraram a capacidade de a vitamina E aliviar dores de cabeça, fadiga e dores musculares. Descobriu-se também que, em 50 por cento das mulheres que participaram de diversos estudos, a vitamina E ajudou a curar a vaginite atrófica, reduzindo, assim, a irritabilidade, a secura vaginal e a ocorrência de dor durante o ato sexual. Caso sofra desse problema, você poderia tomar a vitamina E oral e também abrir uma cápsula e aplicar o óleo diretamente sobre o tecido vaginal. A vitamina E constitui parte essencial do programa de suplementação de nutrientes para as mulheres durante os anos da menopausa. Essa vitamina também tem sido estudada pela sua capacidade de reduzir os cistos mamários e a tensão pré-menstrual, além de contribuir para a manutenção da função tireoidiana. As pesquisas também sugerem que ela pode ser útil no tratamento de muitos problemas de pele, da osteoartrite e das doenças cardíacas.

A vitamina E é um importante antioxidante e protege as células dos efeitos destrutivos de muitas substâncias químicas ambientais que podem reagir com as gorduras poliinsaturadas nas membranas celulares. Pesquisas recentes revelaram que a oxidação pode acelerar o processo de arteriosclerose que, por sua vez, pode acarretar o surgimento de doenças cardíacas. A vitamina E parece ajudar a proteger contra esse processo. A vitamina E é encontrada em maior quantidade nos óleos vegetais, amêndoas, nozes, castanhas e grãos.

Cálcio. O cálcio é fundamental para que os ossos sejam fortes e saudáveis. Em virtude das alterações hormonais que ocorrem na época da menopausa, são necessários cerca de 1.000 a 1.500 mg de cálcio por dia para se prevenir a osteoporose. Entretanto, a maioria das mulheres que estão passando pela menopausa obtêm de sua dieta apenas metade da quantidade de cálcio necessária. Algumas mulheres podem ter dificuldade para absorver o cálcio pelo intestino em virtude da atividade insuficiente das enzimas envolvidas no processo, principalmente se tiverem de obter o cálcio de produtos derivados do leite, os quais, com a idade, passam a ter uma digestão cada vez mais difícil. Para garantir uma ingestão adequada, use suplementos de cálcio e adote uma alimentação rica em legumes, verduras de folhas verdes, peixes, sementes e castanhas. O citrato de cálcio é uma fonte de cálcio de fácil absorção. O carbonato de cálcio funciona melhor para as mulheres cujo estômago produz ácido em quantidade suficiente. O cálcio também ajuda a controlar a hipertensão arterial e níveis elevados de colesterol e triglicerídeos, os quais podem predispor a doenças cardíacas.

Magnésio. O magnésio é um importante mineral encontrado nos ossos e é necessária uma ingestão adequada desse nutriente, juntamente com o cálcio e a vitamina D, para a saúde dos ossos. Ele tem sido estudado, juntamente com o potássio, como uma terapia eficaz no trato da fadiga causada pela menopausa. As mulheres que se queixam de falta de energia e de vitalidade na menopausa não devem deixar de tomar um suplemento de 500 mg de magnésio, junto com uma alimentação rica nesse mineral. Alimentos ricos em cálcio também costumam ter muito magnésio. O magnésio ajuda a normalizar o metabolismo da glicose e, por seus efeitos sobre a química do cérebro, a estabilizar o humor. A ingestão adequada de magnésio ajuda a prevenir o diabetes melito e as doenças coronarianas. A carência de magnésio pode também ser um fator de risco para a ocorrência de espasmos coronarianos.

Potássio. O potássio é um mineral essencial que representa 5 por cento do conteúdo total de sais minerais do organismo. Ele é necessário para a contração normal dos músculos e para os batimentos cardíacos, além de ajudar a manter o equilíbrio ácido-base do corpo em níveis saudáveis. Além disso, ele também contribui para regular o equilíbrio hídrico do corpo. Pesquisas médicas têm revelado que o potássio, junto com o magnésio, ajuda a aliviar a fadiga decorrente da menopausa. Mulheres que usaram suplementos de potássio e de aspartato de magnésio relataram níveis de energia muito maiores do que sem o acréscimo dos sais minerais. Bananas, frutas cítricas, batatas e nozes, amêndoas e castanhas são boas fontes de potássio.

Ferro. As mulheres que apresentam sangramentos menstruais intensos necessitam de suplementos de ferro. De fato, algumas pesquisas médicas revelaram que o uso de suplementos de ferro realmente ameniza o problema, sugerindo que a ingestão insuficiente de ferro pode ser causa de menorragia. O ferro é mais bem absorvido quando tomado junto com a vitamina C. O ferro é um componente essencial do sangue: ele combina-se com as proteínas e com o cobre para produzir a hemoglobina, o pigmento dos glóbulos vermelhos do sangue. O ferro pode ser encontrado no fígado, no melaço e nas leveduras.

Iodo. O iodo é essencial para o desenvolvimento e o funcionamento da glândula tireóide. Ele faz parte da molécula da tiroxina, o principal hormônio produzido pela tireóide. Vários estudos médicos sugerem que o iodo desempenha um importante papel na manutenção da saúde dos tecidos das mamas e na prevenção de doenças mamárias. A ingestão adequada de iodo é necessária para estimular o metabolismo do corpo, promover o crescimento e o desenvolvimento e para regular a produção de energia pelo organismo. O iodo é encontrado em vegetais e animais marinhos. Peixes, algas e ostras – todos excelentes fontes de iodo – absorvem-no da água do mar. As pessoas que vivem em locais distantes do mar podem ter propensão para a deficiência de iodo, a qual pode causar o bócio e o hipotireoidismo. Pode-se suplementar facilmente a ingestão de iodo pelo uso de comprimidos de algas marinhas.

Ácidos Graxos Essenciais para a Menopausa

Os ácidos graxos são nutrientes muito importantes para as mulheres nos anos da menopausa. Em virtude do importante papel que eles desempenham para a manutenção da saúde, eu os estou incluindo no capítulo de vitaminas e sais minerais. Os ácidos graxos essenciais consistem em dois tipos especiais de gorduras: o ácido linoleico (Família Ômega–6) e ácido linolênico (Família Ômega-3). Essas gorduras não podem ser produzidas no organismo e têm de ser obtidas diariamente através de sua alimentação ou de suplementos nutricionais. Embora esses ácidos graxos essenciais armazenem energia na forma de calorias, eles também desempenham outras funções importantes no organismo. Eles são componentes importantes da estrutura da membrana de todas as células do corpo. Eles também são necessários para o desenvolvimento e a função normal do cérebro, olhos, ouvido interno, glândulas supra-renais e aparelho reprodutivo. Os óleos essenciais também são necessários para a síntese de prostaglandinas tipos I e III. Essas prostaglandinas são substâncias químicas semelhantes a hormônios que ajudam a reduzir o risco de doenças cardíacas por regularem a pressão arterial e a agregação das plaquetas. As prostaglandinas I e III também reduzem a inflamação, estimulam o funcionamento do sistema imune, reduzem a cólica menstrual e ajudam a reduzir os sintomas da tensão pré-menstrual. Com efeito, as gorduras essenciais presentes no óleo de prímula têm sido testadas nos Estados Unidos e na Inglaterra em virtude de seus efeitos benéficos com relação à tensão pré-menstrual e às cólicas menstruais. Os óleos essenciais são particularmente importantes para as mulheres que estão passando ou já passaram pela menopausa, pois a deficiência desses óleos é parcialmente responsável pela secura da pele, do cabelo, dos tecidos vaginais e de outras membranas mucosas na menopausa. Juntamente com a vitamina E, que também produz efeitos benéficos sobre a pele e os tecidos vaginais, tenho usado intensamente os óleos essenciais em meus programas nutricionais voltados para as mulheres. Muitas de minhas pacientes perceberam uma nítida melhora na lubrificação vaginal e passaram a ter a pele mais hidratada e macia com o uso do meu programa. Uma pesquisa feita em 1990 monitorou especificamente os efeitos do óleo de linhaça em mulheres com vaginite atrófica e descobriu que ele produz um efeito semelhante ao do estrógeno sobre o revestimento da vagina.

As melhores fontes de ambos os ácidos graxos essenciais (ácidos linoleico e linolênico) são as sementes de linhaça e de abóbora. Tanto as sementes quanto os seus óleos, extraídos por pressão, devem ser usados frescos e com suas propriedades totalmente preservadas. Como esses óleos podem facilmente ficar rançosos quando expostos à luz e ao ar (oxigênio), eles precisam ser embalados em recipientes opacos especiais e guardados em geladeira. O óleo fresco de semente de linhaça é o meu preferido. O óleo de linhaça de boa qualidade encontra-se disponível no Spectrum Marketing, Inc., de Petaluma, Califórnia, e no Bio-San, em Fountain Hills, no Arizona. Ambas as marcas podem ser encontradas em lojas de produtos naturais. O óleo de linhaça tem a cor dourada e um sabor penetrante e delicioso. Ele apresenta um teor extremamente alto de ácido linoleico e linolênico (os quais constituem aproximadamente 80% do seu conteúdo total). O óleo de linhaça tem um sabor maravilhoso e pode ser usado como substituto da manteiga em alimentos como batatas amassadas, pão, pipoca ou em brócolos, couve-flor ou cenouras cozidas no vapor. O óleo de linhaça (e todos os outros óleos essenciais) nunca deve ser aquecido nem usado para cozinhar, pois o calor afeta as propriedades químicas especiais desses óleos. Eles devem ser acrescentados a alimentos já cozidos como uma forma de conferir-lhes sabor, antes de servir. O óleo de semente de abóbora é verde-escuro e tem um sabor picante. Ele provavelmente é mais difícil de ser encontrado do que o óleo de linhaça. Uma boa maneira de obter esse óleo é comendo sementes de abóbora frescas. Elas podem ser compradas na loja de produtos naturais da sua cidade e devem ser mantidas em geladeira por serem muito perecíveis. Tanto o óleo de semente de linhaça quanto o óleo de semente de abóbora podem ser usados na forma de cápsulas.

O ácido linolênico (Família Ômega-3) também é encontrado em abundância nos óleos de peixe. As melhores fontes são os peixes de água fria ricos em gordura, como o salmão, o atum, a truta, a cavalinha e a enguia. O ácido linoleico (Família Ômega-6) é encontrado em sementes e em óleos extraídos de sementes. Entre as boas fontes estão os óleos de açafroa, girassol, milho, semente de gergelim e germe de trigo. Muitas mulheres preferem usar sementes frescas de gergelim, sementes de girassol e germe de trigo para obter os óleos. O adulto saudável médio necessita de apenas quatro colheres de chá por dia de óleos essenciais em sua dieta. Todavia, as mulheres que estão na menopausa, com a pele, o cabelo e os tecidos vaginais extremamente secos, podem ter realmente carência desses óleos e necessitarem de até duas ou três colheres de sopa por dia até os sintomas melhorarem. Conforme mencionei anteriormente, pode-se obter melhores resultados utilizando-se esses óleos junto com a vitamina E. Recomendo que, durante os anos da menopausa, as mulheres usem uma combinação dos seguintes ácidos graxos como complemento nutricional:

Fórmula de Óleos Essenciais:	Óleo de Linhaça
	Óleo de Borragem
	Vitamina E
	(para impedir que os óleos fiquem rançosos)

Fontes Alimentícias de Vitamina A

Vegetais	*Frutas*	*Carnes, Aves, Peixes, Frutos do Mar*
cenoura	damasco	caranguejo
suco de cenoura	abacate	linguado gigante
folhas de couve *collard*	manga	fígado – todos os tipos
folhas de dente-de-leão	cantalupo	cavalinha
couve	mamão	salmão
salsa	pêssego	peixe-espada
cebolinha verde	caqui	
espinafre		
batata-doce		
folhas de nabo		
abóbora		

Fontes Alimentícias de Vitamina C

Vegetais	*Frutas*	*Carnes, Aves, Peixes, Frutos do Mar*
aspargo	amora-preta	fígado – todos os tipos
feijão-fradinho	groselha	faisão
brócolos	cantalupo	codorna
couve-de-bruxelas	baga de sabugueiro	salmão
repolho	toranja	
couve-flor	suco de toranja	
couve *collard*	goiaba	
ervilha verde	kiwi	
couve	manga	
couve-rábano	laranja	
salsa	suco de laranja	
batata	abacaxi	
rutabaga	framboesa	
cebolinha verde	morangos	
pimentão verde	tangerina	
batata-doce		
tomate		
nabo		

Fontes Alimentícias de Vitamina E

Vegetais
aspargo
pepino
ervilha verde
couve

Castanhas e Sementes
amêndoa
castanha-do-pará
avelã
amendoim

Carnes, Aves, Peixes, Frutos do Mar
hadoque
arenque
cavalinha
carneiro
fígado – todos os tipos

Óleos
óleo de milho
óleo de amendoim
óleo de açafroa
óleo de gergelim
óleo de soja
óleo de germe de trigo

Grãos
arroz integral
painço

Frutas
manga

Fontes Alimentícias de Cálcio

Vegetais
alcachofra
feijão-preto
feijão-fradinho
folhas de beterraba
brócolos
couve-de-bruxelas
repolho
couve *collard*
berinjela
feijão *garbanzo*
feijões verdes
couve
feijão roxo
alho-poró
lentilhas
salsa
pastinaca
feijão *pinto*
rutabaga
cebolinha verde
soja
espinafre
nabo
agrião

Grãos
farelo
arroz integral
trigo sarraceno
painço

Carnes, Aves, Peixes, Frutos do Mar
haliote
carne de vaca
enchova
carpa
bacalhau
caranguejo
hadoque
arenque
carne de carneiro
lagosta
ostras
perca
salmão
camarão
carne de veado

Frutas
amora-preta
groselha
amora
laranja
mamão
suco de abacaxi
ameixa
uva passa
ruibarbo
suco de tangerina

Fontes Alimentícias de Magnésio

Vegetais
alcachofra
feijão-fradinho
suco de cenoura
milho

Carnes, Aves, Peixes, Frutos do Mar
carne de vaca
carpa
mexilhões

ervilha verde
alho-poró
feijão-de-lima
quiabo
pastinaca
batata
broto de soja
espinafre
abóbora
inhame

Castanhas e Sementes
amêndoa
castanha-do-pará
avelã
amendoim
pistache
semente de abóbora
semente de gergelim
noz

Grãos
painço
arroz, integral e selvagem

bacalhau
frango
caranguejo
pato
hadoque
arenque
carne de carneiro
lagosta
cavalinha
ostra
salmão
camarão
cágado
peru

Frutas
abacate
banana
suco de toranja
mamão
suco de abacaxi
ameixa
uva passa

Nutrientes Úteis para a Menopausa e Outros Problemas Relacionados com a Idade

Vitaminas e Sais Minerais	*Benefícios*
Vitamina A	Menorragia, doença benigna de mama, displasia e câncer de colo de útero, leucoplaquia vulvar, ceratose senil e outros problemas dermatológicos
Ácido Fólico	Displasia cervical, osteoporose, hemocisteinemia pós-menopausa, diabetes melito, sistema nervoso
Vitamina B_3 (Niacina)	Hiperlipidemia, hipoglicemia
Vitamina B_6	Terapia de reposição de estrógeno, câncer de colo, diabetes melito

Vitamina B_1	Fadiga, diabetes melito
Lecitina	Sistema nervoso
Inositol	Sistema nervoso
Vitamina C	Menorragia, displasia cervical, cloasma, dermatite de contato pigmentada
Vitamina D	Osteoporose
Vitamina E	Ondas de calor, sintomas psicológicos da menopausa, vulvovaginite diabética, displasia mamária, hipotireoidismo, cloasma, dermatite de contato pigmentada, outros problemas dermatológicos, aterosclerose, osteoartrite
Cálcio	Osteoporose, hiperlipidemia, hipertensão
Magnésio	Osteoporose, fadiga decorrente da menopausa, diabetes melito, doenças coronarianas
Potássio	Fadiga provocada pela menopausa, doença do coração, hipertensão
Zinco	Osteoporose
Ferro	Menorragia
Iodo	Displasia mamária, hipotireoidismo
Cromo	Hipoglicemia
Selênio	Doença fibrocística de mama, câncer de mama
Manganês	Doença das artérias cerebrais

Doenças da Menopausa e Nutrientes que Ajudam a Amenizá-las

Sintomas	*Nutrientes*
Menorragia	Vitamina A Bioflavonóides Vitamina C Ferro
Ondas de calor	Bioflavonóides Vitamina E
Sintomas psicológicos, fadiga	Potássio Magnésio Vitamina B_{12}
Sintomas psicológicos, ansiedade e irritabilidade	Vitaminas do Complexo B Bioflavonóides
Vaginite atrófica	Vitamina E Bioflavonóides
Osteoporose	Cálcio Magnésio Vitamina D Zinco Ácido Fólico
Doença fibrocística de mama	Vitamina A Vitamina E Iodo
Câncer de mama	Selênio
Hipotireoidismo	Iodo
Displasia e câncer de colo	Vitamina A Ácido Fólico Vitamina C Vitamina B_6

Suplementação de Vitaminas e Sais Minerais para Mulheres na Menopausa

Conforme já dissemos, os bons hábitos alimentares são fundamentais para o controle dos sintomas da menopausa. Para muitas mulheres, porém, o uso de suplementos nutricionais é importante para obter níveis elevados de determinados nutrientes essenciais. Venho criando fórmulas de suplementos de vitaminas e sais minerais com base numa revisão de quarenta anos de pesquisas médicas nesse campo. Esses suplementos diferem dos disponíveis no comércio, pois os níveis de nutrientes são adequados especificamente para mulheres que estão passando pelos anos da menopausa e oferecem as melhores condições nutricionais para os problemas de saúde relacionados com o processo de envelhecimento. Descobri que esses nutrientes são muito úteis para as minhas pacientes. Você mesma pode compor o suplemento; seus ingredientes acham-se relacionados no final deste capítulo. Se você tiver perguntas específicas sobre a suplementação nutricional, não deixe de consultar o seu médico.

Suplementação Nutricional Específica para a Menopausa

Beta-caroteno (Pró-Vitamina A)	5.000 U.I.
Vitamina A	5.000 U.I.
Vitamina D	400 U.I.
Vitamina E (d-alfa-acetato de tocoferol)	800 U.I.
Vitamina C	1.000 mg
Bioflavonóides	800 mg
Rutina	200 mg
Vitamina B_1	50 mg
Vitamina B_2	50 mg
Niacina (como niacinamida)	50 mg
Vitamina B_6	30 mg
Vitamina B_{12}	50 mcg
Ácido fólico	400 mcg
Biotina	200 mcg
Ácido pantotênico	50 mg
Colina	50 mg
Inositol	50 mg
Ácido para-aminobenzóico	50 mg
Cálcio (citrato de cálcio)	1.000 mg
Magnésio	500 mg
Iodo	150 mcg
Ferro (fumarato ferroso)	15 mg
Cobre	2 mg

Zinco . . . . 15 mg
Manganês . . . . 10 mg
Potássio (aspartato de potássio) . . . . 100 mg
Selênio . . . . 25 mcg
Cromo . . . . 100 mcg
Bromelaína . . . . 100 mg
Papaína . . . . 65 mg
Boro . . . . 3 mg

As mulheres com sintomas da menopausa de leves a moderados podem usar essa fórmula pela metade. Mulheres com sintomas graves devem usar a fórmula completa.

Sugestões de Leitura

Livros

Greenwood, S., M. D. *Menopause Naturally.* Volcano, CA: Volcano Press, 1989.

Hasslering, B., S. Greenwood, M. D., e M. Castleman. *The Medical Self-Care Book of Women's Health.* Nova York: Doubleday, 1987.

Hogladaroom, G., R. McCorkle e N. Woods. *The Complete Book of Women's Health.* Englewood Cliffs, NJ: Prentice-Hall, 1982.

Kirschmann, J., e L. Dunne. *Nutrition Almanac.* Nova York: McGraw-Hill, 1984.

Lark, S., M. D. *The Estrogen Decision.* Berkeley, CA: Celestial Arts, 1996.

Lark, S., M. D. *Premenstrual Syndrome Self Help Book.* Berkeley, CA: Celestial Arts, 1984.

Padus, E. *The Woman's Encyclopedia of Health and Natural Healing.* Emmaus, PA: Rodale Press, 1981.

Reuben, C., e J. Priestly, *Essential Supplements for Women.* Nova York: Perigree Books, 1988.

Artigos

Adlercreuts, C. 1995. "Soybean Phytoestrogen Intake and Cancer Risk." *Journal of Nutrition* 125: 7575.

Albanese, A. A., et al. 1981. "Effects of Calcium Supplements and Estrogen Replacement Therapy on Bone Loss of Postmenopausal Women." *Nutrition Report International* 24:404.

Anderson, R. A., et al. "Chromium Supplementation of Humans with Hypoglycemia." USDA, Beltsville Human Nutrition Research Center, Beltsville, MD.

Anônimo, 1981. "Physical Activity and Supplements Slowed Bone Loss in Elderly Women." *Physician and Sports Medicine* 9(9):8.

Ant, M. 1954, "Diabetic Vulvovaginitis Treated with Vitamin E Suppositories." *American Journal of Obstetrics and Gynecology* 67:407.

Band, P. R., et al. 1984. "Treatment of Benign Breast Disease with Vitamin A." *Preventive Medicine* 13:549.

Barros, L., et al. 1995. "Magnesium Treatment of Acute Myocardial Infarction." *International Journal of Cardiology* 48:3.

Bierenbaum, M. L., et al. 1971. "Long Term Human Studies on the Lipid Effects of Oral Calcium." *Lipids*. 7:202.

Biskind, M. S., e G. R. Biskink. 1942. "Effect of Vitamin B complex deficiency on inactivation of estrone in the liver." *Endocrinology* 31:109.

Biskind, M. S. 1943. "Nutritional Deficiency in the Etiology of Menorrhagia, Cystic Mastitis and Premenstrual Tension, Treatment with Vitamin B Complex." *Journal of Clinical Endocrinology and Metabolism* 3:227.

Block, G. 1991. "Vitamin C and Cancer Prevention. The Epidemiologic Evidence." *American Journal of Clinical Nutrition* 53:2701.

Block, M. T. Janeiro de 1953. "Vitamin E in the Treatment of Diseases of the Skin." *Clinical Medicine* 31.

Bordoni, A., et al. Janeiro 1987. "Treatment of Premenstrual Syndrome with Essential Fatty Acids (Evening Primrose Oil)." *Journal of Clinical Medicine* 68 (1):23.

Brattstrom, L. E., et al. 1985. "Folic Acid Responsive Postmenopausal Homocysteinemia." *Metabolism* 34:1073.

Breast Cancer Prevention Group, 1992. "Breast Cancer Environmental Factors." *The Lancet* 340:904.

Brush, M. G. 1983. "Evening Primrose Oil in the Treatment of Premenstrual Syndrome." *Clinical Uses of Essential Fatty Acids*. Ed. por D. F. Horrobin. Montreal, Eden Press.

Bullock, C. 1995. "Soybeans: An Estrogen Replacement Alternative." *Family Practice News* Abril 6:11.

Bullock, C. 1995. "Soy Protein has Profund Effects on Lipid Levels." *Medical Tribune* Junho 8:14.

Butterworth, C. E. et al. 1982. "Improvement in Cervical Dysplasia Associated with Folic Acid Therapy in Users of Oral Contraceptives." *American Journal of Clinical Nutrition* 35:73.

Chalmers, R. J. G., e S. Shuster, 1983. "Evening Primrose Seed Oil in Ichthyosis Vulgaris." *Lancet* 1:236.

Cheng, E. W., et al. 1955. "Estrogenic Activity of Some Naturally Occurring Isoflavones." *Annals of New York Academy of Sciences* 61(3):652.

Christy, C. J. 1945. "Vitamin E in Menopause: Preliminary Report of Experimental and Clinical Study." *American Journal of Obstetrics and Gynecology* 50:84.

Clemetson, C. A. B., et al. 1962. "Capillary Strenght and the Menstrual Cycle." *New York Academy of Sciences* 93(7):277.

Cobb, J. O. 1987. "Desmystifying Menopause." *The Canadian Nurse* 8:17.

Cohen, J. D., e H. W. Rubin, 1960. "Funcional Menorrhagia: Treatment with Bioflavonoids and Vitamin C." *Current Therapeutic Research* 2(11):539.

Cordova, C. et. al. 1981. "Influence of Ascorbic Acid on Platelet Aggregation In Vitro e In Vivo." *Atherosclerosis* 41:15.

Corson, S. L., e V. G. Upton. 1982. "The Perimenopause: Physiologic Correlates and Clinical Management." *Journal of Reproductive Medicine* 27:1.

Cutick, R. 1984. "Special Needs of Perimenopausal and Menopausal Women." *Journal of Obstetric and Gynecologic Nursing* 3:685.

Dawson-Hughes, B., et al. 1990. "A Controlled Trial of the Effect of Calcium Supplementation on Bone Density in Postmenopausal Women." *New England Journal of Medicine* 323(13):878.

Dublin, W. B., e E. M. Hazen, Janeiro de 1948. "The Relation of Keratosis Seborrheica and Keratosis Senilis to Vitamin A Deficiency." *Archives of Dermatology* 178.

Elwood, J. C. et. al. 1982. "Effect of High Chromium Brewer's Yeast on Human Serum Lipids". *Journal of the American College of Nutrition*, 1:263.

Erdman, J. 1995. "Control of Serum Lipids with Soy Protein." *New England Journal of Medicine* Agosto: 3:313:333(5).

Eskin, E. A, et al. 1967. "Mammary Gland Dysplasia and Iodine Deficiency." *Journal of the American Medical Association* 200:115.

Ferguson, H. E. 1948. "The Effect of Vitamin E in Menopausal Syndrome." *Virginia Medical Monthly* 9:447.

Finkler, R. S. 1949. "The Effect of Vitamin E in the Menopause." *Journal of Clinical Endocrinology* 9:89.

Frithiof, et al. 1980. "The Relationship Between Marginal Bone Loss and Serum Zinc Levels." *ACTA Med Scand* 27:67.

Frolich, L. et al. 1995. "Free Radical Mechanisms in Dementia of the Alzheimer's Type and the Potential for Antioxidant Treatment." *Drug Research* 3A:443.

Fuchs, N. K. Julho de 1985. "Magnesium: The Key to Calcium Absorption." *Let's Live.*

Galland, L. 1986. "Increased Requirements for Essential Fatty Acids in Atopic Individuals: A Review with Clinical Descriptions." *Journal of American College of Nutrition* 5(2):213.

Gambrell, R. D., et al. 1983. "Decreased Incidence of Breast Cancer in Postmenopausal Women: Estrogen-Progestrogen." *Journal of Obstetrics & Gynecology* 62:435.

Gambrell, R. D. 1987. "Use of Progestrogen Therapy." *American Journal of Obstetrics and Gynecology.* 156:1304.

Gerster, K. 1991. "Potential Role of Beta Carotene in the Prevention of Cardiovascular Disease." *International Journal of Vitamin and Nutrients Research* 61:277-91.

Glen, I. et al. Fevereiro de 1987. "The Role of Essential Fatty Acids in Alcohol Dependence and Tissue Damage." *Alcoholism* (NY) 11(1):37.

Goodnight, S. H. 1989. "The Effects of Omega-3 Fatty Acids on Thrombosis and Atherogenesis." *Hematologic Pathology* 3(1):1.

Greenblatt, R. B., et al. 1982. "Fibrocystic Breast Disease: Current Status of Diagnosis and Treatment." *Postgraduate Medicine* 71:159.

Guetta, V. 15 de junho de 1995. "Effects of Combined 17 B-Estradiol and Vitamin E on Low Density Lipoprotein Oxidation in Postmenopausal Women." *American Journal of Cardiology* 75:1274.

Hain, A. M., e J. C. B. Sym. 1943. "The Control of Menopausal Flushes by Vitamin E." *British Medicine Journal* 7:9.

Harris, C. 1957. "The Vicious Cycle of Anemia and Menorrhagia." *Canadian Medical Association Journal* 77:98.

Harrison, M., et al. 1961. "Calcium Metabolism in Osteoporosis." *Lancet* 5:1015.

Hasling, C., et al. 1991. "Calcium Metabolism in Postmenopausal Osteoporotic Women is Determined by Dietary Calcium and Coffee Intake." *Journal of Nutrition* 112:1119-1126.

Hayakawa, T., et al. 1981. "Effects of Combination Treatment with Vitamin E and C on Choloama Pigmented Contact Dermatitis. A Double Blind Control Clinical Trial." *ACTA Vitaminol Enzymol* 3n.s.(1):31.

Heaney, R. P., et al. 1991. "Effect of Calcium on Skeletal Development, Bone Loss, and Wrist Fractures." *The American Journal of Medicine* 5B-23S-5B-28S.

Hennekens, C. A., et al. 1992. "Beta Carotene and Cardiovascular Disease. Beyond Deficiency. New Views on the Functions and Health Effects of Vitamins." *New York Academy of Sciences* 22.

Henson, D. L., et al. 1991. "Ascorbic Acid. Biological Functions and Relation to Cancer." *Journal of the National Cancer Institute* 83(8):547-50.

Hernell, Q., et al. 1982. "Suspected Faulty Essential Fatty Acid Metabolism in Sjogren-Larrson Syndrome." *Pediatric Research* 16:45.

Hodis, H., et al. 1995. "Serial Coronary Angiographic Evidence that Antioxidant Vitamin Intake Reduces Progression of Coronary Artery Disease." *Journal of the American Medical Association* 273:23.

Hoeg, J. M. et al. 1984. "Normalization of Plasma Lipoprotein Concentrations in Pacients with Type II Hyperlipoprotenemia by Combined Use of Neomycin and Niacin." *Circulation* 7:1004.

Hollander, D., e A. Tarmawski. Março de 1986. "Dietary Essential Fatty Acids and the Decline in Peptic Ulcer Disease." *Gut* 22(3):239.

Horrobin, D. F. Setembro de 1980. "A Biochemical Basis for Alcoholism and Alcohol-Induced Damage Including the Fetal Alcohol Syndrome and Cirrhosis: Interference with Essential Fatty Acid and Prostaglandins in the Premenstrual Syndrome." *Journal of Reproductive Medicine* 28(7):465.

Hyams, M. N., e P. D. Gallaher. 1950. "Vitamin A Therapy in the Treatment of Vulvar Leucoplakia." *American Journal of Obstetrics and Gynecology* 59:1346.

Igawa, A., et al. 1º de abril de 1995. "Comparison of Frequency of Magnesium Deficiency in Patients with Vasospastic Angina and Fixed Coronary Artery Disease." *American Journal of Cardiology* (75):728.

Kaye, W. H., et al. 1982. "Modest Facilitation of Memory in Dementia with Combined Lecithin and Anticholinesterase Treatment." *Biological Psychiatry* 17:275.

Keddie, F. 1948. "Use of Vitamin A in the Treatment of Cutaneous Diseases." *Archives of Dermatology and Syphilology* 58:64.

Kennedy, A. 1995. "The Evidence for Soybean Products as Cancer Protective Agents." *Journal of Nutrition* 125:7335.

Kruse, C. A. 1961. "Treatment of Fatigue with Aspartic Acid Salts." *Northwest Medicine* 6:597.

Lee, C. J., et al. 1981. "Effects of Supplementation of the Diets with Calcium and Calcium Rich Food on Bone Density of Elderly Females with Osteoporosis." *American Journal of Clinical Nutrition* 34:819.

Lindquist, O. 1982. "Influence of the Menopause on Ischemic Heart Disease and Its Risk Factors and on Bone Mineral Content." *ACTA Obstetrica et Gynecologica Scandinavica* 110:7.

Lithgow, P. M., e W. M. Politzer. 1977. "Vitamin A in the Treatment of Menorrhagia." *South African Medical Journal* 51:191.

London, R. F., et al. 1981. "Endocrine Parameters in Alpha-Tocopherol Therapy of Patients with Mammary Dysplasia." *Cancer Research* 41:3811.

London, R. S., et al. 1976. "Mamary Dysplasia: Clinical Response and Urinary Excretion of 11-Deoxy-17-Ketosteroids and Pregnanediol Following Alpha-Tocopherol Therapy." *Breast* 4:19.

Lutz, J. 1984. "Calcium Balance and Acid Base Status of Women as Affected by Increased Protein Intake and by Sodium Bicarbonate Ingestion." *American Journal of Clinical Nutrition* 39:20.

Mansel, R. E., et al. 1983. "The Use of Evening Primrose Oil in Mastalgia." *Clinical Uses of Essential Fatty Acids*. Org. por D. F. Horrobin. Montreal, Eden Press.

Manson, T., et al. 1992. "A Prospective Study of Vitamin C and the Incidence of Coronary Heart Disease in Women." *Circulation* 85:865.

Marcus, R. 1982. "The Relationship of Dietary Calcium to Maintenance of Skeletal Integrity of Man: An Interface of Endocrinology and Nutrition." *Metabolism* 31:93.

Mattill, H. A. 1938. "Vitamin E." *Journal of the American Medical Association* 110:1831.

McKeown, L. A. 1992. "Diet High in Fruits and Vegetables Linked to Lower Breast Cancer Risk." *Medical Tribune* 9:14.

McLaren, H. C. 1949. "Vitamin E in the Menopause." *British Medical Journal* 12:1378.

Medina, D., e F. Shepherd. 1980. "Selenium-Mediated Inhibition of Mouse Mammary Tumorigenesis." *Cancer Letters* 5:241.

Nachtigall, L. E. 1987. "Cardiovascular Disease an Hypertension in Older Women." *Obstetrics and Gynecology Clinics of North America* 14:89.

Neuringer, M., e W. E. Connor. Setembro de 1986. "Omega-3 Fatty Acids in the Brain and Retina: Evidence for Their Essentiality." *Nutrition Revue* 44(9):285.

Nicholson, J. P., e C. M. Resnick. 1984. "Outpatient Therapy of Essential Hypertension with Dietary Calcium Supplementation." *Journal of the American College of Cardiology* 2:616.

Osilesi, O., et al. 1991. "Blood Pressure and Plasma Lipids During Ascorbic Acid Supplementation to Borderline Hypertensive and Normotensive Adults." *Nutrition Research* 11:405-12.

Pauling, L. 1992. "Prevention and Treatment of Heart Disease. New Research Focus at the Linus Pauling Institute." *Linus Pauling Institute of Science and Medicine Newsletter* 1.

Pauling, L. 1992. "How Vitamin C Can Prevent Heart Attack and Stroke." *Linus Pauling Institute for Science and Medicine Newsletter* 3.

Pauling, L. 1992. "Vitamin C and Heart Disease. A Chronology." *Linus Pauling Institute for Science and Medicine Newsletter* 2.

Potischman. N. 1991. "Association Between Breast Cancer, Plasma, Triglycerides and Cholesterol". *Nutrition and Cancer* 15:205-15.

Preuter, G. W. 1961. "A Treatment for Excessive Uterine Bleeding." *Applied Therapeutics* 5:351.

Ramaswamy, P. G., e R. Natarajan. 1984. "Vitamin B_6 Status on Patients with Cancer of the Uterine Cervix." *Nutrition and Cancer* 6:176.

Relea, P., et al. 1995. "Zinc Biochemical Makers of Nutrition and Type I Osteoporosis." *Age and Aging* 24:303.

Renaud, S., e L. McGregor. 1980. "Essential Fatty Acid and the Platelet Membrane in Relation to Aggregation." *Annals of Nutrition de l'Alimentation* 34(2):265.

Riggs, L., et al. 1987. "Treatment of Primary Osteoporosis with Fluoride and Calcium: Clinical Tolerance and Fracture Occurrence." *Journal of Clinical Endocrinology and Metabolism* 61:933.

Romney, S. L., et al. 1981. "Retinoids and the Prevention of Cervical Dysplasia." *American Journal of Obstetrics and Gynecology* 141:890.

Rude, R. K., et al. 1985. "Low Serum Concentrations of 1,25-Dihidroxyvitamin D in Human Magnesium Deficiency." *Journal of Clinical Endocrinology and Metabolism* 61:933.

Salaices, M., et al. 1983. "Effects of Verapamil and Manganese on the Vasoconstriction Responses to Noradrenaline, Serotonin and Potassium in Human and Goat Cerebral Arteries." *Biochemical Pharmacology* 32:2711.

Salway, J. G., et al. 1978. "Effect of MyoInositol in Peripheral Nerve Function in Diabetes" *Lancet* 12:1282.

Schrauzer, G. N., e D. Ishmael. 1974. "Effects of Selenium and Arsenic on the Genesis of Spontaneous Mammary Tumors in Inbred C3H Mice." *Annals of Clinical and Laboratory Science* 4:441.

Schrauzer, G. N. 1976. "Selenium and Cancer: A Review." *Bioinorganic Chemistry* 5:275.

Schrauzer, G. N., et al. 1985. "Selenium in the Blood of Japanese and American Women With and Without Breast Cancer and Fibrocystic Disease. *Japanese Journal of Cancer Research* 76:374.

Seelig, M. S. 1964. "The Requirementes of Magnesium by the Normal Adult." *American Journal of Clinical Nutrition* 14:342.

Shansky, A. 1981. "Vitamin B_3 in the Alleviation of Hypoglycemia." *D and Cl* 10:68.

Shute, E. V., et al. 1948. "The Influence of Vitamin E on Vascular Disease." *Surgery, Gynecology and Obstetrics* 86:1.

Shute, E. V. 1937. "Notes on The Menopause." *Canadian Medical Association Journal* 10:350.

Simpson, L. O. Abril de 1988. "The Etiopathogenesis of Premenstrual Syndrome as a Consequence of Altered Blood Rheology: A New Hypothesis (Evening Primrose Oil, Fish Oils)." *Medical Hypotheses* 25(4):189.

Singer, E. 1936. " Effects of Vitamin E Deficiency on the Thyroid Gland of the Rat." *Journal of Physiology* 87:287.

Skrabel, F., et al. 1981. "Low Sodium/High Potassium Diet for Prevention of Hypertension: Probable Mechanisms of Action." *Lancet* 10:895.

Smith, C. J. 1964. "Non-Hormonal Control of Vaso-Motor Flushing in Menopausal Patients." *Chicago Medicine* 67:193.

Smythies, J. R., e J. R. Halsey. 1984. "Treatment of Parkinson's Disease with L-Methionine." *Southern Medical Journal* 77:1577.

Solomon, D., et al. 1972. "Relationship Between Vitamin E and Urinary Excretion of Ketosteroid Fractions in Cystic Mastitis." *Annals of New York Academy of Sciences* 2:3:103.

Stone, K. J., et al. 1979. "The Metabolism of Dihomogammalineolenic Acid in Man." *Lipids* 14:174.

Taylor, A. 1995. "Zinc Metabolism in Women Receiving Hormone Replacement Therapy." *Trace Elements and Electrolytes* 12(1):47.

Taylor, F. A. 1956. "Habitual Abortion: Therapeutic Evaluation of Citrus Bioflavonoids." *Western Journal of Surgery, Obstetrics, and Gynecology* 5:280.

Taymor, M. L., et al. 1964. "The Etiological Role of Chronic Iron Deficiency in Production of Menorrhagia." *Journal of the American Medical Association* 187:323.

Taymor, M. L., et al. 1960. "Menorrhagia Due to Chronic Iron Deficiency." *Obstetrics and Gynecology* 16:571.

Tee Khaw, K., Thom S. 1962. "Randomized Double-Blind Cross-Over Trial of Potassium on Normal Subjects." *Lancet* 9:1127.

Van Beresteijn, E. 1990. "Habitual Dietary Calcium Intake and Cortical Bone Loss in Perimenopausal Women. A Longitudinal Study." *Calcified Tissue International* 47:338-44.

Vles, R. O. 1980. "Essential Fatty Acids in Cardiovascular Physiopathology." *Annales de la Nutrition et de l'Alimentation* 34(2):255.

Wasserthiel-Smoller, S., et al. 1981. "Dietary Vitamin C and Uterine Cervical Dysplasia." *American Journal of Epidemiology* 114:714.

Watson, E. M. 1936. "Clinical Experiences with Wheat Germ Oil (Vitamin E)." *Canadian Medical Association Journal* 2:134.

Weaver, C. M. 1992. "Calcium Bioavailability and Its Relationship to Osteoporosis." *Proceedings for the Society of Experimental Biology an Medicine.* 200:157-160.

Wertz, P. W., et al. 1987. "Essential Fatty Acids and Epidermal Integrity." *Archives of Dermatology* 123(10):1381.

Whitacre, F. E., e B. Barrera. 1944. "War Amenorrhea." *Journal of the American Medical Association* 124:399.

Wilcox, G., et al. 1990. "Estrogen Effects of Plant Foods in Postmenopausal Women." *British Medical Journal* 301:905-6.

Wiley-Rosett, J. A., et al. 1984. "Influence of Vitamin A on Cervical Dysplasia and Carcinoma In Situ." *Nutrition and Cancer* 6(1):49.

Wurtman, R. J., et al. 1977. "Lecithin Consumption Raises Serum-Free Choline Levels." *Lancet* 7:68.

Zardize, D. G. 1990. "Fatty Acid Composition of Phospholipids in Erythrocyte Membranes and Risk of Breast Cancer." *International Journal of Cancer* 45:807-10.

CAPÍTULO 10

Ervas para a Menopausa

As ervas foram os primeiros medicamentos utilizados pela humanidade e constituíram a base das práticas tradicionais de cura ao longo de milhares de anos. Os seus efeitos benéficos foram descobertos lentamente, por meio de tentativas e erros. Mediante observações cuidadosas, as culturas primitivas aprenderam a reconhecer os efeitos das plantas medicinais para uma variedade de doenças e aprenderam a evitar o uso de outras por causa de seus efeitos colaterais tóxicos ou nocivos. Na época atual, inúmeras pesquisas nos campos da botânica, farmacologia e medicina proporcionaram-nos uma melhor compreensão dos efeitos benéficos de muitas substâncias vegetais. Muitas pesquisas médicas interessantes têm mostrado que o conjunto tradicional de conhecimentos sobre as ervas estava correto ao atribuir propriedades de cura a diversas plantas. (Para obter uma lista das pesquisas sobre ervas, ver a bibliografia no final deste capítulo.)

As ervas podem ser um componente muito útil de seu programa nutricional graças à sua capacidade de prevenir ou ajudar a equilibrar uma variedade de sintomas relacionados com a menopausa. Elas devem ser encaradas como uma forma mais avançada de nutrição, proporcionando-lhe muitos nutrientes que são necessários para a boa saúde nos anos da menopausa. Por exemplo: as algas *dulse* e *kelp* proporcionam-lhe iodo, importante para o bom funcionamento da tireóide, e as folhas da framboeseira vermelha são uma boa fonte de cálcio e magnésio. As plantas também contêm hormônios naturais e uma variedade de substâncias que ajudam a controlar sangramentos, ondas de calor, ansiedade, insônia e outros sintomas comuns da menopausa. Na seção que se segue, eu lhe darei informações sobre ervas específicas que podem ajudar a aliviar os sintomas da menopausa.

Ervas para os Seus Sintomas da Menopausa

Sangramento menstrual intenso e irregular. As plantas que contêm os flavonóides da classe das flavonas (comumente chamados de bioflavonóides) ajudam a fortalecer os capilares e a prevenir sangramentos menstruais intensos e irregulares (menorragia). Esse é um padrão de sangramento comum quando as mulheres se aproximam da menopausa. Os flavonóides são encontrados numa grande variedade de frutos e flores, sendo responsáveis por sua cor. Excelentes fontes são frutas cítricas, cerejas, uvas e o fruto do pilriteiro. Segundo alguns estudos, eles também têm sido encontrados no trevo-dos-prados e em algumas variedades de trevos subterrâneos da Austrália. Muitas pesquisas médicas sobre os bioflavonóides de frutas cítricas têm demonstrado a sua utilidade em diversos problemas de sangramento, incluindo aqueles não relacionados com a menopausa, como os repetidos abortos espontâneos e a tuberculose.

Ondas de calor. Muitas plantas são boas fontes de estrógeno, o hormônio que ajuda a controlar as ondas de calor. A genestina e a dedzina, as isoflavonas da soja, possuem atividade estrogênica fraca (1/50.000 da potência do estrogênio). Elas são muito eficazes para controlar sintomas comuns da menopausa, tais como ondas de calor, ansiedade e irritabilidade. As isoflavonas da soja, na forma de pó ou em cápsulas, podem ser particularmente úteis para as mulheres que não podem tomar hormônios em virtude de seus intensos efeitos colaterais. Outras fontes vegetais de estrógeno e progesterona, usadas na herbologia tradicional, são a actéia preta, a actéia azul, a raiz de unicórnio, a falsa raiz de unicórnio, a erva-doce e a raiz de alcaçuz. As atividades hormonais dessas plantas foram pesquisadas em diversos estudos. A actéia preta, especificamente, foi considerada útil para ajudar a controlar ondas de calor, oscilações de humor e secura vaginal.

As plantas também servem de matéria-prima para a produção de hormônios úteis na medicina. Muitas plantas comuns, como a soja e o inhame, contêm um núcleo esteróide. O estrógeno e a progesterona podem ser sintetizados a partir dessas plantas com um número relativamente pequeno de etapas, permitindo que os hormônios sexuais tornem-se disponíveis comercialmente a um custo razoável.

Ansiedade, irritabilidade e insônia da menopausa. As mulheres com ansiedade, irritabilidade e insônia têm a opção de buscar alívio para os seus sintomas em diversos remédios à base de ervas. Alguns deles, preparados a partir do maracujá e da raiz de valeriana, apresentam significativos efeitos calmantes sobre o sistema nervoso central. Descobriu-se que o maracujá eleva os níveis do neurotransmissor serotonina. A serotonina é sintetizada a partir do triptofano, um aminoácido essencial que, conforme mostraram diversos estudos, ajuda a iniciar o sono e a reduzir o número de vezes que o indivíduo acorda durante a noite. A raiz de valeriana tem sido usada extensivamente na herbologia como indutor de sono. Ela é usada amplamente na Europa com um tratamento eficaz para a insônia. Estudos experimentais têm confirmado tanto os efeitos sedativos da raiz da valeriana como sua eficácia no tratamento da insônia. Para as mulheres com a insônia da menopausa, a raiz de valeriana pode ser uma verdadeira bênção. Tenho usado-a em minhas pacientes nos últimos catorze anos e observado uma sensível melhora nos sintomas. Outros tratamentos eficazes à base de ervas incluem os chás de camomila, lúpulo, gatária e hortelã. Venho usando todos eles em minha clínica e muitas pacientes satisfeitas têm comentado acerca de sua eficácia.

Fadiga e depressão da menopausa. Para as mulheres com fadiga e depressão decorrentes da menopausa, tenho receitado ervas como *gota kola*, gengibre e *gingko biloba*. O ginseng siberiano (*eleutherococcus*) e a raiz de alcaçuz podem ter um efeito estimulante, melhorando a energia e a vitalidade. As mulheres que usam essas ervas notam um aumento na capacidade de lidar com o *stress*, bem como uma melhora em sua capacidade física e mental. Alguns desses efeitos benéficos talvez se devam aos elevados níveis de vitaminas e sais minerais essenciais contidos nas ervas. O ginseng siberiano, o gengibre e a raiz de alcaçuz têm desenvolvido um importante papel na medicina tradicional da China e de outros países ao longo de milhares de anos. Eles têm a reputação de aumentar a longevidade e reduzir a fadiga e a fraqueza. Essas ervas podem ser usadas para melhorar a imunidade e fortalecer o sistema cardiovascular. Na China moderna, no Japão e em outros países, tem havido muito interesse pelos efeitos farmacológicos das ervas tradicionais. Os estudos científicos estão confirmando os importantes efeitos medicinais dessas plantas. Pesquisas têm mostrado que a palha de carvalho possui a capacidade de aliviar a fadiga e a irritação, principalmente quando existe um componente emocional.

Menopausa e sintomas do sistema urinário. Muitas ervas parecem ter a capacidade de acalmar, aliviar a irritação e reduzir a infecção no sistema urinário, incluindo o hidraste, a *uva ursi*, a raiz de amora-preta e a gaultéria. As pesquisas indicam que a planta *Coleus forskohlii* também reduz a dor e o desconforto relacionados com problemas urinários. O sistema urinário é particularmente vulnerável nas mulheres durante e após a menopausa porque a falta de suporte hormonal faz com que os tecidos fiquem mais delicados e mais vulneráveis aos pequenos traumas. O hidraste contém berberina, um alcalóide dotado de atividade antibiótica, enquanto a *uva ursi* contém arbutina, um agente diurético e antiinfeccioso. O *Coleus forskohlii* contém forscolina, um antiespasmódico que pode aliviar a dor associada ao ato de urinar, bem como as cólicas menstruais e intestinais.

Menopausa e frigidez sexual. As ervas também têm sido usadas para tratar problemas de frigidez sexual e impotência. Muitas culturas dão valor a certas plantas em virtude de seus poderes afrodisíacos. A rigor, algumas dessas plantas, como a noz-moscada, são mais irritantes geniturinários do que estimulantes sexuais. A medicina tradicional indiana considera que diversas plantas, como o açafrão e a *priya-darsa*, possuem extraordinários poderes afrodisíacos. A ioimbina, uma planta afrodisíaca, serve de base para diversos medicamentos utilizados no tratamento da impotência.

Fórmulas de Ervas para a Menopausa

Há anos venho usando ervas em minha clínica como uma forma de nutrição avançada para mulheres na menopausa. Elas constituem uma forma eficaz de equilibrar a dieta e otimizar a ingestão de nutrientes. Existem três fórmulas à base de ervas que uso para proporcionar excelente nutrição a mulheres que têm queixas relacionadas à menopausa. A fórmula de ervas I pode ser usada por mulheres com queixas gerais relacionadas à menopausa, tais como ondas de calor e secura vaginal em virtude da deficiência de hormônios. A fórmula II é muito útil para mulheres com fadiga relacionada à menopausa, debilidade e fraqueza. A fórmula III pode ser usada por mulheres com ansiedade, irritabilidade e insônia ligadas à menopausa. A fórmula I é a fórmula básica de ervas para as mulheres na menopausa. As fórmulas II e III devem ser usadas caso você apresente os sintomas aos quais elas se aplicam.

Você mesma pode combinar as ervas para produzir a fórmula de ervas I, a qual também é encontrada facilmente nas lojas de produtos naturais.

Fórmula de Ervas I:	Actéia preta Erva-doce Anis Cardo-santo
Fórmula de Ervas II	Gengibre *Gingko biloba* Ginseng siberiano *(eleutherococcus)*

Fórmula de Ervas III	Raiz de valeriana Gatária Camomila Lúpulo

As ervas devem ser usadas em pequenas quantidades. Você talvez venha a descobrir que uma determinada erva a faz sentir-se melhor do que todas as ervas de uma fórmula usadas em conjunto. Tome as ervas junto com as refeições, seja na fórmula de cápsula seja como infusão. Se preferir fazer uma infusão, simplesmente abra a cápsula na água fervente e deixe descansar por alguns minutos. Não beba mais do que 1 a 2 xícaras do chá por dia.

Todos os alimentos podem causar efeitos indesejáveis em algumas pessoas e as ervas não são exceção. Deve-se suspender o tratamento imediatamente se, depois de usá-las, você notar a ocorrência de náusea, vômito ou diarréia. Esses são os sintomas mais comuns de intolerância. Embora as ervas de minhas fórmulas sejam seguras para o consumo humano, algumas mulheres parecem ter intolerância com relação a diversos alimentos, incluindo as ervas. Se você notar algum sintoma que a faça sentir-se desconfortável após usar as ervas, interrompa imediatamente o tratamento.

Ervas para a Menopausa e para Problemas de Saúde da Mulher

Sintomas	*Tratamentos com Ervas*
Menorragia	Bolsa-de-pastor Fruto do pilriteiro Cereja Casca de uva Uva-do-monte Trevo-vermelho
Ondas de calor, Sintomas vasomotores	*Dong quai* Actéia-preta Cardo-santo Anis Erva-doce Salsaparrilha Trevo-vermelho Gel de babosa
Insônia e ansiedade da menopausa	Raiz de valeriana Maracujá Hortelã

	Gatária
	Camomila
	Lúpulo
Fadiga da menopausa, cansaço, depressão	*Gingko biloba*
	Gengibre
	Gota kola
	Raiz de dente-de-leão
	Ginseng siberiano
	Raiz de valeriana
Problemas urinários relacionados à menopausa	*Coleus forskohlii* (dor)
	Hidraste (infecções)
	Uva ursi (infecções)
	Raiz de amora-preta (infecções)
	Gaultéria
Osteoporose	Folha de framboeseira
	Confrei
Hipotireoidismo	Musgo-da-irlanda
	Kelp
	Dulse
	Salsaparrilha
Caroços e sensibilidade nas mamas	Alfafa
	Kelp
	Cataplasma da raiz de erva-dos-cancros

Plantas Usadas como Matéria-Prima para a Síntese de Hormônios Comerciais

Planta	*Núcleo Esteróide Preexistente*
Soja	Estigmasterol
Feijão calabas	Estigmasterol
Levedura	Ergosterol
Cereais	B-Sitosterol
Inhame	Diosgenina
Sisal	Hecogenina

Sugestões de Leitura

Livros

Colbin, A. *Food and Healing*. Nova York: Ballantine Books, 1986.

Hasselbring, B., et al. *The Medical Self-Care Book of Women's Health*. Nova York: Doubleday, 1987.

Hylton, W. *The Rodale Herb Book*. Emmaus, PA: Rodale Press, 1974.

Lark, Susan, M. D. *Premenstrual Syndrome Self Help Books*. Berkeley, CA: Celestial Arts, 1984.

Lewis, W., e M. Elvin-Lewis. *Medical Botany*. Nova York: Wiley, 1977.

Lust, J. *The Herb Book*. Nova York: Bantam, 1974.

Murray, M. *The 21st Century Herbal, Volume I*. Bellevue, WA: Vita-Line, 1985.

Murray, M. *The 21st Century Herbal, Volume II*. Bellevue, WA: Vita-Line, 1985.

Padus, E. *The Woman's Encyclopedia of Health and Natural Healing*. Emmaus, PA: Prevention Books, 1981.

Artigos

Ammon, H. P. T., e A. B. Muller, 1985. "Forskolin: From Ayurvedic Remedy to a Modern Agent." *Planta Medica* 51:473-7.

Baranov, A. I. 1982. "Medicinal Uses of Ginseng and Related Plants in the Soviet Union: Recent Trends in the Soviet Literature." *Journal of Ethnopharmacology* 6:339-353.

Butler, C. L., e C. H. Costello. 1944. "Pharmacologic Studies. I. Aletris farinosa." *Journal of the American Pharmaceutical Society* 33:177-83.

Costello, C. H., e E. V. Lynn. 1950. "Estrogenic Substances from Plants. I. Glycyrrhiza." *Journal of the American Pharmaceutical Society* 39:177-80.

Chang, J., et al. 1984. "Effects of Forskolin on Prostaglandin Synthesis by Mouse Resident Peritoneal Macrophages." *European Journal of Pharmacology* 103:303-12.

Gibson, M. R. 1978. "Glycyrrhiza in Old and New Perspectives." *Loydia* 41:348-54.

Gomez, E. T., e C. W. Turner. 1938. "Effect of Anol and Dihydrotheelin on Mammogenic Actividy of the Pituitary Gland of Rabbits." *Proceedings of the Society for Experimental Biology and Medicine*. 39:140-142.

Hahn, F. E., e J. Ciak. 1976. "Berberine." *Antibiotics* 3:577-88.

Harada, M., et. al. 1984. "Effect of Japanese Angelica Root and Peony Root on Uterine Contraction in the Rabbit In Situ." *Journal of Pharmacologic Dynamics* 7:304-11.

Havsteen, B. 1983. "Flavonoids, a Class of Natural Products of High Pharmacological Potency." *Biochemical Pharmacology* 32:1141-8.

Kerouac, R., et. al. 1984. "Forskolin Inhibitys Histamine Release by Neurotension in the Rat Perfused Hind Limb." *Research Communications Chemical Pathology Pharmacology*." 45:310-2.

Kuhnau, J. 1976. "The Flavonoids: A Class of Semi-Essential Food Components: Their Role in Human Nutrition." *World Review of Nutrition and Diet* 24:177:91.

Kushi, L. 1995. "Health Implications of Mediterranean Diets in Light of Contemporary Knowledge. 1. Plant Foods and Dairy Products." *American Journal of Clinical Nutrients* 147-55.

Leathwood, P. D., et al. 1982. "Aqueous Extract of Valerian Root (Valeriani Officinalis L.) Improves Sleep Quality in Man." *Pharmacol. Biochem. Behavior* 17:65-71.

Middleton, E. 1984. "The Flavonoids." *Trends in Pharmaceutical Science* 5:335-8.

Pearse, H. A., e J. D. Trisler. 1957. "A Rational Approach to the Treatment of Habitual Abortion and Menometorrhagia." *Clinical Medicine* 9:1081.

Pope, G. S., et al. 1953. "Isolation of an Oestrogenic Isoflavone (Biochanin A) from Red Clover." *Chemistry and Industry* 10:1042.

Potter, D. E., et al. 1985. "Forskolin Suppresses Sympathetic Neuron Function and Causes Ocular Hypotension." *Current Eye Research* 4:87-96.

Puri, H. S. 1971. "Vegetable Aphrodisiacs of India." *Quarterly Journal of Crude Drug Research* 11(2):1724-48.

Racz-Kotilla, E., et al. 1974. "The Action of Taraxacum Officinale Extracts on the Body Wight and Diuresis of Laboratory Animals." *Planta Medica* 26:212-7.

Sabir, M., e N. Bhide. 1971. "Study of Some Pharmacologic Actions of Berberine." *Indian Journal of Physical Pharmacology* 15:111-32.

Suekawa, M., et al. 1984. "Pharmacological Studies on Ginger. I. Pharmacological Actions of Pungent Constituents, (6) Gingerol and (6) Shogaol." *Journal of Pharmacologic Dynamics* 7:836-48.

Tanaka, S., et al. 1977. "Antinociceptive Substances form the Roots of Angelica Acutiloba." *Arzneim-Forsch* 27:2039-45.

Taylor, F. A. 1956. "Habitual Abortion: Therapeutic Evaluation of Citrus Bioflavonoids." *Western Journal of Surgery, Obstetrics and Gynecology* 5:280.

"Topical and System Contraceptive Agents." *Medical Letters* 1974; 16(9): 37-40.

CAPÍTULO 11

Redução do Stress *da Menopausa*

As mulheres que estão passando pela menopausa talvez notem que têm uma maior oscilação de humor. Algumas mulheres sentem-se mais ansiosas, irritadiças ou deprimidas que de costume. Elas poderão reagir com mais raiva ou irritação a problemas profissionais ou familiares. Conquanto essas queixas não sejam de maneira alguma universais (algumas mulheres passam pela menopausa sem apresentar mudanças de humor), é importante atentar tanto para as causas como para as possíveis soluções para esse problema.

Na maioria das mulheres as causas das oscilações de humor são complexas, podendo ser causadas por alterações físicas, fatores sociais e culturais ou, mais comumente, por uma combinação de ambos. Algumas mulheres são muito sensíveis à rápida queda nos níveis de estrógeno e progesterona que ocorre na menopausa. Elas podem sentir-se como se estivessem numa montanha-russa emocional, conforme os seus níveis hormonais caem e seu organismo tem de adaptar-se a um nível mais baixo.

Uma outra causa de problemas emocionais durante o período da menopausa é a hipersensibilidade do sistema nervoso autônomo. O sistema nervoso autônomo regula as funções corporais de que geralmente não temos consciência, tais como a freqüência cardíaca e respiratória, a tensão muscular, a função endócrina e a circulação do sangue. O sistema nervoso autônomo é dividido em duas partes que se opõem e se complementam mutuamente: os sistemas nervosos simpático e parassimpático. Por exemplo: se a excitação acelera demasiadamente a freqüência cardíaca, cabe ao sistema nervoso parassimpático atuar como um circuito de controle e reduzir a freqüência dos batimentos cardíacos. Se o coração bater com demasiada lentidão, o sistema nervoso simpático faz com que ele bata mais rápido. Eles controlam os limites inferior e superior da nossa fisiologia.

O grande *stress* associado ao estilo de vida das pessoas de meia-idade poderá causar uma atividade excessiva do sistema nervoso simpático. Uma superativação do sistema nervoso simpático provoca retesamento dos músculos, constrição dos vasos sangüíneos, e aumento da freqüência cardíaca, de modo que você possa reagir a uma emergência. Se a vida que você leva for demasiado estressante, o seu sistema nervoso simpático poderá estar sempre em estado de prontidão para reagir a uma crise. Isto faz com que você fique em permanente estado de tensão, às vezes conhecido como "reação de luta ou fuga". Você tende a reagir à pouca carga de *stress* da mesma forma que reage a emergências reais. A energia que se acumula no corpo para enfrentar essa "emergência" tem de ser descarregada, e o é. Você poderá ficar aborrecida e irritada e, assim, o seu sistema entrará novamente em equilíbrio.

Em outras mulheres, os fatores sociais que precedem a menopausa que a acompanham ou se manifestam depois poderão ser muito estressantes. A menopausa pode ser uma época em que os filhos saem de casa e se mudam para longe, ocorrem grandes mudanças na carreira, o casamento termina em divórcio ou é feita uma nova tentativa de reiniciar a vida conjugal. Embora essas importantes mudanças no modo de vida obviamente possam ocorrer também em outras fases da vida, a combinação de mudanças hormonais e bioquímicas com as mudanças no estilo de vida podem ser difíceis de administrar.

Como muitas dessas mudanças – tais como a queda dos níveis hormonais com a menopausa, o crescimento dos filhos ou as mudanças na vida profissional – são inevitáveis, é importante poder contar com técnicas de auto-ajuda que possam reduzir suas oscilações de humor e induzir um estado mental de tranqüilidade e relaxamento. Isso pode ser facilmente alcançado através de uma variedade de métodos – exercícios físicos, meditação, chás de ervas e alimentação e suplementação nutricional adequadas. Existem muitas maneiras de alterar a química do nosso corpo para alcançarmos um equilíbrio saudável que nos faça sentir bem. Infelizmente, muitas mulheres levam as suas queixas emocionais a consultórios médicos ou então não fazem nada, sentindo-se vitimizadas e desamparadas. As mulheres na menopausa que procuram ajuda médica para os seus problemas emocionais poderão receber medicamentos fortes para corrigir as suas alterações de humor. Muitas vezes os efeitos colaterais desses medicamentos superam os benefícios do tratamento. Os antidepressivos e tranqüilizantes apenas mascaram os sintomas e nunca tratam a causa real deles. Conquanto medicamentos fortes possam ocasionalmente ser necessários para resolver problemas emocionais graves, muitas mulheres acabam sendo medicadas quando os seus sintomas poderiam ser efetivamente aliviados por técnicas adequadas de auto-ajuda.

Muitas das minhas pacientes têm-me perguntado a respeito de técnicas para lidar com o *stress*. Ao longo dos anos, desenvolvi uma estratégia que parece funcionar. Embora eu encaminhe algumas mulheres para fazerem aconselhamento ou psicoterapia, a maioria delas busca maneiras práticas de lidar sozinhas com o *stress*. Elas querem assumir a responsabilidade de aprender a lidar com os próprios problemas – analisando os seus métodos de lidar com o *stress*, aprendendo técnicas para melhorar os seus hábitos e, então, praticando essas técnicas de forma regular. Creio que, entre a maioria das mulheres, as técnicas de auto-ajuda são as mais eficazes.

Como Lidar com o *Stress*

Descobri que existem quatro maneiras de uma pessoa lidar com o *stress:*

- Procurar aconselhamento com um profissional qualificado
- Reestruturar o seu ambiente, tornando-o menos estressante
- Aprender técnicas de relaxamento e de redução do *stress*
- Dieta e exercícios de redução do *stress*

Serviços de Aconselhamento e Grupos de Apoio

Procure em sua cidade por clínicas que ofereçam serviços de aconselhamento para mulheres de meia-idade. Existem muitos grupos de apoio constituídos por mulheres na menopausa. Eles muitas vezes são uma excelente fonte de informações, podendo ajudá-la a encontrar grupos existentes na sua região.

Reestruturando o Seu Ambiente

Se a sua vida lhe parece complicada demais por causa do *stress*, talvez seja hora de examinar o ambiente em que você vive. Você adotou um estilo de vida que lhe agrada e dá prazer? Afinal de contas, ter prazer com a vida deve ser uma de suas principais metas. Não basta simplesmente "agüentar-se até o fim do dia"; você traz alegria para o seu cotidiano ao apreciar os pequenos prazeres da vida e criar para si um ambiente cheio de amor. Se você se arrasta ao longo do dia como um robô, simplesmente executando as suas tarefas e suportando o desconforto, então chegou o momento de parar e perguntar a si mesma o que você pode fazer para melhorar a sua vida.

Ambiente físico. Você transformou sua casa e seu local de trabalho em ambientes agradáveis, usando quadros, plantas e acessórios pessoais? Ao cercar-se de cores calmantes e música suave, você passa a ter mais facilidade para lidar com o *stress*. Fitas com o ruído do mar, da chuva caindo ou de pássaros cantando podem ser muito relaxantes, bem como ouvir música clássica.

Trabalho. A menopausa pode ser um período de reavaliação da carreira. Se você não gosta do seu trabalho, tente arranjar outro emprego. Você talvez queira fazer cursos noturnos ou participar de seminários nos finais de semana para preparar-se para trabalhar em outro campo ou num novo nível de atividade. Mesmo se só puder fazer isso aos poucos, você terá algo de positivo em que se concentrar e estará aprendendo algo que lhe dá prazer. Discuta com seu chefe os problemas relacionados ao trabalho para tentar fazer com que este se torne uma experiência mais agradável.

Trabalhe mais devagar durante os períodos do dia em que você começa a se sentir cansada. Estabeleça o seu ritmo levando em conta os períodos em que você tende a sentir fadiga. Nessas ocasiões, aumente o seu nível de energia fechando a porta de sua sala ou, se estiver em casa, tente ir para o quarto e ouvir uma fita de relaxamento, praticar a respiração profunda ou meditar. (As técnicas específicas apresentadas na seção seguinte demandam apenas alguns minutos e podem aumentar muito a sua energia.)

Casa. Faça de sua casa um local agradável e acolhedor. Algumas donas de casa se ajustam à síndrome do ninho vazio arranjando animais de estimação ou desenvolvendo novos laços com amigas e grupos de apoio formados por mulheres. Os anos da menopausa são uma excelente ocasião para você reavaliar e melhorar os seus relacionamentos íntimos. Você e o seu esposo se acariciam e se abraçam o suficiente? Vocês expressam o amor e o apreço que têm um pelo outro? Esse pode ser um período de renovada alegria e intimidade no relacionamento entre ambos.

Nossos relacionamentos íntimos podem ser a área mais difícil de ser trabalhada, pois o nosso relacionamento com o cônjuge, com os nossos filhos ou com nós mesmas baseia-se quase inteiramente no modo como fomos criadas. Tendemos a interiorizar o comportamento e as crenças da nossa família. Recebemos essas mensagens bem cedo na vida e elas tornam-se uma parte de nós, do mesmo modo como nossos braços e pernas. Ocorre um conflito real quando aquilo que gostaríamos de ter, como adultos, difere daquilo que fomos ensinados a ter. Embora você talvez queira ter um relacionamento sexual satisfatório, se os seus pais não tiveram isso na vida ou se ensinaram a você que isso era algo a ser temido, você talvez crie para si um ambiente em que isso não ocorra.

Você poderá lutar com seu esposo para evitar a intimidade ou, talvez, escolher um esposo que não está muito interessado em sexo. Essas são apenas algumas das centenas de maneiras pelas quais as pessoas, inconscientemente, adotam uma atitude que favorece a frustração e o *stress*.

Se você se sentir muito descontente com a vida pessoal que criou para si, talvez seja conveniente procurar aconselhamento profissional. No que diz respeito ao nosso cotidiano, porém, existem certamente algumas coisas que você pode fazer para melhorar a sua vida. Ler livros de psicologia ou artigos inspiradores pode ajudar, assim como ouvir fitas e repetir afirmações para substituir as mensagens negativas que você aprendeu com seus pais quando criança. O seu sistema de crenças pode ser lentamente programado no sentido daquilo que a fará feliz.

Técnicas de Relaxamento

As técnicas de auto-ajuda para redução do *stress* são a parte mais importante deste capítulo. Se você tiver sintomas de problemas emocionais ligado à menopausa, use essas técnicas no seu dia-a-dia. Elas podem realmente fazer com que você se sinta melhor. Recomendo que intercale esses exercícios em meio às suas tarefas do dia; desse modo, você irá sentir-se muito mais relaxada.

A tendência para nos sentirmos tensas e apressadas faz parte de nossa cultura. No Ocidente, tendemos a ter um comportamento voltado para a consecução de metas. Passamos o dia todo com pressa, tentando completar as tarefas da forma mais rápida possível e, então, passando para as tarefas seguintes. Existe um contínuo senso de urgência – "tenho de terminar isso" – sem muita preocupação com o modo pelo qual conseguimos atingir esse propósito. Isso tende a acelerar as respostas do sistema nervoso autônomo e a produzir *stress* e tensão, podendo agravar os sintomas da menopausa. Com o uso de técnicas de relaxamento, as tarefas são realizadas com igual rapidez e a jornada torna-se muito mais agradável.

Fiz questão de trabalhar sem pressa e com tranqüilidade enquanto estava escrevendo este livro. Descobri que, quando trabalho com pressa, sinto-me mais nervosa e cansada no fim do dia. Os músculos das minhas costas ficam doloridos de tanto eu ficar curvada em direção ao computador. Se trabalho de forma despreocupada, levanto da cadeira a cada uma ou duas horas e faço uma pausa. Estendo os músculos que até então estavam retesados, faço alguns exercícios de respiração profunda e arejo minha mente. A surpresa é que consigo produzir mais da segunda maneira – e sinto-me muito mais relaxada e cheia de energia ao término de um dia de trabalho.

Faz muitos anos que venho ensinando técnicas de relaxamento às minhas pacientes. Fazemos os exercícios em meu consultório ou elas aprendem essas técnicas por contra própria, usando livros e fitas sugeridos por mim. Quase sem exceção as pacientes retornam muito entusiasmadas com os resultados: elas dizem que os exercícios acalmam-lhes a mente e o corpo, elas sentem-se mais felizes e otimistas com relação à vida e observam uma melhora em sua saúde física. A mente serena parece acalmar o corpo: o sistema nervoso autônomo se equilibra e a química do organismo se normaliza.

Eis aqui alguns exercícios simples que, como descobri, são muito úteis para as mulheres na menopausa:

Primeiro passo: Encontre uma posição confortável. Para muitas mulheres, isso significa deitar de costas. Você também pode fazer os exercícios sentada. Tente manter a coluna o mais ereta possível. Os seus braços e pernas devem estar descruzados. É importante que você esteja usando roupas largas e bastante confortáveis.

Segundo passo: Concentre a atenção nos exercícios, de modo que outros pensamentos não interfiram com a sua concentração. Feche os olhos e respire fundo algumas vezes, inspirando e expirando. Isso irá ajudá-la a tranqüilizar sua mente e afastar seus pensamentos dos problemas e tarefas do dia.

Exercício 1: Respiração Abdominal Profunda

A respiração abdominal lenta e profunda é muito importante para a sua saúde e vitalidade. Ela leva oxigênio, essencial para as atividades metabólicas, a todos os tecidos do corpo. A respiração lenta e rápida reduz o suprimento de oxigênio no organismo e faz com que nos sintamos sem vitalidade. A respiração profunda ajuda a relaxar todo o corpo e também a fortalecer os músculos do peito e do abdome.

- Deite-se de costas com os joelhos elevados. Mantenha os pés ligeiramente afastados um do outro. Tente inspirar e expirar pelo nariz.
- Inspire profundamente. Ao inspirar, deixe o seu estômago relaxar, de modo que o ar flua para dentro do abdome. O seu estômago deve inflar-se quando você inspira. Visualize os seus pulmões enchendo-se de ar, de modo que o seu peito se expanda.
- Imagine que o ar que você respira está enchendo o seu corpo de energia.
- Expire profundamente. Ao expirar, deixe o estômago e peito se soltarem. Imagine o ar sendo empurrado para fora, primeiro do seu abdome e, depois, dos seus pulmões.

Exercício 2: Respiração com as Cores

A respiração com as cores tem sido usada tradicionalmente para curar o corpo, acalmar os nervos e fortalecer o campo de energia do corpo. As antigas tradições espirituais da Índia e do Oriente descreviam detalhadamente o campo de energia humano já por volta de 3000 a.C. Em nossa cultura, as pessoas intuitivas conseguem descrever o campo de energia como luzes e cores que emanam do corpo. Cada parte do corpo parece emanar uma cor diferente: as pernas emanam o vermelho; a pelve e os intestinos, o laranja; o plexo solar, o amarelo; o coração, o verde; a garganta, o azul; os olhos e a hipófise, o violeta; o vértice da cabeça, o branco. Acredita-se que cada cor confere energia e força à parte do corpo correspondente.

Quando você está calma e relaxada, seu campo de energia tem um aspecto radiante, harmonioso e cheio de cores. Ele tem a forma suavemente arredondada de um ovo de Páscoa. Desequilíbrios emocionais como ansiedade, irritabilidade, insônia e depressão – que eventualmente ocorrem durante a menopausa – podem alterar suas cores, forma e intensidade. A respiração colorida é uma poderosa técnica que serve para acalmar a mente e o corpo e para equilibrar o campo de energia.

- Sente-se ou deite-se numa posição confortável. Imagine que, sob você, a terra está repleta da cor vermelha. Essa cor penetra várias centenas de metros terra adentro. Visualize o seu corpo puxando essa cor vermelha para dentro de si. Inspire lentamente e, ao fazê-lo, inspire o vermelho para dentro do seu corpo. Veja-o passando por seus pés, pernas, abdome, tronco, braço, pescoço e cabeça. Veja-o enchendo o ar ao seu redor. Expire lentamente o vermelho para fora dos seus pulmões. Repita esse processo lentamente cinco vezes.

- Veja agora que, sob você, a terra está repleta da cor laranja. Ao inspirar, puxe essa cor para o seu corpo, começando pelos pés. Encha da cor laranja o ar que está ao seu redor. Ao expirar, deixe o laranja sair de seus pulmões. Faça isso cinco vezes. Repita o exercício com as cores amarela, verde, azul, violeta e branca.

Exercício 3: Descobrindo a Tensão Muscular

Muitas mulheres têm músculos que estão cronicamente rígidos e tensos. Os músculos tensos recebem um fluxo inadequado de sangue e oxigênio, acumulando um excesso de ácido láctico. Muitas vezes carregamos conosco esse padrão usual de tensão durante anos e sentimos como se partes do nosso corpo estivessem presas num torno de bancada. Já que o modo como o nosso corpo se sente pode ter um efeito muito grande sobre o nosso humor, as mulheres cujos músculos estão cronicamente tensos tendem a ser mais irritadiças. O movimento é o antídoto mais eficaz para essa tensão, pois ele melhora a circulação e ajuda a quebrar o padrão habitual de retesamento e contração muscular. Infelizmente, porém, em muitas mulheres esse problema torna-se mais grave nos anos da menopausa, quando, por causa da idade, elas passam a levar uma vida mais sedentária em vez de praticarem esportes e outras atividades físicas. Elas sentam-se em vez de ficarem de pé, e andam de carro quando podiam caminhar. Quando os nossos músculos estão relaxados, flexíveis e são solicitados a executar uma ampla variedade de movimentos, tendemos a nos sentir mais leves e tranqüilos. A ansiedade desaparece e, em vez disso, temos uma sensação de paz e calma. Os próximos dois exercícios irão ajudar você a entrar em contato com a sua tensão muscular e a libertar-se dos bloqueios crônicos e padrões de retesamento que podem afetar adversamente o seu humor.

- Deite-se numa posição confortável. Deixe o braço direito completamente relaxado, com a palma da mão voltada para baixo, apoiada sobre uma superfície.
- Agora, levante apenas a mão – e não o braço todo – e conserve-a desse jeito por 15 segundos. Qual é a sensação que você tem na parte superior de seu antebraço? Ele lhe parece retesado e tenso?
- Agora, deixe o braço cair e relaxar. Os músculos do braço também ficarão relaxados. Eles não devem causar nenhuma sensação de desconforto.
- Agora, levante do chão o seu pé direito, fazendo com que os artelhos fiquem voltados para cima. Como a sua perna lhe parece? Você sente que ela está rígida e tensa?
- Agora, deixe o seu pé abaixar-se e relaxar. Você sente que a musculatura da perna também se relaxa.
- Enquanto você está deitada, repare se alguma outra parte de seu corpo está acumulando tensão. Ela poderá lhe parecer rija e um tanto dolorida. Você poderá notar uma dor surda constante. A tensão muscular bloqueia o fluxo sangüíneo e interrompe o suprimento de nutrientes para os tecidos. O músculo é mal oxigenado e, em resposta, produz ácido láctico. Passe para o próximo exercício para aprender uma técnica de relaxamento muscular.

Exercício 4: Relaxamento Muscular Progressivo

- Deite-se numa posição confortável. Deixe que os braços fiquem relaxados e com as palmas das mãos voltadas para baixo, apoiando-se na superfície sobre a qual você estiver. Ao fazer esse exercício, pratique a sua respiração abdominal profunda.
- Cerre os punhos e mantenha-os assim por quinze segundos. Ao fazer isso, relaxe o restante de seu corpo. Em seguida, deixe as mãos relaxarem.
- Agora, retese e relaxe as seguintes partes do corpo, nesta ordem: rosto, ombros, costas, estômago, bacia, pernas, pés e artelhos. Retese cada uma dessas

partes por quinze segundos e, então, relaxe o seu corpo por trinta segundos antes de passar para o próximo seguimento.
- Visualize a parte tensa contraindo-se e tornando-se cada vez mais tensa. Ao relaxar, veja a energia fluindo para todo o seu corpo como uma onda suave, tornando todos os seus músculos relaxados e flexíveis.
- Termine o exercício sacudindo suas mãos e imaginando a tensão remanescente saindo pelas pontas dos seus dedos.

Este é um exercício particularmente útil quando você sente a tensão acumulando-se ao longo do dia. Ele serve para ajudá-la a descarregar o *stress* de uma forma benéfica.

Exercício 5: Meditação

- Deite-se ou sente-se numa posição bastante confortável.
- Feche os olhos e respire fundo. Faça com que a sua respiração torne-se lenta e relaxada.
- Concentre toda a sua atenção em seus movimentos respiratórios. Repare na movimentação do seu peito e abdome para dentro e para fora.
- Bloqueie todos os outros pensamentos, sentimentos e sensações. Se você sentir que está se distraindo, volte novamente a sua atenção para os movimentos respiratórios.
- Conte um ao inspirar, dois ao expirar, três ao inspirar, quatro ao expirar, até chegar ao vinte. Repita esse exercício pelo menos cinco vezes. Para melhores resultados, repita a seqüência pelo maior tempo possível, por no máximo cinco minutos.

Este exercício de meditação requer que você sente-se calmamente e dedique-se a uma atividade simples e repetitiva. (No início, isso pode ser muito difícil de fazer.) Ao esvaziar a sua mente, você consegue repousar. O metabolismo de seu corpo se reduz. O padrão de suas ondas cerebrais torna-se mais lento, passando das ondas beta – rápidas e predominantes durante um dia normal de trabalho – para as ondas alfa ou teta, mais lentas. Esse padrão mais lento também aparece durante o sono ou no período de relaxamento profundo que ocorre antes de você adormecer. A meditação permite que sua mente "tire férias", afastando-se da tensão e das preocupações. É proveitoso praticá-la durante os anos da menopausa, quando qualquer pequena tensão pode ser amplificada.

Exercício 6: Afirmações para a Menopausa

Sente-se numa posição confortável e repita três vezes as afirmações que se seguem. Ao repetir determinadas afirmações você talvez venha a descobrir que possui sentimentos negativos a respeito de seu corpo e da menopausa. Esses sentimentos correspondem a crenças profundamente arraigadas acerca de seu corpo e que você gostaria de mudar. Esse exercício é muito eficaz para ajudar a substituir os pensamentos negativos ou infelizes por pensamentos positivos de auto-aceitação e amor-próprio. Continue a fazer esse exercício regularmente e ele irá ajudá-la a gostar mais de seu corpo à medida que você for passando pelas mudanças da menopausa. Você talvez descubra que quer enfatizar determinadas afirmações e ignorar outras. Você também poderá descobrir que escrever três vezes cada afirmação é uma técnica muito eficaz.

- A menopausa é uma fase saudável e feliz para mim.
- Amo o meu corpo enquanto ele passa pela menopausa.
- Estou passando pela menopausa com tranqüilidade e sem desconforto.
- O meu corpo está forte e saudável.
- A cada dia o meu corpo torna-se mais saudável.
- Os meus hormônios estão perfeitamente equilibrados e regulados.
- A química do meu corpo está saudável e equilibrada.
- O meu sistema feminino está saudável e equilibrado.
- Os meus órgãos femininos estão cheios de saúde e vitalidade.
- As minhas mamas estão cheias de saúde e vitalidade.
- A minha tireóide está cheia de saúde e vitalidade.
- Os meus ossos e articulações estão fortes e saudáveis.
- Amo o meu corpo.
- Sinto-me maravilhosa ao passar pela menopausa.
- Estou calma e tranqüila.
- Consigo lidar facilmente com o *stress*.
- Faço o meu trabalho e as minhas atividades com calma e tranqüilidade. Eles me proporcionam prazer.
- Todos os dias reservo algum tempo para relaxar e me divertir.
- Pratico os métodos de relaxamento que me agradam.
- Estou apreciando a vida cada vez mais. Minha vida me traz prazer.
- Gosto da companhia de meus familiares e amigos. Eles me dão prazer.
- Tenho uma alimentação saudável e balanceada.
- Como os alimentos que mantêm o meu corpo forte e saudável.
- Gosto de ingerir alimentos que são gostosos e ricos em vitaminas e sais minerais.
- Vou-me tornando mais forte e saudável à medida que vou ficando mais velha.
- Estou repleta de vigor e vitalidade.
- A cada dia pratico os métodos de auto-ajuda de minha preferência. A minha vida é divertida e excitante.

As afirmações são muito importantes, pois alinham a sua mente com o seu corpo. Durante e após os anos da menopausa, não basta você exercitar-se vigorosamente e adotar uma alimentação correta; também é importante gostar de seu corpo e ter pensamentos positivos à medida que você passa pelas mudanças da menopausa. Isso acontece porque o seu estado de saúde é determinado pelas interações entre sua mente e seu corpo, pelos milhares de mensagens que, com os seus pensamentos, você envia a si mesmo todos os dias. Por exemplo: se você não gosta de si mesma e acha que a menopausa significa tornar-se "pouco atraente", "decrépita" ou "cair aos pedaços", então você estará criticando constantemente a si mesma – sua aparência ou o modo como você se veste ou se comporta. E isso irá se refletir em seu corpo: sua expressão será macambúzia e entristecida, seu rosto parecerá infeliz e deprimido e seu corpo será curvado e roliço. A sua aparência corresponderá perfeitamente às suas crenças.

Você pode agravar os sintomas da menopausa com pensamentos negativos, pois quando o seu corpo acha que está doente, ele age de acordo com isso. Como você pode ver, é muito importante cultivar um sistema de crenças positivo e uma imagem positiva do corpo.

Essa técnica de imaginar o seu corpo da forma como você quer que ele seja tem sido usada com grande proveito por pacientes com muitos tipos de doenças. Em seu livro, *Getting Well Again*, Carl Simonton, especialista em radioterapia de câncer, descreve o modo como tem usado essa técnica com os seus pacientes. Ele pediu que eles imaginassem ter um poderoso sistema imunológico capaz de combater um câncer pequeno e insignificante (em vez de fazer o contrário). Num significativo número de casos, ele viu pacientes com doenças muito graves entrarem em remissão.

Exercício 7: Visualizações para a Menopausa

Este exercício utiliza a imaginação visual para se alcançar uma imagem corporal positiva. Essa é uma técnica muito eficiente que, na verdade, permite que você veja o seu corpo num estado de saúde e grande vigor.

- Feche os olhos. Comece a respirar fundo. Inspire e deixe o ar sair lentamente. Sinta o seu corpo começar a relaxar-se.
- Imagine-se olhando para um espelho mágico que lhe permite olhar para dentro do seu corpo. Você pode ver suas mãos e rosto e também ver dentro de seus órgãos vitais.
- Olhe para os seus órgãos femininos. Eles estão repletos de energia e vitalidade. Os seus ovários, o útero e a vagina estão perfeitamente saudáveis. Eles têm uma atraente cor rosa. Os nutrientes e o oxigênio fluem livremente através deles e eliminam os seus produtos de excreção para fora do corpo. A sua vagina é úmida, rósea e saudável. Ela é elástica e expansível. Você tem a capacidade de ter uma vida sexual ativa e saudável.
- Olhe para as suas mamas. Elas lhe parecem perfeitamente normais. O tecido é liso e não tem massas nem nódulos. Você não sente nenhum desconforto ao tocá-las.

- Olhe para a sua tireóide. Essa é a glândula que se situa na porção anterior do pescoço. Seu tamanho e textura indicam saúde. Ela está perfeitamente regulada e funciona normalmente.
- Olhe para os seus ossos. Eles são fortes e resistentes e estão repletos de cálcio e outros sais minerais essenciais.
- Olhe para o seu rosto. Ele é liso e tem uma expressão tranqüila. Você se sente no controle de si mesma. Você não está se sentindo ansiosa, irritadiça nem deprimida. Você tem um maravilhoso estado de humor. Ao olhar-se no espelho, você sabe que consegue enfrentar qualquer problema com calma e competência.
- Sua pele é macia e úmida. Toque o rosto e as mãos. Você cuida maravilhosamente bem de sua pele usando hidratantes, protetores solares e limitando a exposição ao sol. A sua pele tem uma excelente aparência.
- Olhe para todo o seu corpo e usufrua a sensação de energia e otimismo que está fluindo através dele. Você está muito calma e tranqüila.
- Agora, interrompa a visualização e volte a respirar profundamente.
- Você abre os olhos e sente-se muito bem.
- A visualização de todas essas cenas deve demorar de 45 a 60 segundos, talvez um pouco mais se você resolver se deter em uma imagem específica. A visualização é bem-sucedida quando permite que você mude de fato os seus sentimentos acerca de uma determinada situação.

A sua visualização deveria começar a criar um esboço mental de um corpo mais saudável e de um sistema de crenças mais positivo acerca de sua saúde. Ao visualizar o seu corpo irradiando saúde e vitalidade, você na verdade estimula as mudanças químicas que, no seu corpo, ajudam a criar essa condição.

A visualização positiva também a ajuda a mudar o seu comportamento para que você possa criar as imagens corporais que são do seu agrado. Você terá maior probabilidade de escolher os alimentos e nutrientes e de praticar os exercícios e os cuidados consigo mesma que contribuem para transformar essas visualizações em realidade.

Mais Técnicas de Redução do *Stress* da Menopausa

Hidroterapia

A água quente tem sido usada há séculos para induzir o relaxamento. Na Europa dos séculos XVIII e XIX, as mulheres iam para *spas* a fim de tomar uma série de banhos de água mineral para relaxar e rejuvenescer todo o corpo. Os antigos romanos usavam os banhos públicos tanto para socialização e relaxamento como para a cura do corpo. Você pode ter em casa o seu próprio *spa* acrescentando sais minerais a um banho quente de banheira. Simplesmente encha uma banheira com água quente e acrescente a ela uma xícara de sal marinho e outra de bicarbonato de sódio. Essa é uma mistura muito alcalina e deve ser usada apenas uma ou duas vezes por mês. Ela é muito relaxante e ajuda a diminuir a ansiedade e a irritabilidade causadas pela menopausa.

Fique na água durante cerca de 20 minutos. Você provavelmente irá sentir-se bastante relaxada e sonolenta após esse banho, sendo melhor tomá-lo à noite, pouco antes de ir para a cama. É provável que você vá dormir muito bem. No dia seguinte, é bem capaz que você acorde sentindo-se revigorada e cheia de energia.

Você também pode relaxar e se esbaldar tomando um banho de espuma ou acrescentando à sua banheira óleos com essências florais. Apague as luzes, acenda uma vela e ouça música clássica. Muitas mulheres possuem banheiras de hidromassagem com água quente ou têm acesso a elas por meio de clubes locais. A combinação de calor e hidromassagem, feita com os pequenos e potentes jatos da banheira, é muito útil para relaxar os seus músculos retesados e reduzir a tensão. A hidromassagem é particularmente benéfica para as mulheres que sofrem de insônia decorrente da menopausa, pois o calor parece favorecer o aparecimento de ondas cerebrais relacionadas com um sono profundo e reparador.

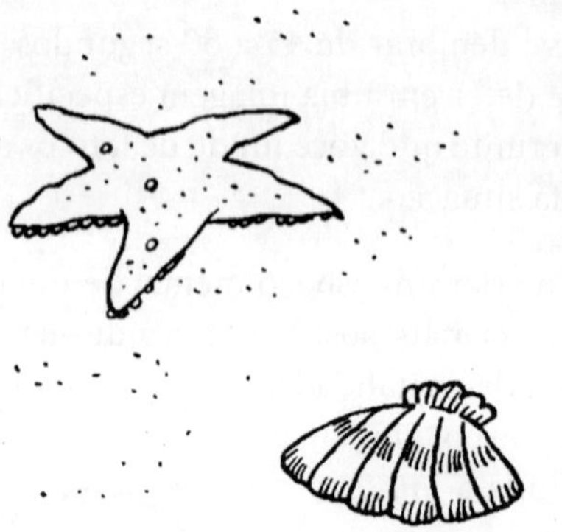

Sons

A música pode ter um efeito profundo e benéfico sobre o nosso humor. A música clássica lenta e calma pode reduzir a nossa freqüência cardíaca, a pressão arterial e a quantidade de hormônios relacionados ao *stress*. Ela pode ajudar a reduzir a ansiedade da menopausa e a induzir um sono tranqüilo em mulheres que sofrem de insônia.

A música *pop* ou *gospel* pode elevar o humor e fazer com que sintamos vontade de cantar e dançar. Ela pode ser um poderoso agente de cura para mulheres que apresentem uma tendência para o desânimo e a depressão nos anos da menopausa.

Até mesmo fitas gravadas com sons da natureza, como as ondas do mar e o ruído da chuva caindo, podem favorecer um estado de espírito sereno e relaxado. Recomendo enfaticamente o uso de música instrumental adequada ao seu humor como um instrumento eficaz para a redução do *stress* na menopausa. Ouça-a regularmente em casa ou no carro, enquanto estiver dirigindo.

Luz

A depressão e um nível menor de energia podem fazer com que a menopausa se transforme numa fase infeliz para as mulheres mais vulneráveis. Isso é especialmente verdadeiro no inverno, quando os dias são mais curtos e temos menos acesso à luz solar. As pesquisas médicas demonstraram que o humor pode ser dramaticamente elevado com o uso de lâmpadas fluorescentes de amplo espectro. Lâmpadas incandescentes que produzem luz semelhante à do dia podem ser adquiridas na Durotest Corporation, em North Bergen, Nova Jersey. Recomendo o uso dessas luzes para ampliar as horas de luz solar, de modo que você possa simular de forma aproximada a exposição à luz solar que ocorre no verão. Você possivelmente irá perceber que o seu humor irá melhorar e você se sentirá muito mais feliz.

A luz de espectro total também pode ajudar a melhorar a absorção do cálcio através do aumento dos seus níveis de vitamina D. Essa pode ser uma medida útil para prevenir a osteoporose. Em boa parte das lâmpadas fluorescentes utilizadas na iluminação de interiores predomina uma determinada porção do espectro luminoso. Como é muito mais saudável a exposição ao espectro total, eu recomendaria a todas as mulheres o uso de lâmpadas de espectro total. Se isso não for possível, você pode aumentar a exposição à luz de espectro total abrindo as janelas e as persianas, acordando mais cedo e passando mais tempo ao ar livre.

Montando o Seu Programa de Relaxamento

Este capítulo ensinou a você muitas maneiras de reprogramar a mente e o corpo a fim de ajudar a fazer com que a menopausa se torne um período agradável e tranqüilo. Faça cada exercício pelo menos uma vez. Faça experiências com eles até encontrar a combinação que funciona para você. A execução de todos os sete não demorará mais do que vinte a trinta minutos, dependendo do tempo que você queira dedicar a cada um deles. O ideal é que os exercícios sejam executados regularmente, durante pelo menos alguns minutos por dia. Ao longo do tempo, eles irão ajudá-la a compreender melhor as suas crenças negativas e a transformá-las em algo positivo. Sua capacidade de lidar com o *stress* deverá melhorar muito.

Sugestões de Leitura

Benson, Robert, e Miriam Klipper. *Relaxation Response.* Nova York: Avon, 1976.

Brennan, Barbara Ann. *Hands of Light*. Nova York, 1987. [*Mãos de Luz*, publicado pela Editora Pensamento, São Paulo 1990.]

Davis, Martha Mckay, e Mathew e Elizabeth Eshelman. *The Relaxation and Stress Reduction Workbook*. Oakland, CA: New Harbinger Publications, 1982.

Gawain, Shakti. *Creative Visualization*. San Raphael, CA: New World Publishing, 1978. [*Visualização Criativa*, publicado pela Editora Pensamento, São Paulo, 1990.]

Gawain, Shakti. *Living in the Light*. Mill Valley, CA: Whatever Publishing, 1986. [*Vivendo na Luz*, publicado pela Editora Pensamento, São Paulo, 1991.]

Kripalu Center for Holistic Health. *The Self-Health Guide*. Lenox, MA: Kripalu Publications, 1980.

Loehr, James, e Jeffrey Migdow. *Take a Deep Breath*. Nova York: Villard Books, 1986.

Miller, Emmett. *Self Imagery*. Berkeley, CA: Celestial Arts, 1986.

Ray, Sondra. *I Deserve Love*. Berkeley, CA: Celestial Arts, 1976.

Ray, Sondra. *The Only Diet There Is*. Berkeley, CA: Celestial, 1981.

CAPÍTULO 12
Exercícios Físicos e Menopausa

O exercício físico é uma das atividades mais benéficas a que as mulheres podem se dedicar nos anos da menopausa. Ele pode ajudar a aliviar e a prevenir muitos dos sintomas da menopausa, tais como ondas de calor e suores noturnos, atrofia e irritação da vagina e do trato urinário, depressão, insônia e osteoporose, bem como diminuir os fatores de risco para as doenças cardiovasculares. Ele também pode ajudar a retardar a degeneração física normal que acompanha o envelhecimento de outras partes do corpo, tais como pele, pulmões, aparelho digestivo, sistema nervoso, além do acúmulo de gordura. Muitos dos sinais de envelhecimento devem-se na verdade à falta de atividade física. Um estilo de vida sedentário, com pouca movimentação física, favorece a má circulação, falta de ar, rigidez, fraqueza, fadiga e depressão. Vamos examinar o modo como o exercício pode reduzir os sintomas da menopausa e melhorar a sua saúde.

Ondas de Calor e Alterações na Vagina e na Bexiga durante a Menopausa

Nos anos da menopausa, as mulheres freqüentemente apresentam ondas de calor e suores noturnos, bem como adelgaçamento, irritação e sensibilidade na bexiga, uretra e vagina. Esses sintomas devem-se em parte à diminuição dos hormônios femininos secretados pelos ovários. Eles também são agravados, todavia, pela diminuição do tônus muscular e pela má circulação na região pélvica. Isso pode ser corrigido por uma atividade física vigorosa, como caminhar, nadar, jogar tênis ou praticar outros esportes que fazem com que os músculos promovam uma vigorosa ação de bombeamento. Isso aumenta o fluxo sangüíneo e o aporte de oxigênio e nutrientes para a região pélvica, ajudando a manter os tecidos saudáveis e flexíveis. A atividade sexual, seja através das relações sexuais, seja da masturbação, pode fazer você sentir-se melhor. Pela mesma razão, mulheres que permanecem sexualmente ativas apresentam menos sinais de envelhecimento vaginal do que as mulheres celibatárias. Até mesmo o toque feito com carinho – através de massagens ou de carícias aplicadas a todo o corpo – pode melhorar a circulação na região pélvica. Essa medida promove o relaxamento muscular e melhora a circulação, além de poder ser facilmente praticada por casais, os quais podem proporcionar muito prazer um ao outro, aprendendo essas técnicas simples de massagem. (Um bom manual para iniciantes é o *The Book of Massage*, de Lidell e Thomas, Fireside Publications.) Mulheres sem parceiros podem trocar massagens com amigas.

Os exercícios aplicados na região pélvica podem melhorar o controle da bexiga e aumentar a elasticidade vaginal e o prazer sexual. O dr. Arnold Kegel desenvolveu na década de 40 um conjunto de exercícios que todas as mulheres deveriam praticar durante os anos da menopausa. Os exercícios de Kegel fortalecem os músculos que envolvem a uretra, a vagina e o ânus. As mulheres que realizam esses exercícios com freqüência acreditam que têm mais consciência da própria vagina, mais sensibilidade na região pélvica e mais prazer sexual. Elas também notaram uma redução do escape de urina quando tossem, espirram ou riem.

Os exercícios de Kegel são simples e de fácil execução. Eles podem ser feitos em qualquer posição – com a pessoa sentada, de pé ou deitada. Eles podem ser realizados da seguinte forma:

- Puxe para cima os músculos vaginais, mantenha-os assim por três segundos e, em seguida, relaxe-os. Repita o processo cinco vezes.
- Então, comprima com firmeza os músculos da vagina, mantenha-os assim por três segundos e, então, relaxe. Repita o processo cinco vezes.

Alteração do Humor na Menopausa

O exercício pode trazer um alívio importante para as mulheres que apresentam ansiedade, irritabilidade ou insônia na menopausa. A prática regular de exercícios promove uma sensação de calma e relaxamento por ajudar a equilibrar o sistema nervoso autônomo. Ela também proporciona uma forma eficaz de descarregar o padrão hiperativo de "luta ou fuga" que algumas mulheres experimentam durante a menopausa em virtude das alterações em seus hormônios e na química do corpo. Muitas mulheres têm uma profunda sensação de paz e bem-estar depois de se exercitarem. Essa resposta talvez se deva a um aumento na produção de endorfinas, substâncias químicas produzidas pelo cérebro que apresentam um efeito semelhante ao dos opióides e que, conforme se acredita, produzem o "barato dos corredores", experimentado por muitos maratonistas. Um outro benefício dos exercícios é a promoção de um sono profundo e reparador – algo realmente importante para muitas mulheres que sofrem com a insônia durante a menopausa. Os exercícios também podem ser úteis para as mulheres que apresentam o problema oposto: depressão e fadiga na menopausa. Elas se queixam de que, quando os seus níveis hormonais caem, sua alegria de viver também diminui. Exercícios vigorosos aumentam o aporte de sangue para o cérebro, para as glândulas endócrinas e para o aparelho reprodutor feminino. Eles ajudam estes sistemas a operarem de forma mais eficiente e podem realmente aumentar o nível de energia e aliviar a depressão.

Osteoporose

Estudos médicos mostram que o exercício físico, junto com a ingestão de vitamina D e cálcio, é um importante fator de prevenção da osteoporose. Quando as pessoas estão fisicamente ativas, o cálcio é usado com eficiência pelo corpo para o crescimento e a manutenção dos ossos. A falta de exercício faz com que as pessoas percam massa óssea e muscular. Isso é verdadeiro até mesmo para pessoas jovens que ficam confinadas ao leito por causa de uma doença. Tanto a parte de cima quanto a parte de baixo do corpo devem ser exercitadas para fazer com que os ossos se mantenham fortes e grossos. Para as mulheres que estão passando pelos anos da menopausa, exercícios como uma caminhada enérgica diária, dançar, correr ou jogar golfe constituem as melhores maneiras de manter a densidade óssea na parte inferior do corpo. Para fortalecer a parte de cima, exercícios com pesos de 1 kg a 1,5 kg podem ser muito úteis. Outras atividades que podem fortalecer a parte de cima do corpo são o tênis e outros esportes praticados com raquete, jardinagem e, até mesmo, erguer pequenos objetos em casa, como livros ou panelas. O mais importante é continuar se movimentando. Caminhe em vez de sentar, suba as escadas em vez de ir pelo elevador. Evite ficar sentada por muito tempo durante o dia, seja numa escrivaninha, em frente do televisor ou, mesmo, lendo ou jogando cartas. Intercale ao longo do dia pequenas sessões de "alongamento e movimentação" – até mesmo cinco ou dez minutos podem ser muito benéficos. Essa prática deve ser acrescentada aos seus exercícios físicos diários.

Doenças Cardíacas

O exercício pode ajudar a prevenir as doenças cardíacas. Juntamente com uma alimentação com pouca gordura, o exercício é agora prescrito rotineiramente pelos médicos para as pessoas com elevado risco de desenvolvimento de doenças cardíacas ou que estão-se recuperando de um ataque cardíaco. O exercício ajuda a condicionar o coração e os pulmões, fazendo com que trabalhem de forma mais eficiente. O coração saudável é uma bomba em bom estado de funcionamento. Ele bate lenta e vigorosamente, bombeando para o corpo, a cada batida, uma quantidade de sangue maior do que a que poderia ser impulsionada por um sistema comprometido. Os pulmões também funcionam de forma mais eficiente com o exercício. Eles conseguem expandir-se mais plenamente, aumentando à captação de oxigênio. O exercício também ajuda a dilatar e a expandir a rede de vasos sangüíneos do corpo, permitindo que uma maior quantidade de sangue chegue até os músculos e aos órgãos vitais. Ele também ajuda a prevenir a formação de coágulos sangüíneos e reduz os níveis de gordura nos vasos. Coração e pulmões saudáveis significam maior resistência e energia física. Você consegue executar suas atividades diárias mais facilmente e com uma sensação de vigor e bem-estar. Os exercícios que ajudam a condicionar o coração e o pulmão a trabalhar de forma mais eficiente e a otimizar a utilização de oxigênio durante as atividades físicas são chamados de exercícios *aeróbicos*.

O melhor exercício aeróbico para fortalecer o coração e os pulmões é caminhar regularmente cerca de 5 quilômetros por dia. Muitas vezes, essa é a atividade física mais acessível para pessoas que não dispõem de uma academia de ginástica perto de casa ou que não têm tempo ou meios para freqüentá-la. Caminhar não custa nada e, para fazê-lo, basta sair pela porta. Se possível, caminhe por um lugar agradável, em seu bairro ou perto de um parque ou de uma escola. Outras atividades que beneficiam o coração e os pulmões são natação, tênis e dança. Uma bicicleta estacionária é útil quando o tempo está ruim. Um programa de condicionamento cardiovascular deve ser executado gradualmente, em especial se já faz algum tempo que você não se exercita.

Recomendo enfaticamente que você procure um médico para submeter-se a uma avaliação de risco cardiovascular. Isso é especialmente importante caso você tenha uma história anterior de doença cardiovascular, diabetes melito ou hipertensão arterial. O seu médico poderá identificar quaisquer problemas em potencial e ajudá-la a definir o seu programa de exercícios.

Controle de Peso e Aparência

Nos anos da menopausa, o exercício é importante para manter o seu peso sob controle. À medida que as nossas glândulas endócrinas (tais como a tireóide e a hipófise) e o nosso aparelho digestivo envelhecem, tendemos a diminuir o nosso ritmo e a metabolizar os alimentos com menos eficiência. Necessitamos de uma quantidade menor de calorias para manter o mesmo peso. As mulheres sedentárias e com excesso de peso queixam-se da necessidade de comer refeições cada vez menores para poderem manter o peso. Mulheres mais velhas e que desejam evitar o ganho de peso acabam fazendo dieta o tempo todo para prevenir a "gordura da meia-idade". Isso não é realmente necessário se você combinar um programa de exercícios ativo com uma dieta saudável e nutritiva, como, por exemplo, a dieta para a menopausa, descrita no Capítulo 5. Os exercícios permitem que você mantenha o peso com muito mais facilidade porque eles contribuem para a queima de calorias e estimulam o seu metabolismo. Um programa regular de exercícios aeróbicos – como caminhadas, dança, natação ou outras atividades –, somado à prática de exercícios de alongamento, é fundamental para manter o seu peso sob controle e ajudá-la a ter uma boa aparência e a sentir-se bem. Um programa regular de exercícios também contribui para a sua boa aparência ao ajudar a preservar os atraentes contornos do corpo, enrijecendo os seus músculos e melhorando sua pele. Os exercícios aumentam o fluxo de sangue para a pele, ajudando-a a manter-se rosada, macia e elástica. A pele de uma mulher que não se exercita tende a ser pálida.

É importante, todavia, que a mulher não tente se manter magra demais no início da menopausa. Mulheres assim têm níveis mais baixos de estrogênio e correm um maior risco de apresentar problemas como osteoporose e ondas de calor. Procure manter um peso e uma aparência que sejam atraentes e evite os extremos... nem obesa nem magra demais. Defina o seu peso desejado e o seu programa de exercícios num nível com o qual você se sinta bem, que seja fácil de manter e lhe pareça adequado.

Tabela de Atividades

Exercícios para a parte inferior do corpo	Caminhada *Jogging* Ciclismo Marcha rápida
Exercícios para a parte superior do corpo	Tênis Esportes de raquete
Exercícios para o corpo todo	Natação Dança Tênis Esportes de raquete Golfe (andando)

Exercícios para dar flexibilidade	Yoga T'ai chi Dança
Exercícios para ganhar músculos	Levantamento de pesos

Benefícios do Exercício

- Ajuda a aliviar as ondas de calor e as alterações da vagina e da bexiga durante a menopausa
- Ajuda a prevenir a osteoporose
- Alivia a ansiedade, a irritabilidade, a insônia e a depressão
- Condiciona o coração, os pulmões e os músculos
- Ajuda a prevenir as doenças cardíacas
- Ajuda a controlar o peso, melhora a aparência
- Melhora a função dos órgãos vitais, como o aparelho digestivo e o sistema nervoso
- Melhora a força, a disposição e a flexibilidade
- Aumenta o vigor e a energia

Dicas para Permanecer Ativa

- Aumente o tempo que você dedica às caminhadas todos os dias.
- Use as escadas e não o elevador.
- Se tiver de percorrer uma distância curta, vá caminhando em vez de utilizar o carro.
- Não tente estacionar sempre perto de uma loja ou restaurante. Procure parar a uma certa distância do seu destino.
- Faça os seus exercícios de Kegel em qualquer ocasião em que você estiver em pé ou sentada.
- Planeje encontros com as amigas para realizar uma atividade em comum. Vocês podem caminhar juntas, por exemplo, ou visitar um parque. As atividades sociais nem sempre precisam ser planejadas em torno de atividades sedentárias, como refeições ou jogos de cartas.
- Nas atividades sedentárias, como assistir à televisão ou ler, não se esqueça de fazer pequenas pausas para praticar exercícios de alongamento ou flexibilidade durante cinco minutos.
- Planeje um programa regular de exercícios que inclua algumas atividades aeróbicas – como caminhar, andar de biclicleta, nadar ou jogar tênis – e também exercícios de flexibilidade.

Aptidão Geral e Exercícios de Flexibilidade para a Menopausa

O seguinte conjunto de exercícios irá lhe proporcionar um programa de auto-ajuda que você poderá usar para promover mobilidade, flexibilidade e relaxamento. Esses exercícios suaves são particularmente úteis para as mulheres durante os anos da menopausa porque ajudam a soltar todas as articulações do corpo, reduzindo a rigidez e a sensibilidade.

A prática regular desses exercícios também irá ajudar a melhorar seu vigor e nível de energia. Eles podem ser usados como aquecimento para exercícios específicos que irão ajudá-la a corrigir os seus sintomas da menopausa. Eles também podem ser usados para aquecer músculos tensos e retesados antes de você praticar esportes ou participar de eventos atléticos.

Faço esses exercícios pela manhã, logo que saio da cama. Eles ajudam a relaxar o meu corpo, permitindo que eu comece bem o dia. Descobri que eles chegam até mesmo a influenciar minha animação e entusiasmo para cumprir as tarefas do dia.

Como Realizar os Exercícios de Aptidão Geral e de Flexibilidade

1. Esses exercícios devem ser feitos na primeira ou nas duas primeiras semanas do seu programa. Experimente fazer cada exercício de aquecimento pelo menos uma vez e, então, organize a sua própria rotina. Você poderá vir a descobrir que quer realizar todos eles regularmente ou, então, apenas alguns deles. Os exercícios de aquecimento deverão ser realizados antes de você praticar qualquer esporte ou modalidade de atletismo.

2. Os exercícios devem ser feitos com calma e sem pressa. Certifique-se de reservar tempo suficiente para eles – pelo menos trinta minutos – de modo que você não se sinta pressionada pelo tempo. O local onde você vai fazer os exercícios deve ser silencioso, tranqüilo e amplo.

3. Escolha uma área plana e trabalhe sobre uma esteira ou cobertor. Isso irá fazer com que você se sinta mais confortável enquanto estiver realizando os exercícios.

4. Use roupas largas e confortáveis. É melhor ficar sem meias para dar aos pés completa liberdade de movimento e prevenir possíveis escorregões.

5. Esvazie o intestino e a bexiga antes de começar a exercitar-se. Depois de comer, espere pelo menos duas horas antes de começar a se exercitar.

6. Procure praticar esses movimentos regularmente. O melhor é uma sessão curta todos os dias. Se isso não for possível, tente praticá-los em dias alternados.

7. Preste atenção às instruções iniciais ao começar um exercício. Observe a posição do corpo, conforme mostrada nas fotografias. Isso é muito importante porque a probabilidade de você obter alívio para os seus sintomas é muito maior se o exercício for praticado corretamente.

8. Procure visualizar o exercício em sua mente e, então, movimentar o corpo da forma correta.

9. Execute o exercício com movimentos lentos. Isso irá ajudar a aumentar a flexibilidade dos músculos e a prevenir a ocorrência de lesões.

10. Sempre descanse por alguns minutos depois de praticar os exercícios.

Aptidão Geral e Flexibilidade

Exercício 1: Respiração Abdominal Profunda

A respiração correta é essencial para que tenhamos um relaxamento profundo, energia abundante e controle do *stress*. Isso significa respirar de forma lenta e profunda, expandindo os pulmões e o abdome. Os exercícios seguintes irão ajudá-la a fazer isto.

1. Deite-se de costas, com os joelhos levantados. Mantenha os pés ligeiramente afastados um do outro. Inspire e expire pelo nariz.

2. Inspire profundamente. Ao inspirar, deixe o seu estômago relaxar, de modo que o ar flua para dentro do abdome. Seu estômago deverá inflar-se quando você inspirar. Visualize a parte inferior dos pulmões enchendo-se de ar.

3. Imagine que o ar que você respira está enchendo o seu corpo de energia.

4. Expire profundamente. Ao expirar, imagine o ar sendo empurrado para fora, desde a base até a parte de cima dos pulmões, como se um tubo de pasta de dente estivesse sendo espremido.

Exercício 2: Flexibilidade das Articulações

Rigidez e sensibilidade nos músculos e articulações são comuns à medida que a mulher envelhece. Isso geralmente se deve à inatividade, maus hábitos posturais, padrões crônicos de lesão e doenças.

O exercício que se segue destina-se a remediar esses problemas, melhorando a amplitude de movimentos e a flexibilidade de todas as grandes articulações do corpo. O alongamento suave dos músculos localizados em torno da articulação irá ajudar a reduzir a tensão e o *stress*. Acredita-se que esses alongamentos também abrem e estimulam os meridianos da acupuntura, segundo Motoyama, um conhecido pesquisador japonês, descreveu em seu livro, *Theories of the Chakras: Bridge to Higher Consciousness.*

1. Sente-se no chão, com as pernas estiradas diante de si. Coloque as mãos ao lado do corpo.

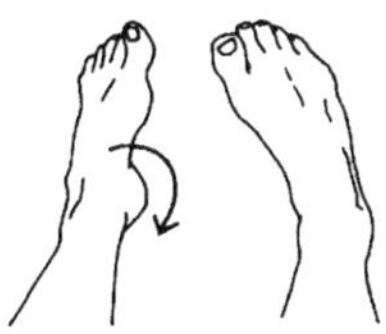

2. **Artelhos:** Flexione e estenda os artelhos, sem movimentar os pés ou tornozelos. Repita 10 vezes.

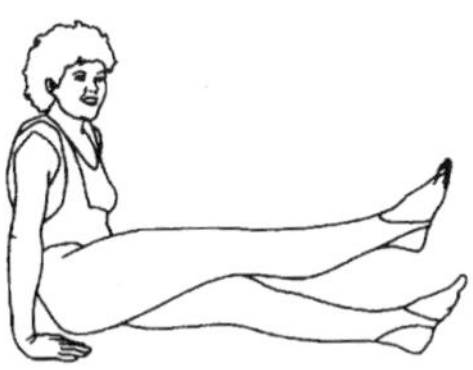

3. **Tornozelos:** Flexione e estenda lentamente a articulação dos tornozelos. Repita 10 vezes. Afaste ligeiramente os pés e execute movimentos de rotação dos pés, 10 vezes em cada direção. Certifique-se de manter os calcanhares encostados no chão.

4. **Joelhos:** Ainda sentada, flexione a perna direita, trazendo o calcanhar para perto da nádega direita. Em seguida, erga a perna direita, endireitando o joelho direito. Repita 10 vezes. Então, execute o mesmo exercício na perna esquerda.
   Segure a coxa perto do peito com as duas mãos. Faça um movimento de rotação com a perna, 10 vezes no sentido horário e 10 vezes no sentido anti-horário. Repita com a perna esquerda.

5. **Quadris:** Dobre a perna esquerda de modo que você possa colocar o pé esquerdo sobre a coxa direita. Segure o joelho esquerdo com a mão esquerda e o tornozelo esquerdo com a mão direita. Usando a mão esquerda, mova suavemente o joelho esquerdo para cima e para baixo. Repita com a perna direita.

Continuando sentada na mesma posição, gire o joelho esquerdo 10 vezes no sentido horário e 10 vezes no sentido anti-horário. Isso melhora a flexibilidade das articulações do quadril. Repita o mesmo exercício com o lado direito.
Ainda sentada, una as plantas dos pés, levando os calcanhares para perto do corpo. Usando as mãos, encoste os joelhos no chão e, então, deixe-os subir novamente. Repita 10 vezes.

6. **Dedos:** Sente-se no chão, as pernas estiradas à sua frente. Erga os braços até a altura dos ombros, mantendo-os retos. Abra as mãos. Flexione os dedos, fechando-os sobre os polegares para formar um punho. Repita 10 vezes.

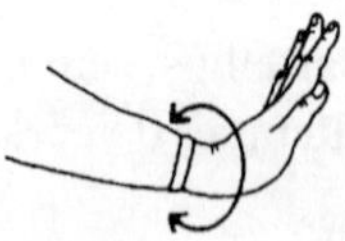

7. **Punhos:** Em seguida, flexione e estenda as mãos. Repita 10 vezes.
Sentada na mesma posição, gire os pulsos no sentido horário e anti-horário. Repita 10 vezes.
Sentada na mesma posição, mantenha as mãos estendidas e movimente as mãos de um lado para o outro, usando a articulação do pulso.

8. **Cotovelos:** Continuando sentada, estire os braços na altura do ombro, as palmas voltadas para cima. Em seguida, dobre os braços de modo que os dedos toquem os ombros, e endireite os braços novamente. Repita 10 vezes com os braços para a frente e 10 com os braços estendidos para os lados.

9. **Ombros:** Ainda sentada, com os braços dobrados e os dedos tocando os ombros, faça um movimento circular com os cotovelos. Repita 10 vezes no sentido horário e 10 no sentido anti-horário.

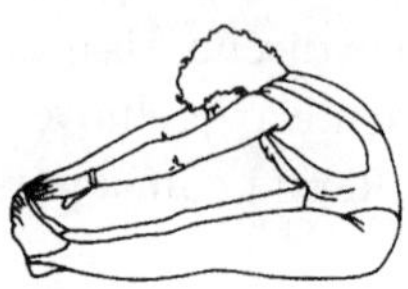

10. **Coluna:** Continue sentada e com as pernas juntas e esticadas. Incline-se para a frente e toque suas pernas sem curvar os joelhos. Repita 20 vezes.

11. **Cintura:** Fique em pé. Lentamente, incline-se para a frente e toque os artelhos curvando a cintura. Tente não dobrar os joelhos. Repita 10 vezes.

    Continue em pé e afaste os pés cerca de 60 centímetros. Incline-se para o lado esquerdo, passando o braço direito sobre sua cabeça. Repita 5 vezes e, então, curve-se para o seu lado direito, o braço esquerdo passando por sobre a sua cabeça.

Exercício 3: Redução da Tensão Muscular, Aumento do Nível de Energia

Este conjunto de exercícios é excelente para eliminar a tensão muscular, melhorando a circulação a aumentando a sua energia. Você talvez venha a ter uma sensação de vigor e vitalidade ao completar esse conjunto de exercícios. Os movimentos pélvicos são particularmente úteis para melhorar o fluxo de sangue, de oxigênio e de nutrientes para essa região, o que poderá ajudar a resolver problemas típicos da menopausa, como vaginite atrófica e ondas de calor.

À medida que a sua força e flexibilidade forem melhorando, você talvez queira executar os diversos passos de forma mais vigorosa. No início, todavia, você deve executar todos os passos lentamente e *nunca* forçar demais, pois isso pode causar distensões musculares e outras lesões.

1. **Pernas e Bacia:** Fique de pé, as pernas a cerca de 60 centímetros uma da outra. Posicione os pés num ângulo confortável. Dobre os joelhos lentamente e abaixe as nádegas até elas ficarem no nível dos joelhos. Movimente-se para cima e para baixo 10 vezes.

2. **Pernas e Bacia:** Fique de pé, com uma distância de 60 centímetros entre as suas pernas e os pés apontados para a frente. Faça a bacia oscilar para a frente e para trás. Repita 10 vezes.

3. **Pernas e Bacia:** Mova os quadris e a bacia de um lado para o outro. Deixe o tronco e os braços balançarem para o lado oposto, como se você estivesse dançando.

4. **O Corpo Todo** (especialmente o tronco e as extremidades): Pule sem sair do lugar durante alguns minutos. Deixe os braços se movimenta-

rem livremente para cima e para baixo. Ao pular, dobre os pulsos para fora e eleve os braços acima da cabeça para liberar a tensão dos ombros e dos braços.

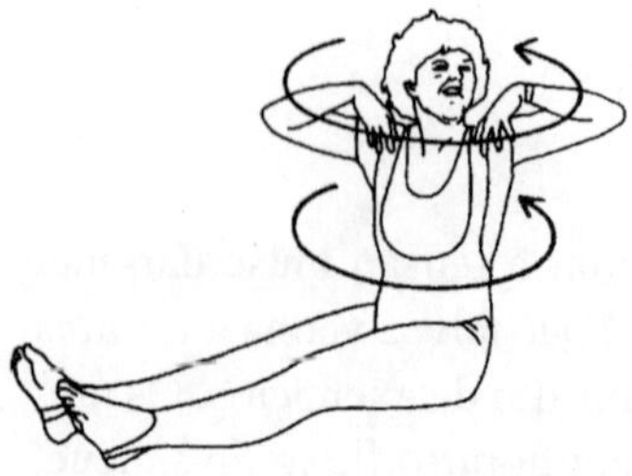

5. **Ombros, Pescoço e Tronco:** Sente-se com as pernas à frente do corpo. Levante os braços até ficarem no nível dos ombros, dobrando os cotovelos. Coloque as mãos sobre os seus ombros, com os dedos apontando para a frente e o polegar para trás. Vire os cotovelos, cabeça e pescoço para a esquerda e, depois, para a direita. Repita 10 vezes. Não se esqueça de deixar o tronco mover-se juntamente com os ombros e os braços.
Mexa os ombros com movimentos circulares, projetando-se para a frente por 10 vezes. Repita os movimentos circulares, projetando os ombros para trás por 10 vezes.
O torso deve acompanhar os ombros, de modo que se sinta certa fluidez nos movimentos.

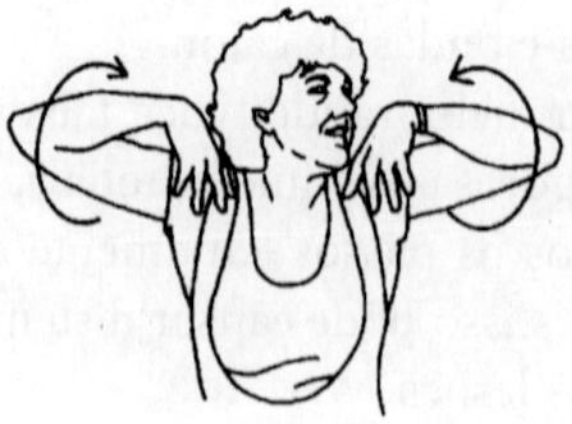

6. **Cabeça e Pescoço:** Continuando em posição sentada, flexione o pescoço para baixo, de modo que o seu rosto fique voltado para o chão. Em seguida, estenda o pescoço para cima, de modo que o seu rosto fique voltado para o teto. Repita lentamente 10 vezes. Depois, vire a cabeça de um lado para o outro (da esquerda para a direita). Repita 10 vezes.

7. **Olhos:** Partindo da posição sentada, olhe direto para a frente. Então, lentamente, movimente os olhos para cima e para baixo e, depois, de um lado para o outro. Repita 10 vezes.

Sugestões de Leitura

Cailliet, Rene, M. D., e Leonard Gross. *Rejuvenating Strategy.* Nova York: Pocket Books, 1987.

Columbo, Franco, D. C., e Anita Columbo, D. C. *Starbodies, The Women's Weight Training Book.* Nova York: E. P. Dutton, 1978.

Goldman, Bob, e Ronald Klatz. *The "E" Factor.* Nova York: Morrow, 1988.
Jerome, John. *Staying Supple.* Nova York: Bantam Books, 1987.
Leen, Edie. *The Complete Women's Training Guide.* Nova York: Macmillan, 1980.
McLish, Rachel, e Vedral Joyce, Ph.D. *Perfect Parts.* Nova York: Warner Books, 1987.
Pinkney, Callan. *Callanetics: 10 Years Younger in 10 Hours.* Nova York: Avon, 1984,
Principal, Vitoria. *The Body Principal.* Nova York: Simon & Schuster, 1983.
Tobias, Maxine, e Mary Stewart. *Stretch and Relax.* Tucson, AZ: The Body Press, 1985.

CAPÍTULO 13

Massagem por Acupressão

A acupressão é uma terapia tradicional desenvolvida pelos chineses há muitos séculos. Trata-se de um método fácil de usar e que utiliza a pressão aplicada com as pontas dos dedos em pontos específicos do corpo para ajudar a prevenir doenças. A acupressão pode ser muito útil para aliviar os sintomas da menopausa e os problemas relacionados com o envelhecimento.

Este método de tratamento baseia-se na crença de que existe dentro do corpo uma energia vital ou "biocampo". A energia vital é chamada de *chi*. Ela é diferente e, no entanto, semelhante à energia eletromagnética. A saúde é vista como um estado em que o *chi* existe em quantidade suficiente e acha-se distribuído por igual em todo o corpo. Acredita-se que ele energize todas as células e tecidos do corpo.

Acredita-se que essa energia vital se distribua por todo o corpo através de canais chamados meridianos. Esse sistema de distribuição é análogo ao dos vasos sangüíneos e linfáticos, a não ser pelo fato de que estes últimos distribuem fluido enquanto os meridianos distribuem uma energia sutil. Os meridianos levam energia pelo corpo como rios invisíveis fluindo profundamente para seu interior através de sistemas de órgãos e, às vezes, ao longo da superfície da pele. O local onde a energia vem à superfície, na pele, é conhecido como ponto de acupuntura. Nesses pontos, a resistência elétrica da pele é um pouco diferente daquela da pele circundante.

Supõe-se que a doença ocorra quando o fluxo de energia através dos meridianos cessa ou é bloqueado. Neste caso os sistemas de órgãos correspondentes aos meridianos manifestam os sintomas da doença. O fluxo pelos meridianos pode ser corrigido mediante a estimulação dos pontos situados na superfície da pele. Esses pontos podem ser tratados por massagens manuais, pela inserção de agulhas ou por estímulos elétricos. Quando o fluxo normal de energia através do corpo é restabelecido, acredita-se que o corpo se cure espontaneamente.

A estimulação dos pontos de acupressão pode ser usada para ajudar a aliviar os sintomas da menopausa. A maneira mais simples e eficaz é usar a pressão do dedo. Isso pode ser feito por você ou por uma amiga, seguindo instruções simples. Trata-se de um procedimento seguro, indolor e que não requer o uso de agulhas. Ele pode ser usado sem os anos de treinamento especializado necessários para se fazer a inserção de agulhas.

Tenho usado a acupressão em minhas pacientes no tratamento de muitos problemas, incluindo tensão pré-menstrual, dores de cabeça e distensões musculares, bem como para os sintomas da menopausa. Tenho usado a acupressão em casos difíceis e refratários, onde nada mais parecia funcionar.

Como Fazer a Acupressão

1. A acupressão deve ser feita por você mesma ou por uma amiga quando você estiver se sentindo relaxada. O seu quarto deve estar aquecido e silencioso. As mãos devem estar limpas e com as unhas bem aparadas, para evitar o surgimento de contusões. Se as suas mãos estiverem frias, coloque-as sob água morna.
2. Procure trabalhar o lado do corpo onde o seu desconforto seja maior. Se você tiver um cisto em uma das mamas, por exemplo, trabalhe os pontos desse lado do corpo. Se o desconforto for igual em ambos os lados, trabalhe onde preferir. A aplicação da técnica em um dos lados costuma aliviar os sintomas em ambos os lados. Parece haver uma transferência de energia ou informação de um lado para outro.
3. Mantenha durante um a três minutos uma pressão constante sobre cada um dos pontos indicados no exercício. A pressão deve ser aplicada lentamente, com a ponta ou com a polpa dos dedos. É melhor colocar vários dedos sobre a área do ponto. Se você sentir resistência ou tensão na área sobre a qual estiver aplicando pressão, terá de pressionar com um pouco mais de força. Se as suas mãos começarem a ficar tensas ou cansadas, porém, reduza um pouco a pressão. Certifique-se de que a sua mão fique numa posição confortável. O ponto de acupressão poderá lhe parecer um pouco doloroso. Isto significa que o caminho da energia ou meridiano está bloqueado.

4. Durante o tratamento, esta sensibilidade dolorosa aumentada no ponto de acupressão deve desaparecer. Você também poderá vir a ter a sensação subjetiva de que a energia está se irradiando para dentro de seu corpo a partir desse ponto. Muitas pacientes descrevem esta situação como sendo muito agradável. Não se preocupe se você não sentir isto – não acontece com todo mundo. A meta principal é aliviar os seus sintomas.
5. Respire suavemente enquanto estiver executando estes exercícios.
6. O ponto que você deve pressionar é mostrado nas fotografias que acompanham o exercício. Todos esses pontos correspondem a pontos específicos sobre os meridianos de acupressão.
7. Você poderá massagear os pontos uma ou mais vezes por dia enquanto estiver apresentando sintomas.

Os Exercícios

Exercício 1: Equilíbrio Geral dos Caminhos de Energia

Esta seqüência de pontos equilibra o fluxo de energia de todo o corpo e beneficia muitos dos meridianos. Estes pontos promovem o vigor e a vitalidade e melhoram a saúde geral do corpo. Esta é uma boa seqüência de exercícios para ser realizada antes de você atuar sobre os pontos corretivos específicos para os problemas de saúde femininos.

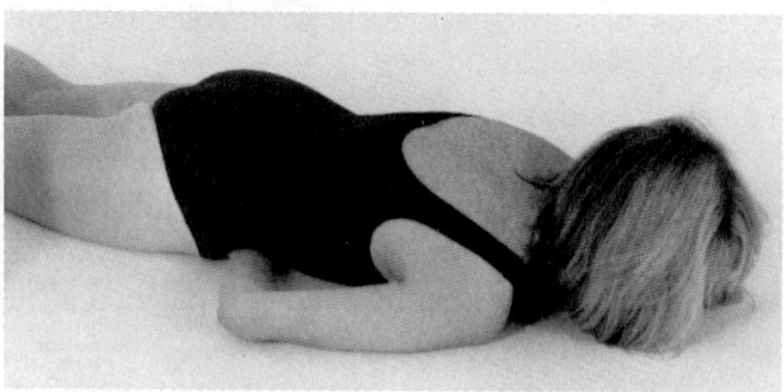

1. Detenha-se em cada passo durante 1 a 3 minutos.

2. Deite-se sobre o estômago.
A mão esquerda pressiona o ponto situado acima do osso púbico e abaixo do umbigo.
A mão direita está colocada sobre a mão esquerda.

Esta fotografia mostra a posição correta das mãos

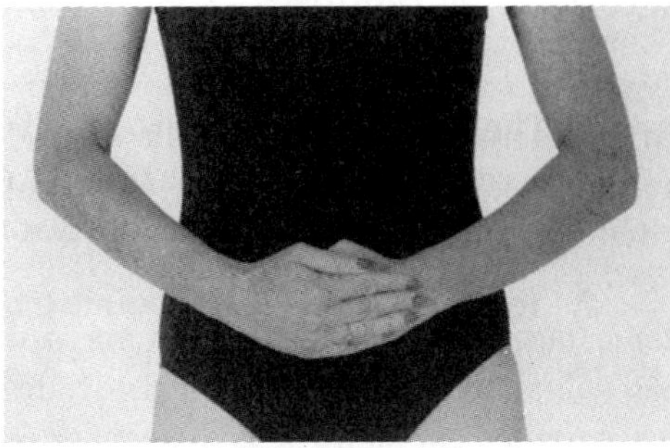

3. Vire-se e deite-se de costas. Coloque ambas as mãos sob a região lombar.
Faça um punho com ambas as mãos. Pressione o punho contra os músculos espessos em forma de corda da região lombar.

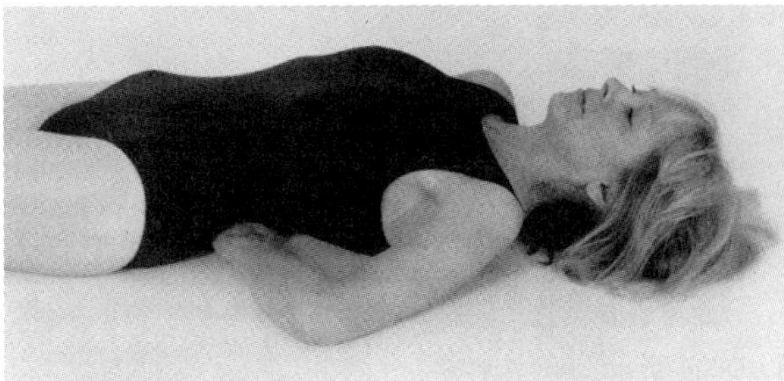

4. Sente-se ereta numa cadeira. Dobre o braço esquerdo na articulação do cotovelo.
A mão direita pressiona um ponto situado cerca de 3 centímetros abaixo da dobra do cotovelo esquerdo.

5. Sente-se ereta numa cadeira. Coloque a mão esquerda sobre o seu colo. A mão direita pressiona um ponto situado cerca de 4 centímetros acima da articulação do pulso, no lado correspondente às costas da mão esquerda.

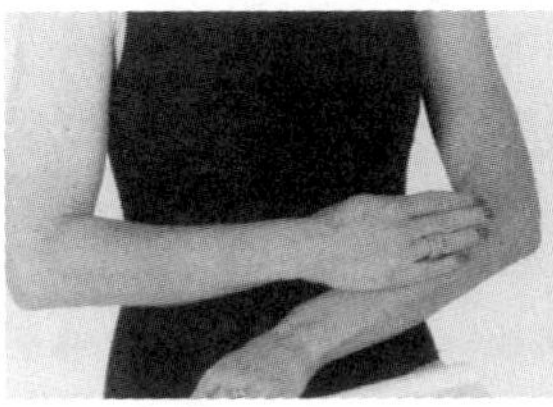

4.

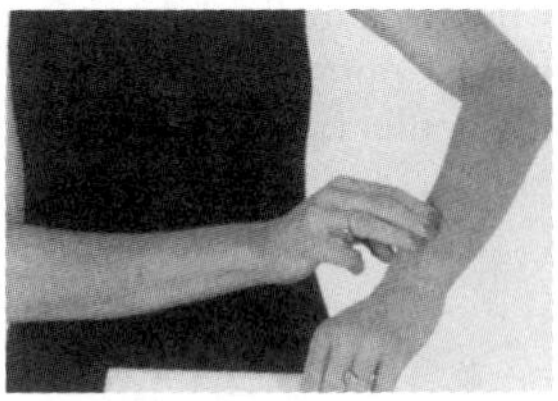

5.

6. Sente-se ereta numa cadeira. A mão esquerda pressiona um ponto situado na parte superior do ombro, a meio caminho entre o pescoço e a borda lateral do ombro.
O ponto está ligeiramente deslocado na direção das costas.

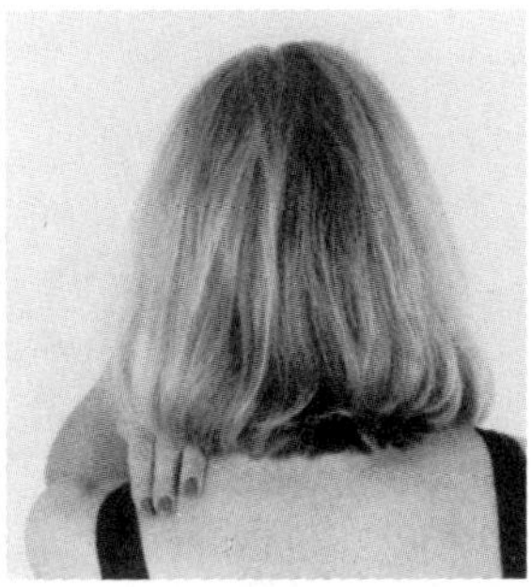

6.

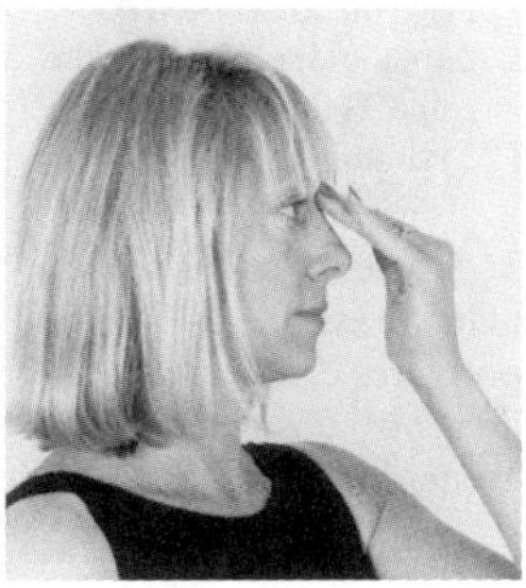

7.

7. Sente-se ereta numa cadeira. A mão esquerda pressiona um ponto entre as sobrancelhas.

Exercício 2: Equilibra Todo o Aparelho Reprodutivo

Este exercício alivia todo incômodo causado pela menstruação e pela menopausa, equilibra a energia do aparelho reprodutor feminino e alivia as dores lombares e o desconforto abdominal. Ele é útil para controlar o sangramento menstrual excessivo e as ondas de calor.

Equipamento. Este exercício usa uma toalha de rosto com um nó para fazer pressão sobre áreas das costas difíceis de alcançar. Coloque a toalha com o nó sob estes pontos enquanto suas duas mãos pressionam outros pontos. Isso aumenta a sua capacidade de desbloquear os caminhos de energia do seu corpo.

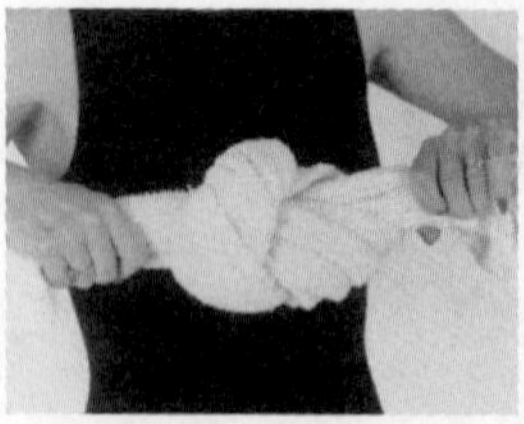

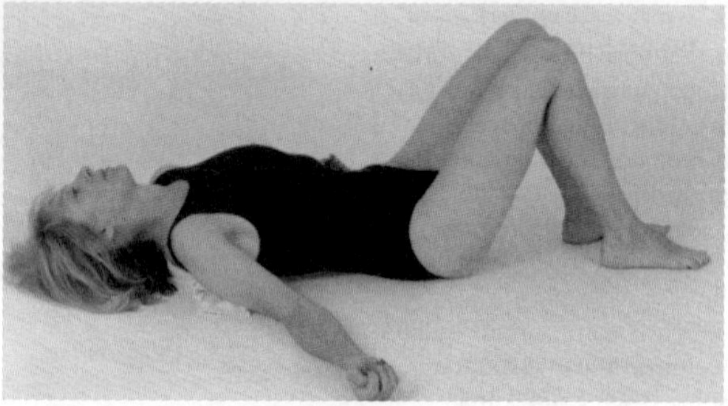

1. Deite-se no chão, os joelhos para cima. Coloque a toalha sobre a coluna, entre as escápulas. Mantenha cada posição por 1 a 3 minutos.

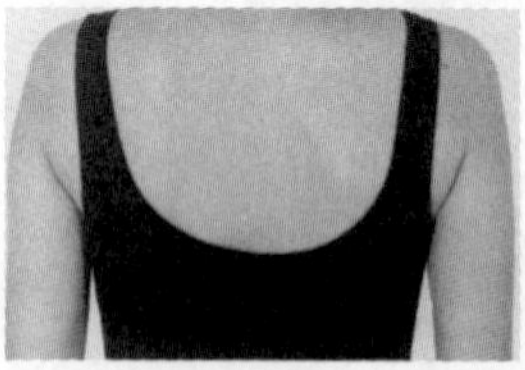

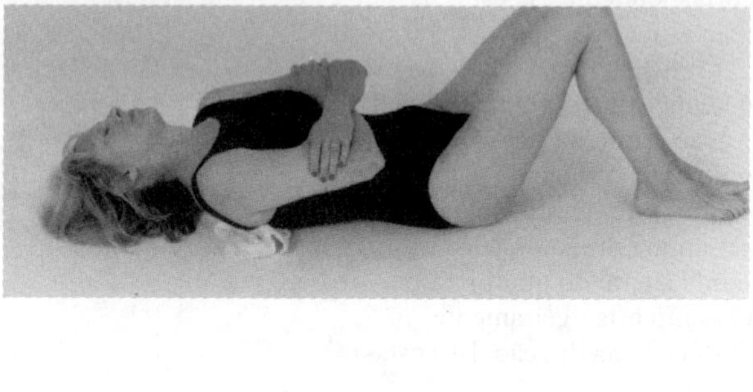

2. Cruze os braços sobre o peito. Pressione os polegares contra a parte de dentro dos braços esquerdo e direito.

3. A mão esquerda pressiona um ponto situado na base do esterno. A mão direita pressiona um ponto na base da cabeça (na junção entre a coluna vertebral e o crânio).

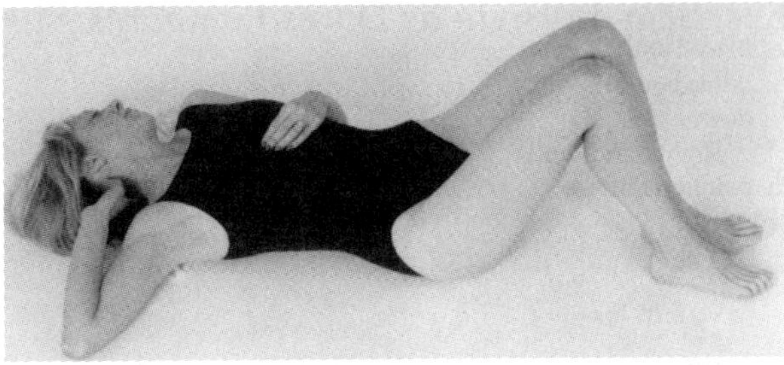

4. Entrelace os dedos. Coloque-os abaixo dos seios. As pontas dos dedos devem fazer pressão contra o corpo.

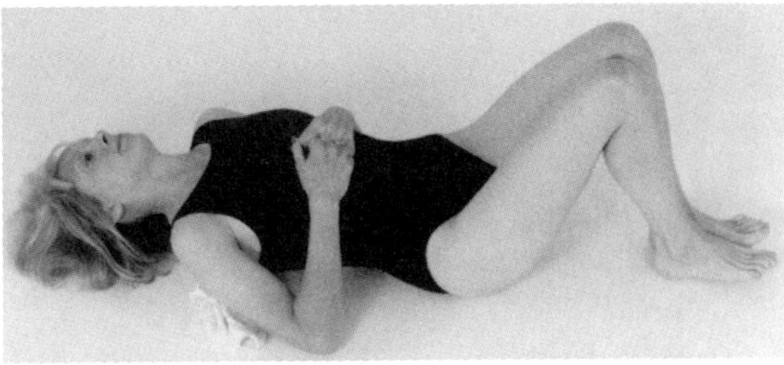

5. Mova a toalha de rosto com nó, fazendo-a descer pela coluna vertebral até chegar à linha da cintura.

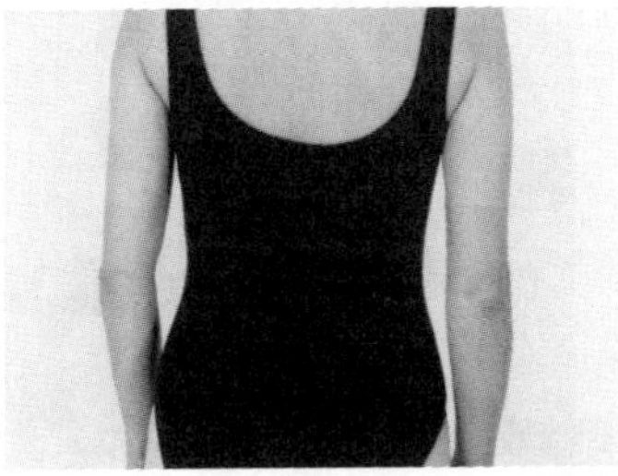

6. A mão esquerda deve ser colocada sobre o osso púbico, fazendo pressão para baixo.
A mão direita pressiona um ponto sobre o cóccix.

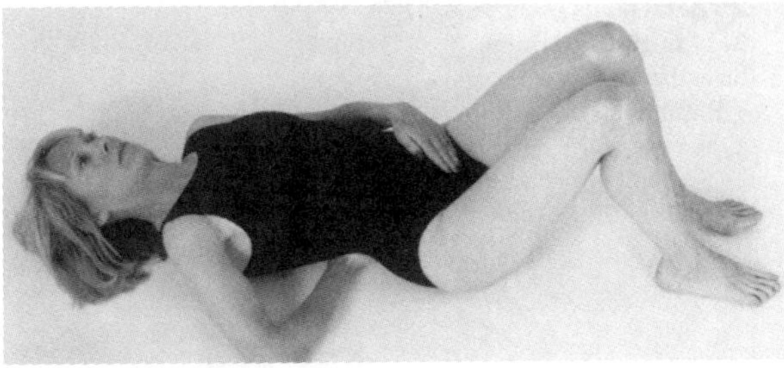

Exercício 3: Alivia as Dores Lombares e as Cãibras

Este exercício normaliza a energia dos órgãos reprodutores ao efetuar o balanceamento dos pontos situados sobre o meridiano da bexiga. Também alivia as dores lombares.

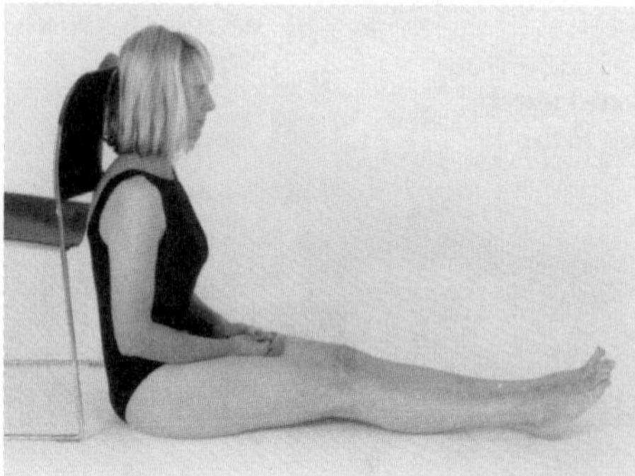

1. Sente-se no chão e apóie suas costas numa parede ou num móvel pesado. Demore-se em cada passo por 1 a 3 minutos.

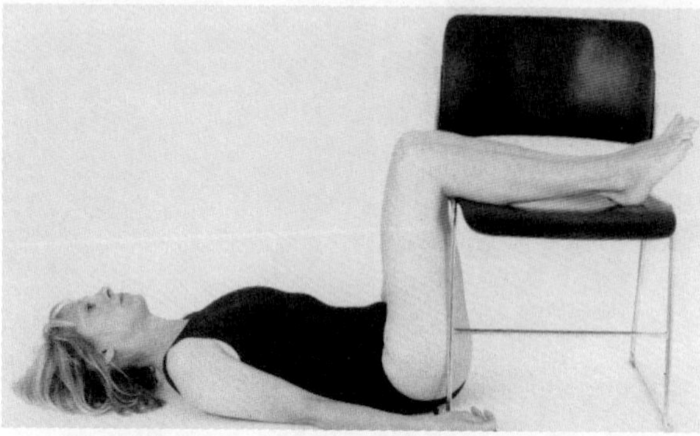

Método Alternativo: Deite-se no chão e apóie as pernas sobre o assento de uma cadeira. Prossiga com o exercício a partir desta posição.

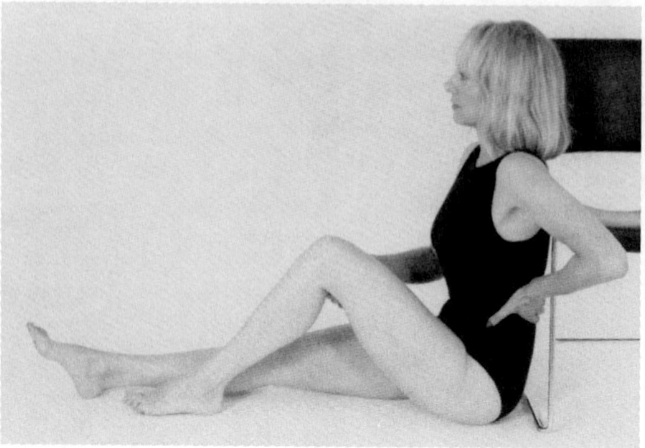

2. Coloque a mão esquerda uns 3 centímetros acima da cintura, sobre o músculo que fica à esquerda da coluna vertebral (o músculo lhe parecerá firme ao tato e semelhante a uma corda). Coloque a mão direita por trás da dobra do joelho esquerdo.

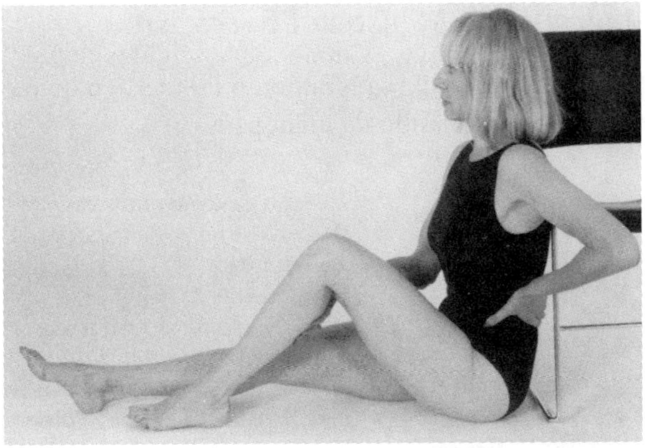

3. A mão esquerda permanece na mesma posição. A mão direita é colocada no centro da parte posterior da panturrilha esquerda. Esta fica logo abaixo da porção mais cheia da panturrilha.

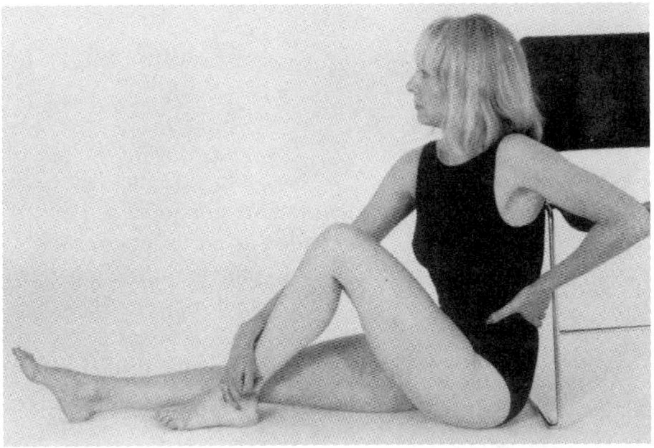

4. A mão esquerda permanece 3 centímetros acima da cintura, no músculo que fica ao lado da coluna.
A mão direita é colocada logo abaixo do osso do tornozelo, na parte externa do calcanhar esquerdo.

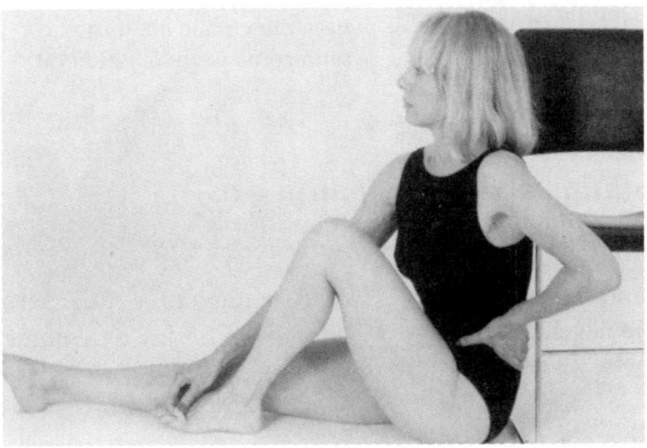

5. A mão esquerda permanece 3 centímetros acima da cintura, sobre o músculo que fica ao lado da coluna.
A mão direita segura a parte da frente e de trás da unha do dedinho do pé esquerdo.

Exercício 4: Alivia o Sangramento Menstrual Excessivo

Este exercício é util para controlar o excessivo sangramento do útero, o qual é comum nas mulheres que estão se aproximando da menopausa.

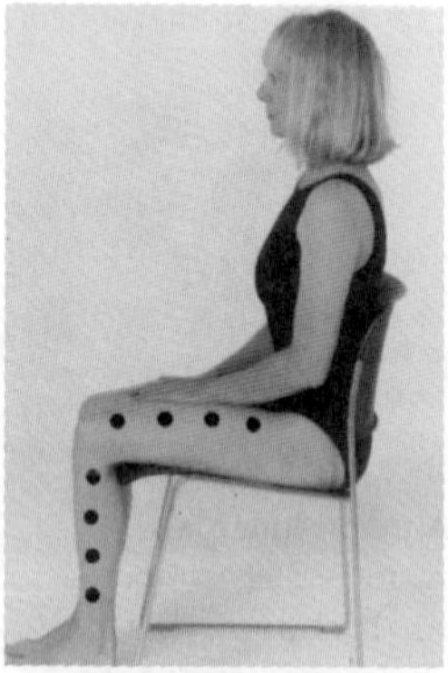

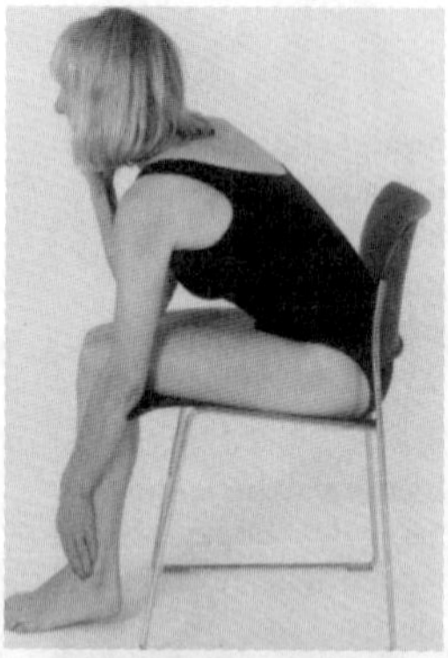

1. Sente-se ereta numa cadeira. Detenha-se em cada passo por 1 a 3 minutos.

Incline-se por sobre a cintura, com a mão esquerda sobre um ponto situado à frente do osso do tornozelo. Mova a mão lentamente ao longo dos pontos situados sobre a perna.

2.

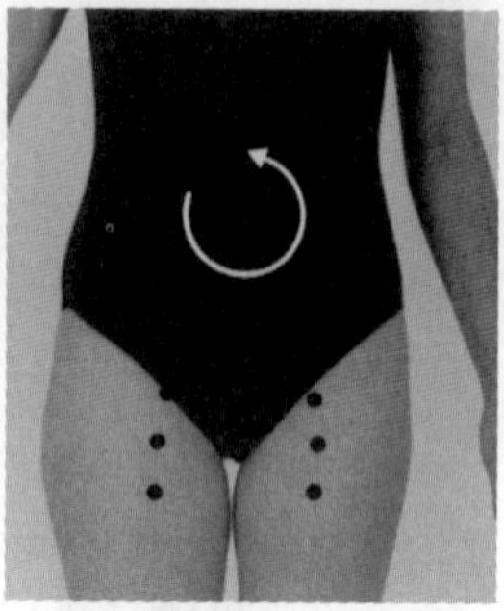

3.

2. Mova a mão esquerda lentamente por sobre os pontos situados na parte superior da coxa. Repita do outro lado com a mão direita.

3. Coloque a mão direita entre os pontos da coxa e suba até ficar acima da virilha. Repita do outro lado com a mão esquerda. Faça um círculo em torno do umbigo no sentido anti-horário.

Exercício 5: Alivia os Sintomas da Menopausa e os Desequilíbrios da Tireóide

1.

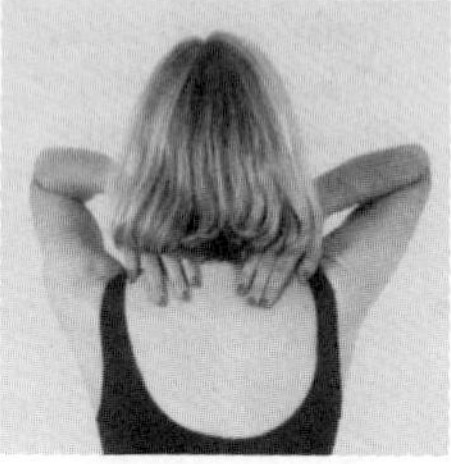

2.

Este exercício é útil para aliviar as ondas de calor e energizar a tireóide.

1. Sente-se ereta numa cadeira. Detenha-se em cada passo durante 1 a 3 minutos.

Coloque as mãos em torno dos ombros, com os polegares fazendo suave pressão em ambos os lados sobre a parte superior das clavículas.

2. Os dedos estão nas costas e fazem pressão contra a parte superior dos ombros e as escápulas.

Exercício 6: Alivia Ondas de Calor

Este exercício alivia as ondas de calor.

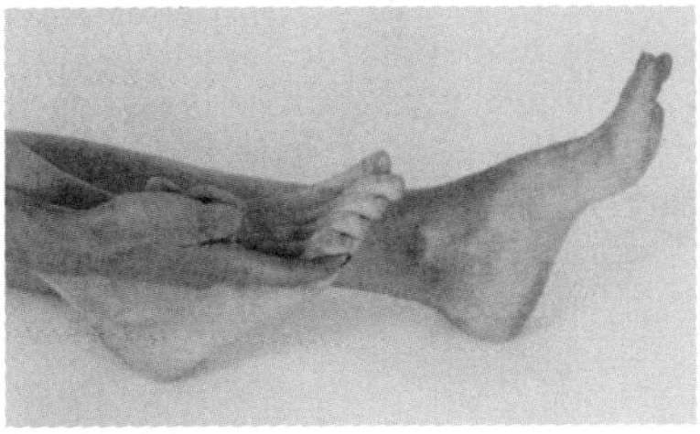

1. Sente-se no chão, com os joelhos dobrados. Detenha-se em cada passo por 1 a 3 segundos. A mão direita pressiona um ponto situado abaixo do dedinho do pé direito.

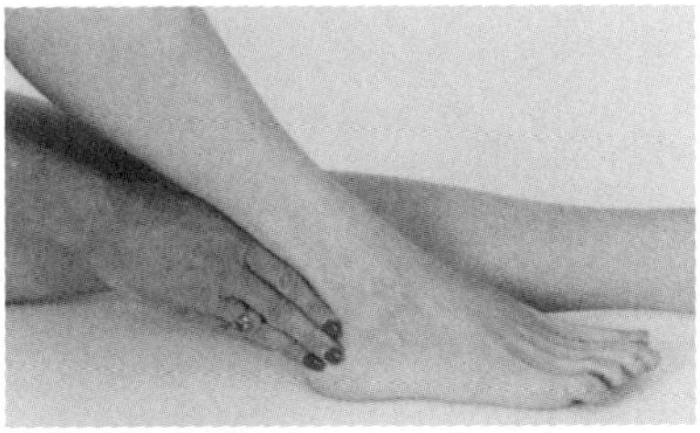

2. A mão direita pressiona um ponto situado acima do dedo médio. Em seguida, a mão se move para um ponto situado atrás do osso do tornozelo.

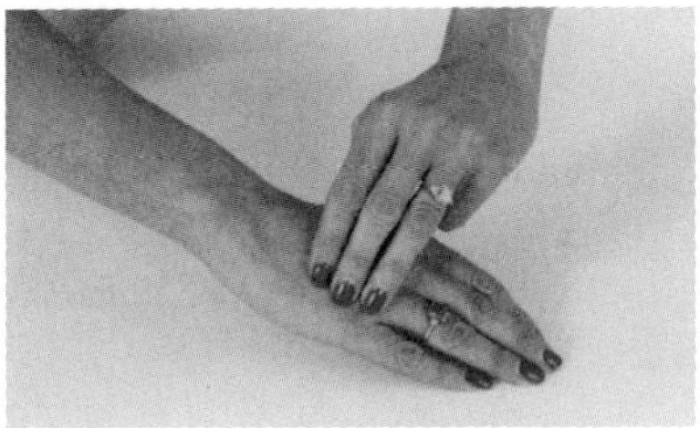

3. A mão esquerda pressiona um ponto da mão direita situado lateralmente ao quarto dedo.

Repita a seqüência do lado esquerdo.

Exercício 7: Alivia as Ondas de Calor e Problemas na Pele

Este exercício alivia as ondas de calor e é excelente para vários problemas da pele.

1. Sente-se no chão, os joelhos dobrados. Detenha-se em cada passo por 1 a 3 minutos.

2. A mão esquerda fica sobre a panturrilha esquerda. A mão direita fica sobre a panturrilha direita.

3. Cruze os braços. A mão esquerda fica sobre a panturrilha direita. A mão direita posiciona-se sobre a panturrilha esquerda.

Exercício 8: Alivia a Vaginite Atrófica

Este exercício alivia os sintomas da vaginite atrófica, de ocorrência comum durante a menopausa, ao corrigir a lubrificação vaginal insuficiente.

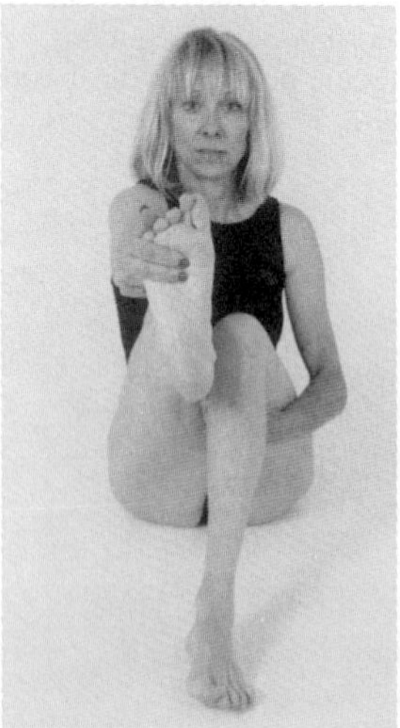

1. Sente-se no chão com os joelhos dobrados. Detenha-se em cada passo por 1 a 3 minutos. A mão direita pressiona um ponto situado no centro da sola do pé. (Não use este ponto se estiver grávida.)

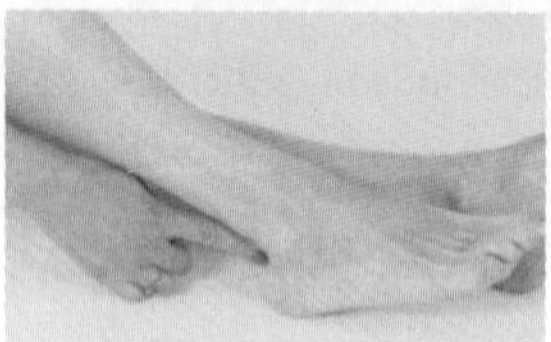

2.

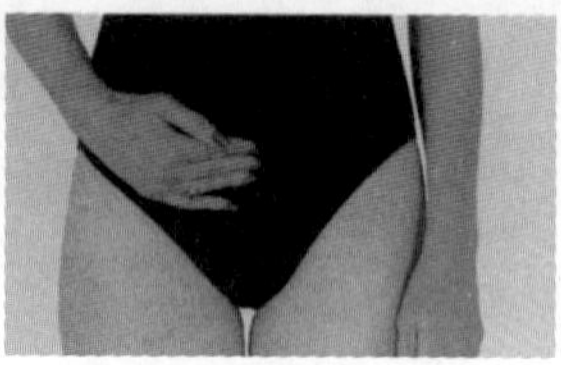

3.

2. A mão direita move-se para o ponto situado atrás do osso do tornozelo. Repita esta seqüência do lado esquerdo.

3. A mão direita move-se para o ponto situado acima da bexiga, na linha média do corpo.

Exercício 9: Alivia a Vaginite Atrófica

Este exercício alivia a vaginite atrófica ao melhorar o tônus vaginal.

1.

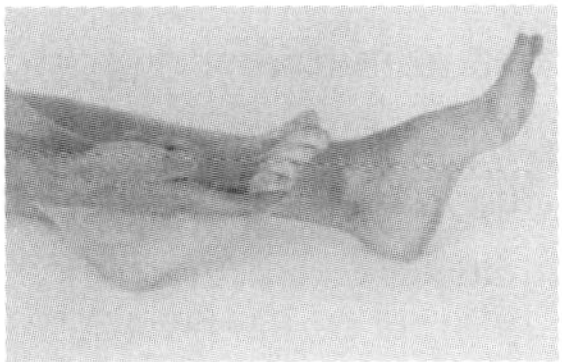

2.

1. Sente-se no chão com os joelhos dobrados. Detenha-se em cada passo por 1 a 3 minutos. A mão direita pressiona um ponto na meio da sola do pé. (Não use este ponto na gravidez.)

2. A mão direita move-se em direção ao ponto situado sob o dedinho do pé.

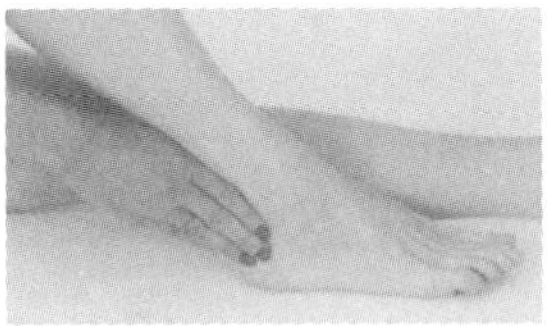

3.

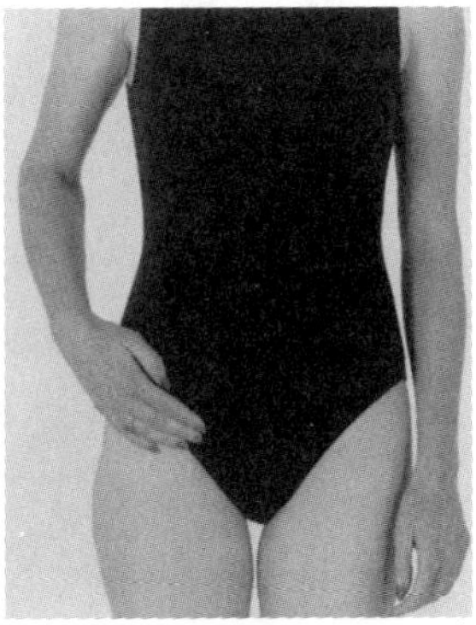

4.

3. Em seguida, a mão direita move-se em direção ao ponto situado atrás do osso do tornozelo.

Repita esta seqüência do lado esquerdo.

4. A mão direita move-se para o ponto da região púbica, à direita e à esquerda.

Exercício 10: Alivia a Falta de Desejo Sexual

Este exercício ajuda a estimular o desejo sexual e a aliviar a frigidez.

Equipamento: Este exercício usa uma toalha de rosto com nó para aplicar pressão a áreas das costas difíceis de alcançar. Coloque a toalha com nó sob estes pontos enquanto suas duas mãos trabalham outros pontos. Isto aumenta a sua capacidade de desbloquear os caminhos de energia de seu corpo.

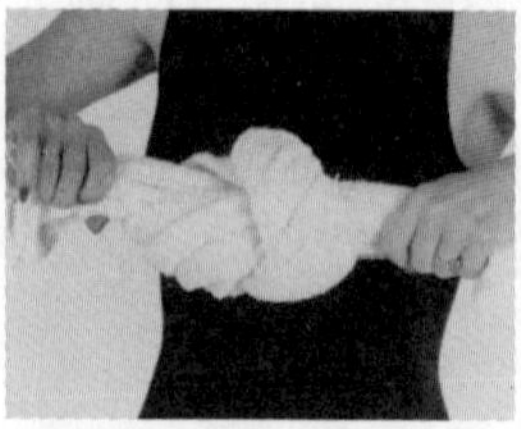

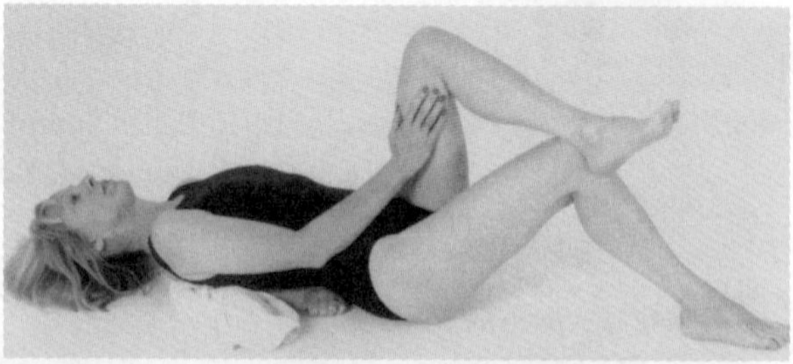

1. Deite-se no chão. Detenha-se em cada passo por 1 a 3 minutos. Coloque a toalha com nó sob a escápula direita; o punho esquerdo está sob o lado direito da cintura. A mão direita está sobre a parte interna da coxa esquerda.

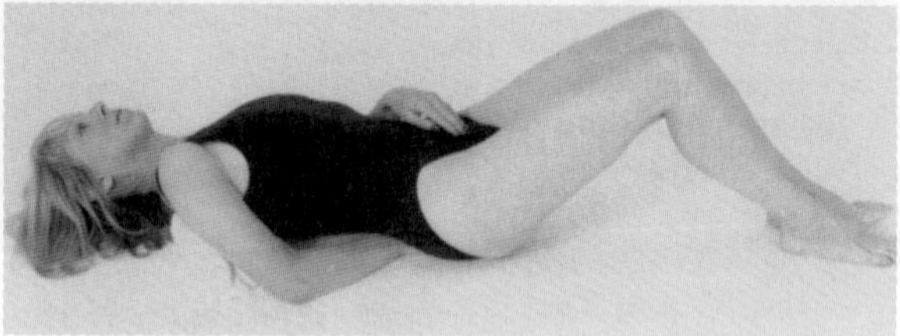

2. A mão direita fica sob o cóccix e a mão esquerda segura o osso pubiano.

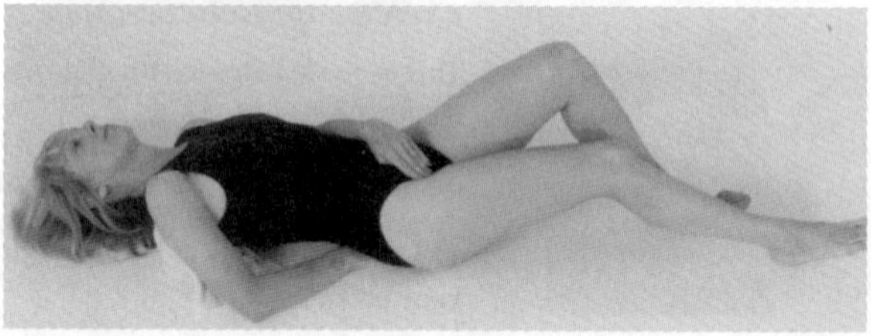

3. A mão direita continua sob o cóccix e a mão esquerda pressiona o lado esquerdo da virilha. Repita a seqüência do outro lado.

Exercício 11: Alivia os Sintomas de Problemas na Bexiga

Este exercício promove a saúde da bexiga. Com a menopausa os tecidos da bexiga freqüentemente tornam-se delgados e enfraquecidos.

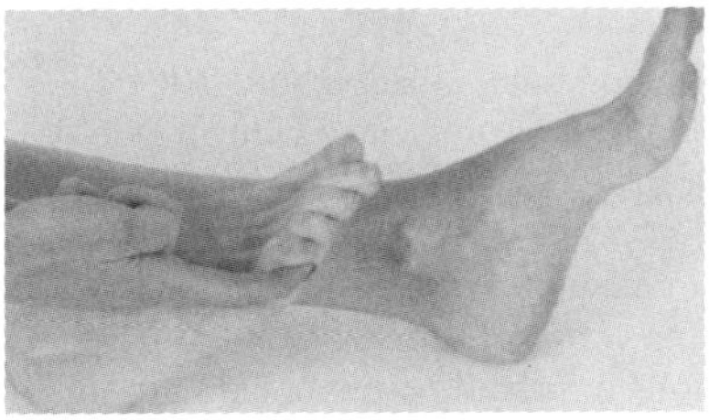

1. Sente-se no chão com os joelhos dobrados. Detenha-se em cada ponto por 1 a 3 minutos. A mão direita fica posicionada no ponto situado abaixo do dedinho do pé.

2. A mão direita move-se até o ponto do pé situado acima do dedinho.

Repita esta seqüência do lado oposto.

Exercício 12: Alivia a Tensão Nervosa e a Insônia

Este exercício ajuda a facilitar o sono e a reduzir a tensão nervosa.

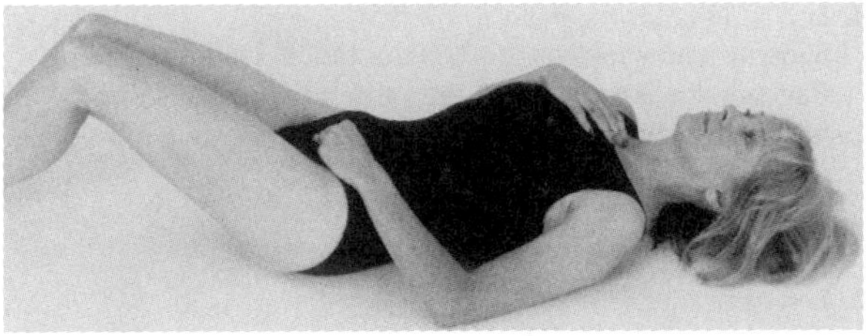

1. Deite-se no chão. Detenha-se em cada passo por 1 a 3 minutos. Coloque a mão direita sobre a depressão situada na parte da frente do pescoço. Coloque a mão esquerda sobre o osso púbico.

Exercício 13: Alivia Depressão, Dores de Cabeça, Rigidez do Pescoço e dos Ombros e Hipoglicemia

Pescoço e ombros geralmente carregam muita tensão. A rigidez nesta área pode atuar como um gargalo, bloqueando o fluxo de energia para todo o corpo. Assim, o corpo todo é energizado por este exercício. Ele também alivia a depressão.

Este exercício é também um importante tratamento para a hipoglicemia. Ele pode ajudar a reduzir o excessivo desejo de consumir alimentos doces, presente em algumas mulheres.

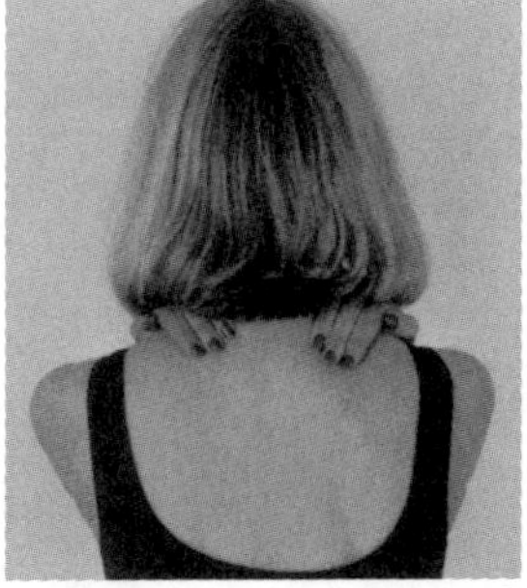

2.

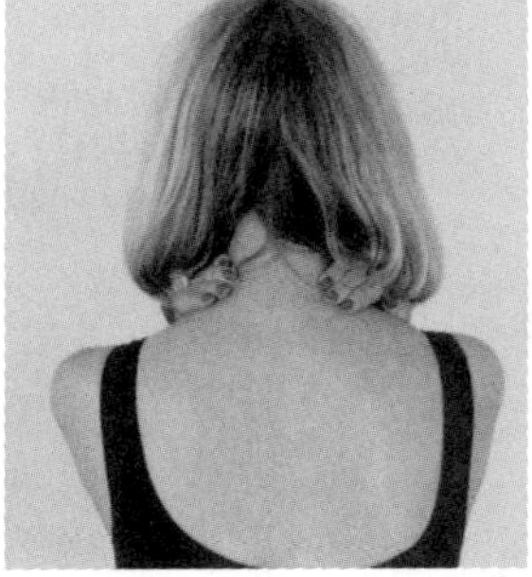

3.

1. Sente-se confortavelmente ou deite-se. Detenha-se em cada passo por 1 a 3 minutos.

2. A mão esquerda pressiona um ponto situado na parte superior da escápula, 2,5 a 5 centímetros lateralmente à coluna vertebral. O ponto está situado entre a escápula e a coluna e, ao tato, pode dar a impressão de ser firme.

A mão direita pressiona o mesmo ponto no lado direito.

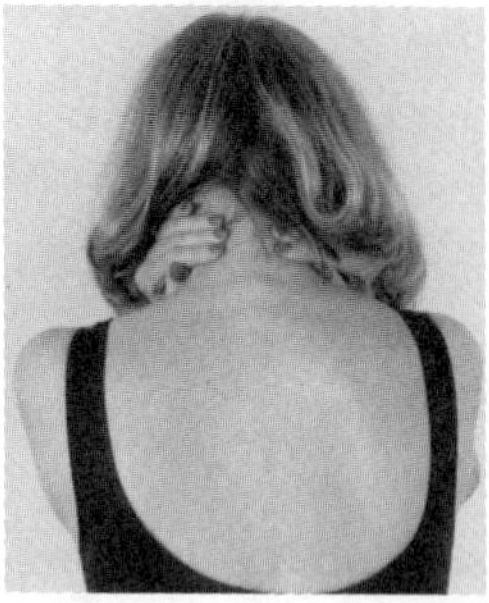

3. A mão esquerda pressiona pontos ligeiramente mais voltados para as costas em relação à parte superior dos ombros, na zona de transição entre o pescoço e os ombros.

A mão direita pressiona os mesmos pontos do lado direito.

4. A mão esquerda pressiona o ponto situado na metade do pescoço; os dedos se detêm nos músculos que ficam ao lado da coluna.

5. A mão esquerda pressiona o ponto da base do crânio, 2,5 a 5 centímetros acima da coluna vertebral.

A mão direita pressiona o mesmo ponto no lado direito.

4.

Exercício 14: Promove a Saúde dos Ossos

Este exercício é útil para ajudar a prevenir a osteoporose.

1. Sente-se no chão com os joelhos dobrados. Detenha-se em cada passo por 1 a 3 minutos. A mão direita apóia-se sobre pontos da sola dos pés. (Não use este ponto durante a gravidez.)

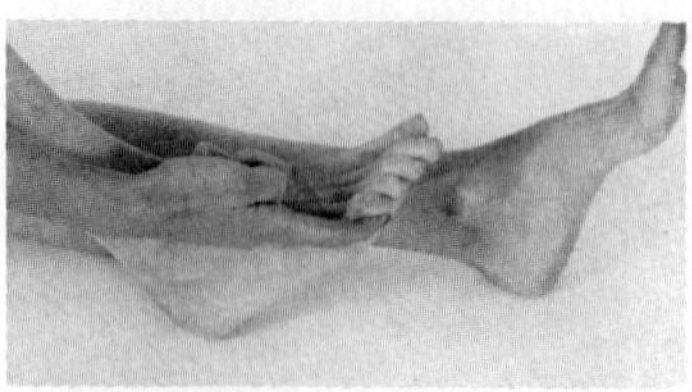

2. A mão direita move-se para o ponto situado abaixo do dedinho do pé.

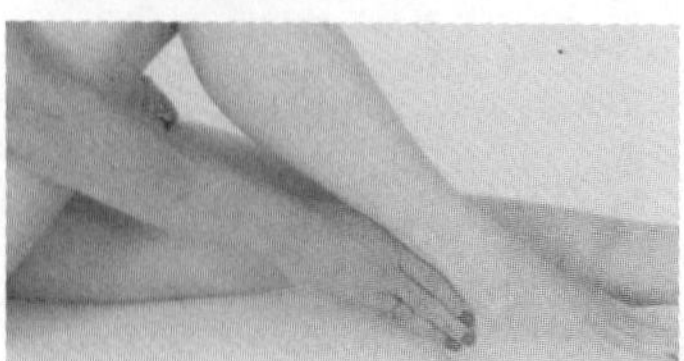

3. A mão direita move-se em direção ao ponto que está atrás do osso do calcanhar.

Repita esta seqüência do lado esquerdo.

Exercício 15: Alivia os Problemas de Mamas Fibrocísticas e Promove a Saúde das Mamas

Este exercício ajuda a promover a saúde das mamas.

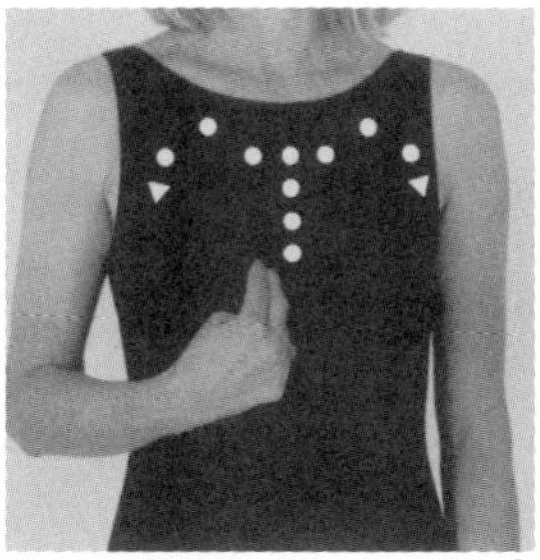

2.

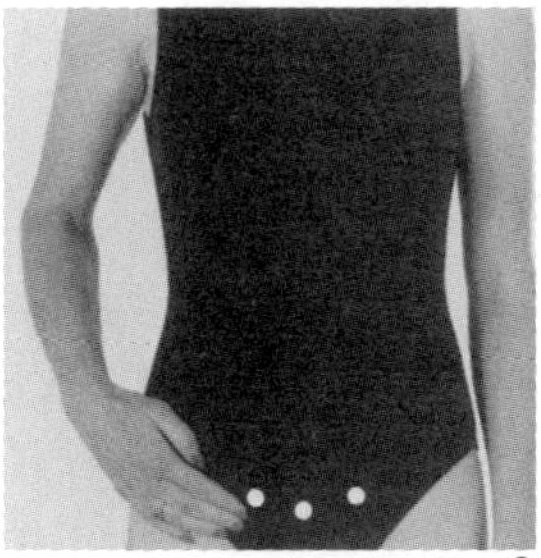

3.

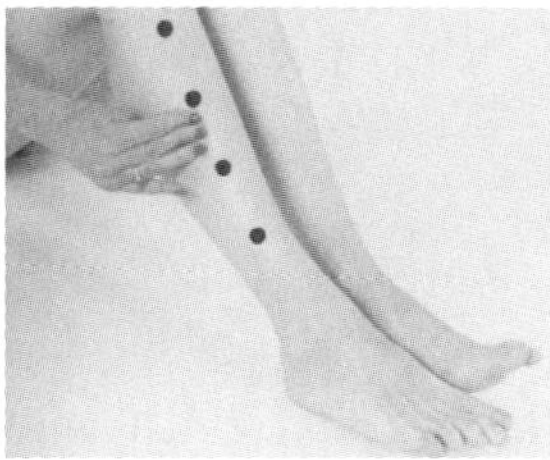

4.

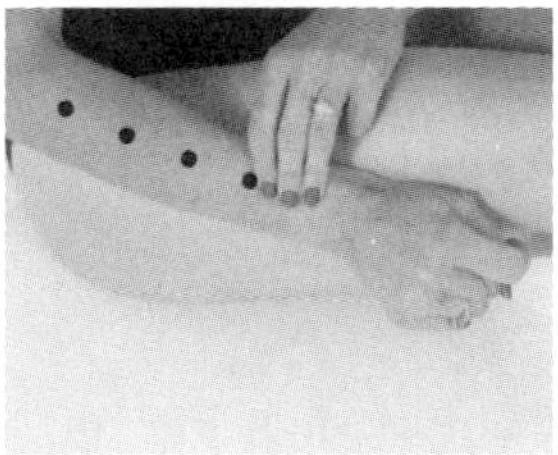

5.

1. Sente-se no chão. Detenha-se em cada ponto por 1 a 3 minutos.

2. Ambas as mãos se movem sobre o ponto situado em torno da mama, deslocando-se rumo à porção lateral do corpo.

3. A mão direita move-se para os pontos situados na região púbica.

4. A mão direita sobe pela perna e vai até o queixo.

5. A mão esquerda sobe pelos pontos do antebraço direito que se situam acima do pulso, aproximando-se do cotovelo.

Repita a seqüência do lado oposto.

O Exercício Correto para os Seus Sintomas

Os exercícios precedentes podem ser úteis para cada categoria dos sintomas da menopausa. Todos os exercícios relacionados para cada grupo de sintomas, na Tabela de Tratamento da Menopausa, páginas 38-41, e na tabela resumida, apresentada abaixo, podem ser úteis.

No início, experimente todos aqueles que têm a ver com os seus sintomas. Você talvez venha a descobrir que gosta mais de alguns do que de outros. Por tentativas e erros você conseguirá descobrir quais são os exercícios que lhe proporcionam mais alívio.

Exercícios de Acupressão para os Sintomas da Menopausa

Sintomas	*Exercícios de Acupressão*
Todo o trato genital feminino	1, 2, 3
Sangramento intenso e irregular (menorragia)	2, 3, 4
Ondas de calor	2, 5, 6, 7
Vaginite atrófica	2, 3, 8, 9
Desejo sexual, alivia a frigidez	2, 10
Bexiga, trato urinário inferior	2, 3, 10, 11
Ansiedade, irritabilidade, insônia	1, 12
Depressão, fadiga	13
Osteoporose	14
Problemas de mama	15
Problemas de tireóide	2, 13
Órgãos pélvicos	2, 3

Sugestões de Leitura

The Academy of Traditional Chinese Medicine. *An Outline of Chinese Acupuncture*. Nova York: Pergamon Press, 1975.

Bauer, Cathryn. *Acupressure for Women*. Freedom, CA: The Crossing Press, 1987.

Chang, Stephen Thomas. *The Complete Book of Acupuncture*. Berkeley, CA: Celestial Arts, 1976.

Gach, Michael Reed. *The Bum Back Book*. Berkeley, CA: Celestial Arts, 1983.

Gach, Michael Reed, e Carolyn Marco. *Acu-Yoga*. Tóquio: Japan Publications, 1981.

Houston, F. M. *The Healing Benefits of Acupressure*. New Canaan, CT: Keats Publishing, 1974.

Kenyon, Julian. *Acupressure Techniques*. Rochester, VT: Healing Arts Press, 1980.

Nickel, David. *Acupressure for Athletes*. Nova York: Henry Holt, 1984.

Pendleton, Bonnie e Betty Mehling. *Relax/With Self-Therap/Ease*. Englewood Cliffs, NJ: Prentice-Hall, 1984.

Teeguarden, Iona. *Acupressure Way of Health: Jin Shin Do*. Tóquio: Japan Publications, 1978.

CAPÍTULO 14

Yoga para a Menopausa

A yoga originou-se há 2 mil anos, na Índia, como um sistema de exercícios físicos combinados com respiração profunda e meditação. A meta tradicional da yoga é promover a harmonia e o equilíbrio do praticante. Executados apropriadamente, os exercícios promovem a saúde em todos os níveis – físico, mental, emocional e espiritual.

A Hatha Yoga é a modalidade ensinada mais comumente nos Estados Unidos. Ela baseia-se em exercícios físicos chamados *asanas* e em exercícios de respiração chamados *pranayamas*. Os efeitos dos exercícios da yoga sobre a menopausa e outros problemas relacionados ao envelhecimento podem ser extremamente úteis quando associados a uma nutrição adequada e a bons hábitos de vida.

As posturas apresentadas neste capítulo irão estender suavemente todos os músculos do corpo e energizar e equilibrar o sistema reprodutivo da mulher, as mamas, a tireóide e o sistema endócrino. Elas também são úteis para todos os outros órgãos do corpo. Eu mesma faço os exercícios de yoga a cada dois dias, como parte de minha rotina de exercícios. Descobri que eles aumentam meu vigor e energia, ajudando a manter a flexibilidade dos músculos e das articulações.

Ao realizar os exercícios, é importante que você fique focada e se concentre nas posições. Em primeiro lugar a sua mente visualiza o modo como os exercícios são realizados e, então, o seu corpo executa os movimentos apropriados para assumir a postura. Os exercícios são feitos por meio de movimentos lentos e controlados de alongamento. Esta lentidão permite que você tenha um maior controle sobre os movimentos do corpo. Você minimiza a possibilidade de lesões e maximiza o benefício que o exercício proporciona àquela parte do corpo à qual a sua atenção está sendo dirigida.

Como Realizar os Exercícios de Yoga para a Menopausa

1. A yoga deve ser realizada de forma calma e tranqüila. Certifique-se de dispor do tempo adequado, cerca de 10 a 30 minutos, para que você não se sinta pressionada pelo relógio. O local onde você realiza os exercícios deve ser amplo, silencioso e tranqüilo.
2. Escolha uma área plana e exercite-se sobre um tapete ou cobertor. Isto irá fazer com que você se sinta mais confortável ao realizar os exercícios.
3. Use roupas largas e confortáveis. É melhor que você se exercite sem meias, para dar completa liberdade de movimentos aos seus pés e prevenir escorregões.
4. Esvazie a bexiga e os intestinos antes de começar a fazer os exercícios. Depois de comer, espere pelo menos duas horas antes de começar a fazer os exercícios.
5. Procure praticar estes movimentos regularmente. O melhor é executá-los todos os dias, durante alguns minutos, especialmente quando você estiver apresentando um ou mais sintomas da menopausa. Se isto não for possível, procure praticá-los em dias alternados.
6. Preste muita atenção às instruções iniciais para fazer um exercício. Atente para a posição do corpo do modo como é mostrado nas fotografias. Isso é muito importante pois, se a postura é praticada corretamente, é bem provável que você tenha o alívio dos seus sintomas.
7. Procure visualizar mentalmente essa postura e, então, execute os movimentos corporais adequados.
8. Movimente-se com lentidão. Isto irá ajudar a melhorar a flexibilidade dos músculos e a prevenir a ocorrência de lesões.
9. Quanto à maneira de respirar, você deve seguir as instruções apresentadas no exercício. O mais importante é não prender o fôlego. Deixe a respiração fluir. É importante que você controle a sua freqüência respiratória por meio das posições assumidas pelo corpo.
10. Sempre descanse por alguns minutos após executar os exercícios de yoga.
11. Não desanime se não conseguir imitar exatamente as posturas assumidas

pela modelo nas fotos. A modelo representa a posição ótima. Se praticar regularmente, sem pressa e movimentando-se com lentidão, você aos poucos irá soltando os seus músculos, ligamentos e articulações. Você talvez fique surpresa com a elasticidade que irá adquirir depois de algum tempo. Se acontecer de sentir alguma dor ou desconforto, você provavelmente terá ultrapassado a sua capacidade atual e deve reduzir imediatamente a quantidade de exercícios até poder prosseguir sem desconforto. Seja cuidadosa, pois as lesões musculares podem levar um bom tempo para sarar. Se você distender algum músculo, descobrirá ser bastante útil a aplicação imediata de gelo na área lesada, por 10 minutos. Continue a usar compressas de gelo 2 a 3 vezes por dia durante vários dias. Se a dor persistir, procure um médico.

Exercício 1: Bomba de Água

Este exercício fortalece as costas e os músculos abdominais, melhora a circulação para os órgãos pélvicos e acalma a ansiedade e o nervosismo.

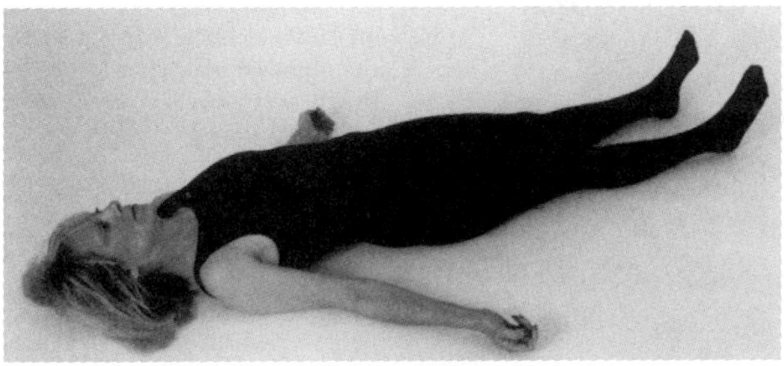

1. Deite-se e pressione a região lombar contra o chão. Isso permite que você use os seus músculos abdominais sem distender os músculos lombares.

2. Levante a perna direita lentamente enquanto inspira. Mantenha as costas apoiadas no chão e deixe o resto do corpo permanecer relaxado. Movimente a perna muito lentamente; imagine a perna sendo puxada suavemente para cima por uma mola. Não mova a perna com movimentos súbitos. Mantenha-se nessa posição durante alguns movimentos respiratórios.
Abaixe a perna e expire.

3. Repita o mesmo exercício do lado esquerdo. Em seguida, alterne as pernas, repetindo o exercício de 5 a 10 vezes.

Exercício 2: Flexão da Coluna

Este exercício enfatiza um movimento pélvico mais livre, com a respiração controlada, energiza e rejuvenesce o aparelho reprodutor feminino e tonifica os órgãos abdominais (pâncreas, fígado e supra-renais). Ele pode até mesmo trazer benefícios para a saúde da pele.

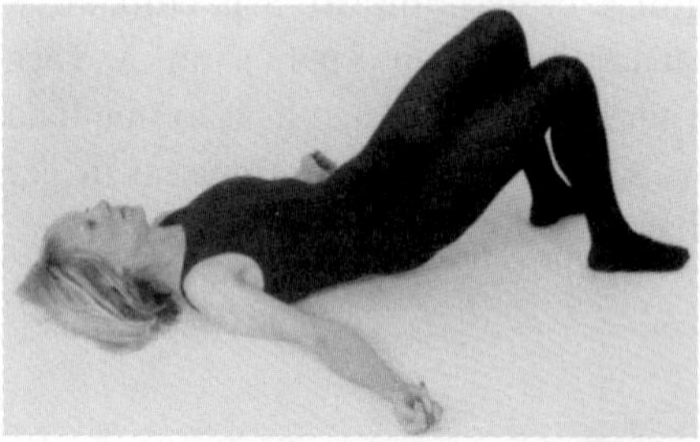

1. Deite-se de costas com os joelhos dobrados e os pés apoiados no chão, próximos das nádegas.

2. Expire e pressione a região lombar contra o chão, levantando ligeiramente as nádegas.

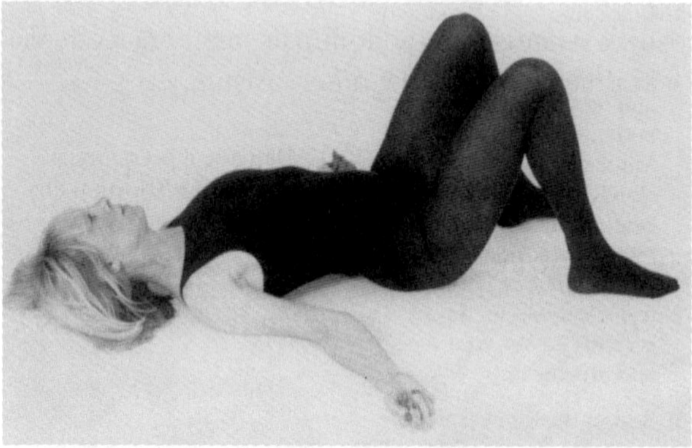

3. Arqueie as costas ligeiramente.

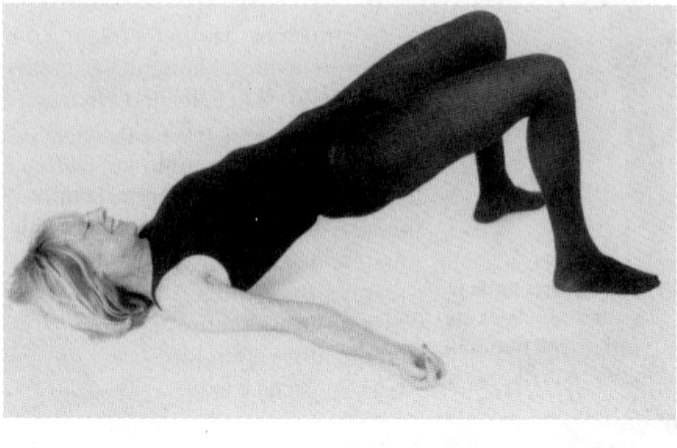

4. Inspire e levante do chão a região lombar. Este exercício promove o alongamento da região, desde o esterno até a pelve.

5. Repita este exercício 10 vezes. Erga sempre o umbigo ao inspirar. Sempre alongue a coluna e abaixe a região lombar ao expirar.

Exercício 3: Gafanhoto

Este exercício energiza todo o aparelho reprodutor feminino, a tireóide, o fígado, os intestinos e os rins. Ele também pode ajudar a aliviar os sintomas da menopausa, fortalecendo a região lombar, o abdome, as nádegas e pernas e prevenindo o surgimento de dores lombares, além de também ajudar a reduzir o peso nas coxas e quadris e a retesar e a firmar a pele nestas áreas.

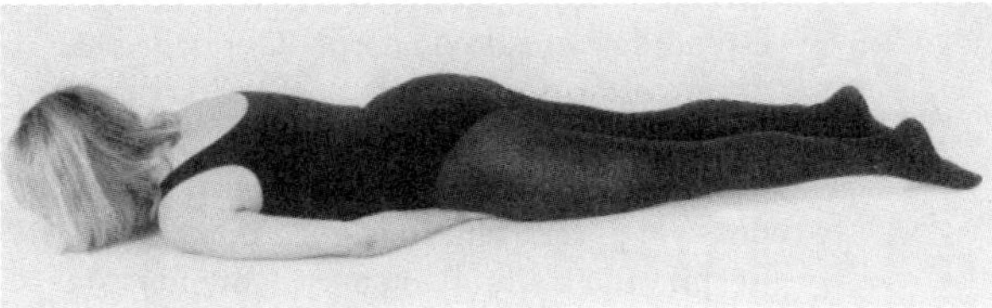

1. Deite-se no chão, de bruços. Faça um punho com ambas as mãos e coloque-os sob os quadris. Isto impede que a coluna vertebral seja comprimida ao realizar o exercício.

2. Endireite o corpo e levante a sua perna direita, com um empurrão para cima para levantá-la o mais possível, mantendo os quadris sobre os seus punhos. Mantenha-se assim, se possível, por 5 a 20 segundos.

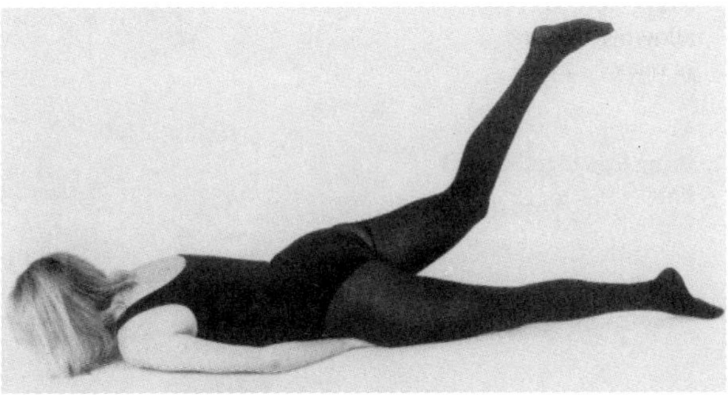

3. Abaixe a perna e, lentamente, volte à posição original. Repita do lado esquerdo e, então, com as duas pernas ao mesmo tempo. Lembre-se de manter os quadris apoiados sobre os seus punhos.

Exercício 4: Postura em Ângulo Aberto

Este exercício abre toda a região pélvica, energiza o aparelho reprodutor feminino e pode ajudar a aliviar os sintomas da menopausa. Ele é útil para as mulheres que têm varizes e melhora a circulação nas pernas.

1. Deite-se de costas, com as pernas estendidas e apoiadas contra uma parede, formando um V ou um arco, e os braços estendidos ao lado do corpo. Os quadris devem estar o mais perto possível da parede, com as nádegas apoiadas no chão. As pernas devem estar afastadas uma da outra o mais possível porém sem causar-lhe desconforto. Respirando tranqüilamente, mantenha esta posição por 1 minuto, deixando a parte interna das coxas relaxar.

2. Junte as pernas e mantenha-as assim por 1 minuto.

Exercício 5: Arado

Este exercício melhora a circulação cerebral e pode ajudar a aliviar as ondas de calor e outros sintomas da menopausa. Ele também reduz o inchaço e a retenção de fluido nas pernas e tornozelos, além de estimular a tireóide, melhorar a elasticidade da coluna, fortalecer as costas e relaxar o abdome e o pescoço. Este exercício ajuda a reduzir o peso nos quadris, coxas, pernas e abdome.

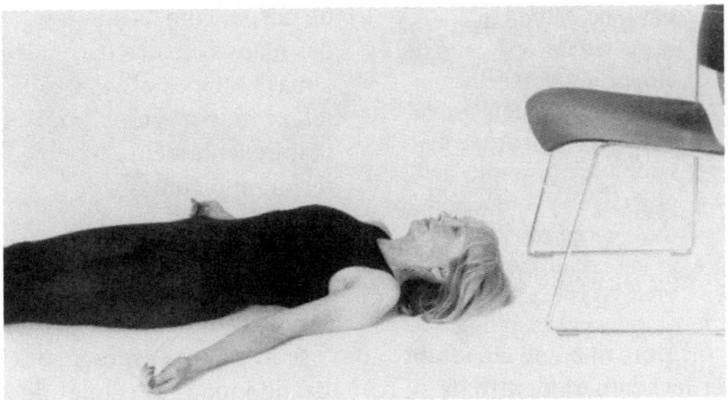

1. Coloque uma cadeira sobre o tapete. Deite-se de costas, com o rosto voltado para o lado oposto à cadeira. Os braços ficam ao lado do corpo e as palmas das mãos voltadas para baixo, para poderem se apoiar no chão. As pernas devem estar juntas.

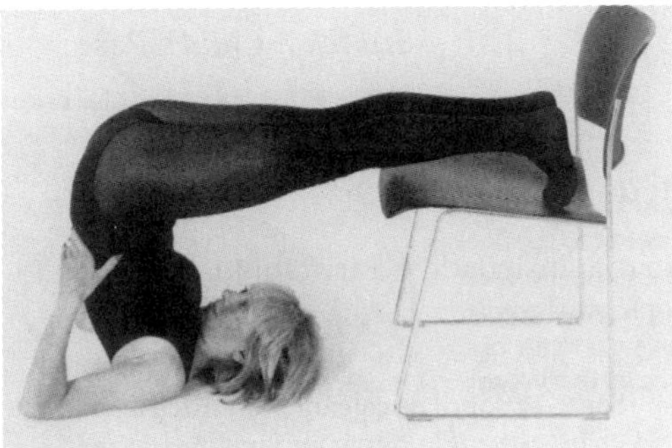

2. Levante lentamente as pernas e os quadris sobre a sua cabeça, até os artelhos tocarem na cadeira. Isto será feito sem movimentos bruscos; portanto, você pode dobrar os joelhos, se houver necessidade. (Este exercício geralmente é feito trazendo-se as pernas e os quadris por sobre a cabeça até os artelhos tocarem no chão; todavia, levar os pés até o chão poderia ser prejudicial para as mulheres que estão passando pela menopausa, pois elas muitas vezes têm uma concavidade nas costas.) Erga a coluna vertebral retesando os músculos das costas o mais possível. Este exercício irá aliviar a compressão da coluna lombar.

3. Para sair desta postura, dobre os joelhos e role lentamente para baixo, sobre as suas costas. Volte à posição original.

Exercício 6: Esponja

Este exercício alivia a ansiedade e a irritabilidade e reduz a tensão dos olhos e o inchaço do rosto. É um exercício que pode ser praticado antes de você ir para a cama, caso sofra com a insônia da menopausa.

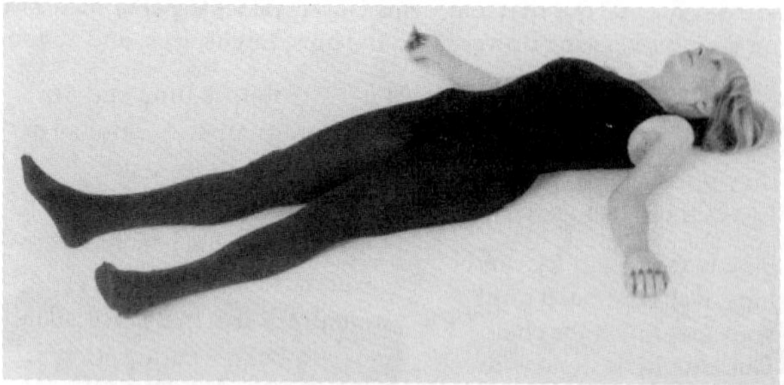

1. Deite-se de costas. Os braços devem ficar ao lado do corpo, com as palmas das mãos voltadas para cima. Feche os olhos e relaxe todo o seu corpo. Inspire lentamente, respirando com o diafragma. Ao inspirar, visualize a energia do ar ao seu redor sendo puxada para dentro de todo o seu corpo. Imagine que o seu corpo é poroso e que ele se abre como se fosse uma esponja, de modo que essa energia possa ser levada para dentro de si, revitalizando todas as células do seu corpo. Expire de forma lenta e profunda, deixando toda a tensão ser levada para fora do seu corpo.

Exercício 7: Postura de Criança

Este exercício é excelente para acalmar a ansiedade e a irritabilidade da menopausa. Ele alonga suavemente a região lombar.

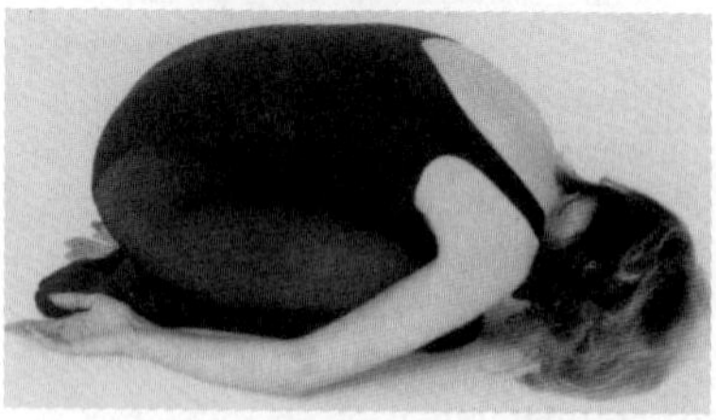

1. Sente-se sobre os calcanhares. Encoste a testa no chão, esticando o máximo possível a sua coluna sobre a cabeça. Feche os olhos. Mantenha-se assim enquanto se sentir confortável.

Exercício 8: Cachorro Olhando para Cima

Este exercício melhora o humor e pode ajudar a aliviar a depressão. Ele também alivia dores na região lombar e fortalece a coluna; melhora a circulação sangüínea na região pélvica e contribui para aumentar a expansibilidade do peito e a elasticidade dos pulmões.

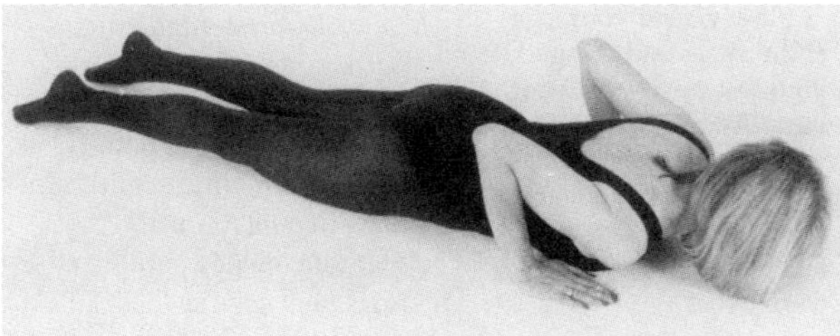

1. Deite-se no chão, sobre a barriga e com a cabeça voltada para baixo. Coloque a palma das mãos sobre o chão logo abaixo dos ombros, com os dedos apontando para a frente.

2. Ao inspirar, levante a cabeça e o tronco, esticando a coluna para a frente e curvando-a de modo a formar um suave C. Certifique-se de que seus cotovelos estão retos. Evite levantar os ombros. Os quadris e os joelhos erguem-se do chão. As pernas estão esticadas e os calcanhares voltados para trás a fim de ajudar a esticar a coluna. O peso do corpo irá apoiar-se apenas nas mãos e nos dedos dos pés. Mantenha a posição durante 30 segundos a 1 minuto, respirando profundamente. A coluna, as coxas e a barriga da perna devem estar totalmente esticadas e as nádegas contraídas.

3. Dobre os cotovelos, saindo da posição. Retorne à posição original e descanse por 1 minuto.

Exercício 9: Arco

Este exercício alivia a depressão, a fadiga e a letargia da menopausa, aumentando sua energia e melhorando o seu humor.

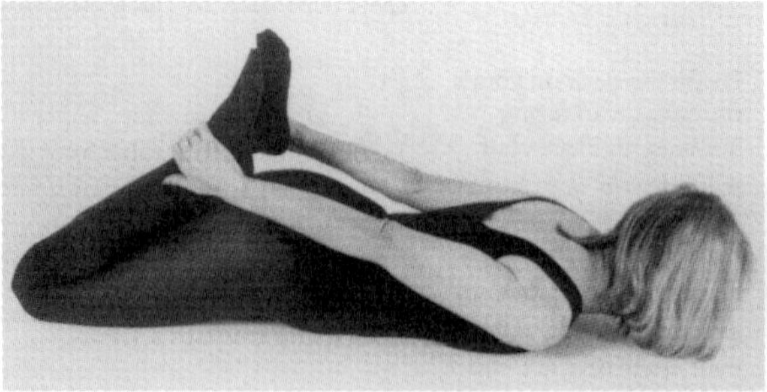

1. Deite-se no chão, com os braços esticados ao lado do corpo.

   Dobre lentamente as pernas e leve os pés para cima, na direção das nádegas. Estenda os braços para trás e, cuidadosamente, segure um pé e, depois, o outro. Flexione os pés para ficar mais fácil segurá-los.

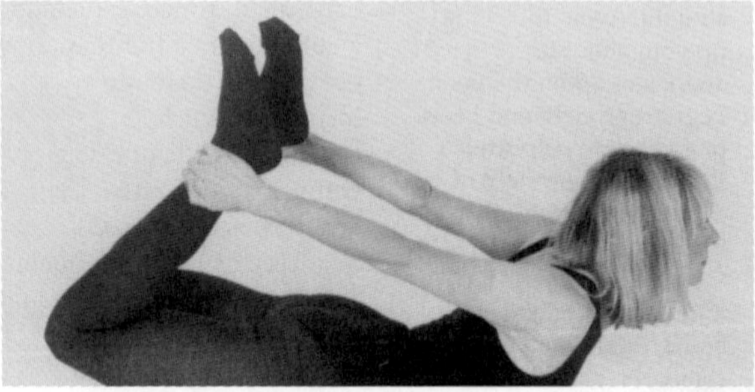

2. Inspire e levante o tronco do chão o máximo que puder. Erga a cabeça e junte os joelhos, aproximando-os do chão o mais que puder. Retese as nádegas. Imagine o seu corpo assemelhando-se a um arco com uma suave curvatura. Mantenha a postura por 10 a 15 segundos. Este exercício pode ser feito com mais facilidade se você amarrar os joelhos juntos um do outro com uma faixa de pano.

3. Saia lentamente dessa postura. Deixe o queixo tocar o chão e, por fim, solte os pés e coloque-os no chão suavemente. Retorne à posição original.

Exercício 10: Expansor do Peito

Este exercício melhora a circulação da metade superior do corpo, energizando-a e estimulando-a. Ele também solta e alonga os músculos da parte superior do corpo, especialmente os dos ombros, do peito e das costas. Ele expande os pulmões e energiza os seios e o coração.

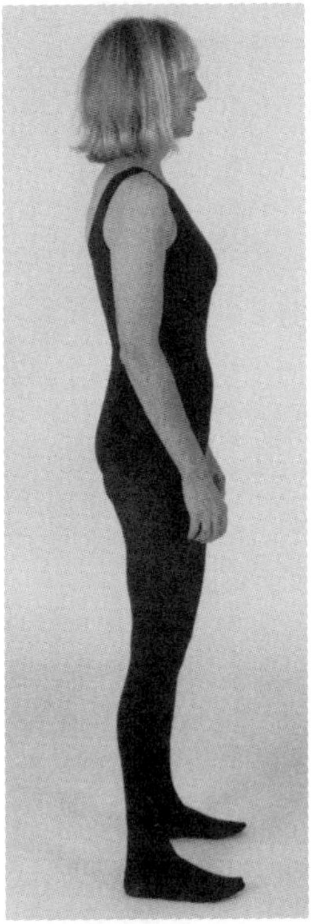

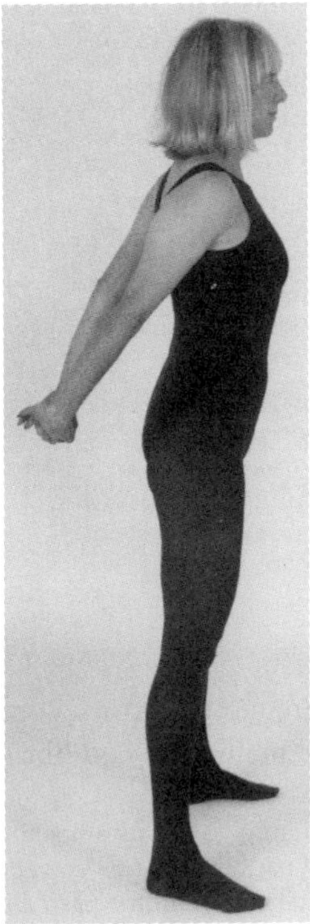

4.

5.

1. Fique em pé, com os músculos relaxados. Os braços devem estar ao longo do corpo e os pés afastados um do outro por uma distância equivalente à dimensão dos quadris.

2. Estenda os braços para a frente até que as palmas das mãos toquem uma na outra.

3. Leve os braços para trás, de forma lenta e graciosa, até conseguir entrelaçar os dedos atrás das costas. Expire e, então, estique o mais possível os braços e as mãos entrelaçadas, sem produzir desconforto. Lembre-se de manter-se ereta; o corpo não deve curvar-se para a frente. Respire profundamente.

4. Inspire profundamente e curve-se para trás, a partir da cintura. Mantenha as mãos entrelaçadas e os braços para o alto. Deixe a cabeça cair alguns centímetros para trás e olhe para cima enquanto relaxa os ombros e a nuca. Mantenha-se nessa posição por alguns segundos.

5. Enquanto prende a respiração, curve-se para a frente, desde a cintura, levando as mãos entrelaçadas e os braços para cima das costas. Relaxe os músculos do pescoço e mantenha os joelhos retos. Mantenha-se assim por alguns segundos.

6. Expire ao voltar à posição ereta. Desentrelace as mãos e deixe os braços caírem ao lado do corpo Repita toda a seqüência 3 vezes.

Exercício 11: Leão

Este exercício estimula a tireóide, a região do pescoço e a garganta.

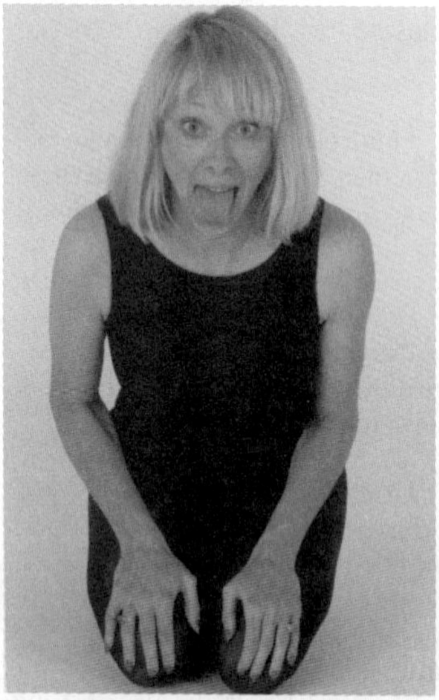

1. Ajoelhe-se e sente-se sobre os calcanhares, com as mãos sobre as coxas. Respire fundo e estique o corpo para cima. Ao expirar, abra bem os olhos, estique a língua para fora com força e empurre o corpo para a frente. Mantenha essa posição até a contagem de 10.
Repita o exercício 5 vezes.

Exercício 12: Árvore

Este exercício melhora a concentração e a percepção. Também melhora o equilíbrio e a postura.

1. Fique em pé e fixe os olhos num ponto qualquer. Apóie um pé na parte interior da coxa oposta, de modo que uma perna fique suportando o peso do corpo. Erga lentamente os braços. Mantenha-se assim até a contagem de 5. Inverta os lados. Repita 3 vezes.

Observação: Você poderá apoiar uma das mãos na parede se isso for necessário.

O Exercício Correto para os Seus Sintomas

Os exercícios precedentes podem ser úteis para a menopausa e para outros problemas relacionados com o envelhecimento. Antes de buscar a correção de problemas específicos, é recomendável que você passe a primeira ou as duas primeiras semanas do seu programa fazendo os exercícios de flexibilidade e aptidão. Eles destinam-se a tonificar e a melhorar a flexibilidade de todo o seu corpo. Determine quais são os exercícios de aquecimento de que você gosta mais e execute-os regularmente, todos os dias ou de dois em dois dias.

Na segunda ou na terceira semana, você pode começar a fazer os exercícios específicos para a menopausa ou para a correção de outros problemas. Para sua conveniência, apresento abaixo uma relação dos exercícios e dos problemas para os quais eles trazem alívio.

- Todo o aparelho reprodutor feminino: Bomba de Água, Flexão da Coluna, Gafanhoto, Postura em Ângulo Aberto, Cachorro Olhando para Cima.
- Ondas de calor: Bomba de Água, Flexão da Coluna, Gafanhoto, Postura em Ângulo Aberto, Cachorro Olhando para Cima.
- Vaginite atrófica: Bomba de Água, Flexão da Coluna, Gafanhoto, Postura em Ângulo Aberto, Cachorro Olhando para Cima.
- Desejo sexual, frigidez: Bomba de Água, Flexão da Coluna, Gafanhoto, Postura em Ângulo Aberto, Cachorro Olhando para Cima.
- Bexiga, alterações no trato urinário: Bomba de Água, Flexão da Coluna, Gafanhoto, Postura em Ângulo Aberto, Cachorro Olhando para Cima.
- Sintomas psicológicos – ansiedade, irritabilidade, insônia: Bomba de Água, Esponja, Postura de Criança.
- Sintomas psicológicos – depressão, fadiga: Cachorro Olhando para Cima, Arco.
- Osteoporose: Bomba de Água, Flexão da Coluna, Gafanhoto, Postura em Ângulo Aberto, Arado, Arco, Cachorro Olhando para Cima, Expansor do Peito, Leão, Árvore.
- Saúde das mamas, prevenção de doenças: Cachorro Olhando para Cima, Expansor do Peito.
- Saúde da tireóide, prevenção de doenças: Gafanhoto, Arado, Leão.
- Órgãos pélvicos, prevenção de doenças: Bomba de Água, Flexão da Coluna, Gafanhoto, Postura em Ângulo Aberto, Cachorro Olhando para Cima.

Sugestões de Leitura

Bell, Lorna, e Endora Seyfer. *Gentle Yoga*. Berkeley, CA: Celestial Arts, 1987.

Couch, Jean, e Nell Weaver. *Runner's World Yoga Book*. Nova York: Runner's World Books, 1979.

Moore, Marcia, e Mark Douglas. *Yoga*. Arcane, ME: Arcane Publications, 1967.

Singh, Ravi. *Kundalini Yoga*. Nova York: White Lion Press, 1988.

Stearn, Jess. *Yoga, Youth and Reincarnation*. Nova York: Bantam, 1965.

CAPÍTULO 15
Pontos de Massagem Neurolinfática e Neurovascular

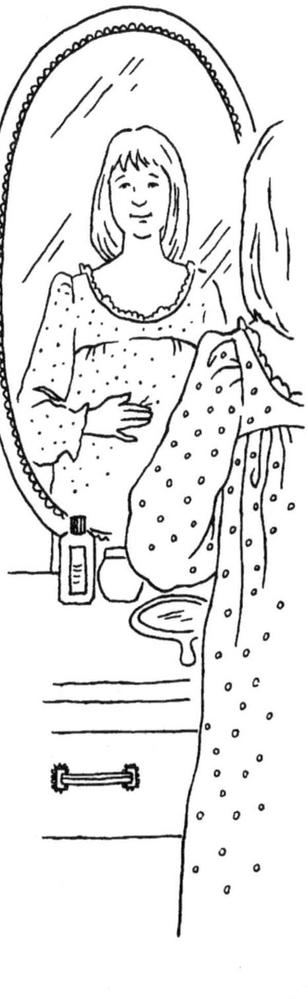

Pontos de Massagem Neurolinfática

O sistema linfático tem a função de drenar o corpo. Ele é constituído por minúsculos vasos que transportam produtos de excreção desde a periferia do corpo até o pescoço, onde desembocam nas veias que levam sangue para o coração. Depois de levados dos vasos linfáticos para a corrente sangüínea, esses rejeitos são processados e excretados do corpo. Esses produtos de excreção incluem bactérias, glóbulos brancos mortos e substâncias produzidas pelo metabolismo celular. A linfa movimenta-se através de seus canais por meio de suaves contrações dos ductos linfáticos e dos músculos esqueléticos que os rodeiam.

Normalmente, o fluido se move livremente pelos canais. Todavia, se a pessoa sobrecarrega o sistema linfático alimentando-se de forma inadequada ou deixando de praticar exercícios físicos, o fluido linfático pode se acumular e causar congestão em determinadas partes do organismo. Isso foi primeiramente reconhecido no início da década de 1900 pelo dr. Frank Chapman, um osteopata. Ele descobriu que, quando o sistema linfático está sobrecarregado, os pontos reflexos que regulam o fluxo de linfa ficam fora de ação, fazendo com que o sistema sofra uma espécie de curto-circuito. Esses pontos reflexos localizam-se principalmente nas costas e no peito. Eles têm uma textura granulosa, são pequenos – geralmente não maiores do que uma ervilha – e podem ser sentidos acima dos músculos.

Quando o sistema linfático está sobrecarregado, manifestam-se dor e congestão nessa área. Chapman descobriu que isso está correlacionado a sistemas de órgãos e a disfunções endócrinas. Friccionar com firmeza esses pontos pode reduzir significativamente os sintomas. Você talvez queira massagear esses pontos, principalmente se o trabalho com os pontos de acupressão não for eficaz. Se a causa do problema for a congestão linfática, a dor deve desaparecer em poucos dias. Localize os pontos sobre o seu corpo, conforme indicado pelas fotografias que se seguem. Massageie-os com os dedos, firme e profundamente, por 20 a 30 segundos.

Ponto Neurolinfático 1: Efeitos Benéficos sobre os Órgãos de Reprodução Femininos; Pode Ajudar a Aliviar os Sintomas da Menopausa

Massageie por 20 a 30 segundos cada área mostrada nas fotografias.

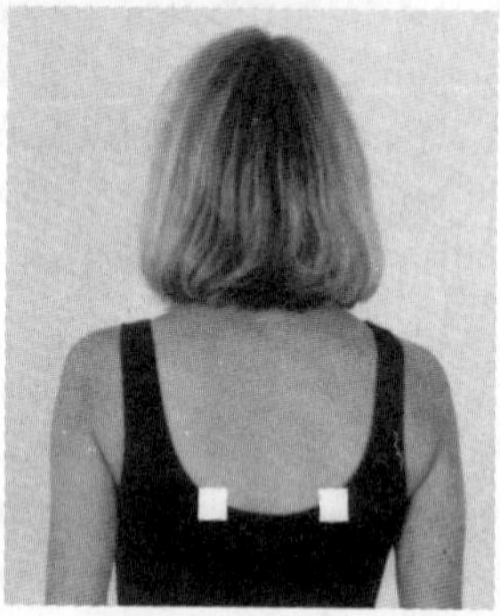

Frente do corpo: A área está localizada entre a quarta e a quinta costelas, atrás do mamilo.

Parte de trás do corpo: A área está entre a oitava e a nona costelas, logo abaixo das extremidades inferiores das escápulas.

Ponto Neurolinfático 2: Efeitos Benéficos sobre os Órgãos de Reprodução Femininos; Pode Ser Útil para Aliviar Sintomas Relacionados com a Menopausa, o Desejo Sexual e a Frigidez

Massageie por 20 a 30 segundos cada uma das áreas mostradas nas fotografias.

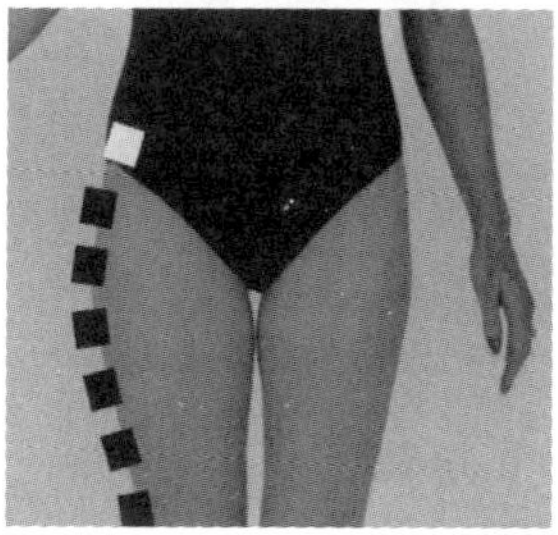

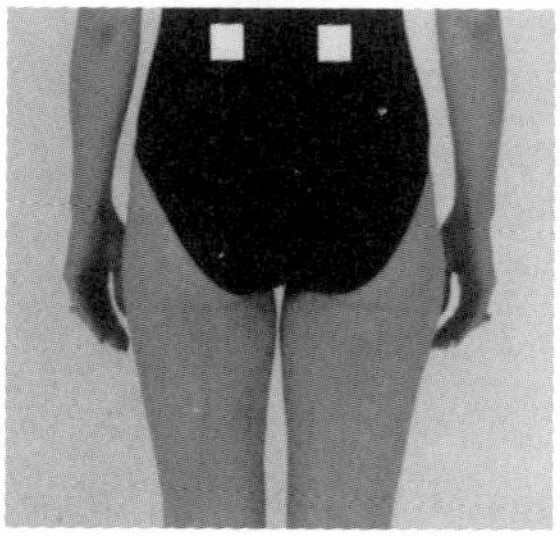

Frente do corpo: A área vai desde o alto da coxa até acima do joelho, na porção lateral da perna.

Parte de trás do corpo: Os pontos estão localizados no osso ilíaco, no nó mais proeminente, no nível de L5.

Ponto Neurolinfático 3: Alivia Problemas da Bexiga e do Aparelho Urinário Inferior

Massageie por 20 a 30 segundos cada uma das áreas mostradas nas fotografias.

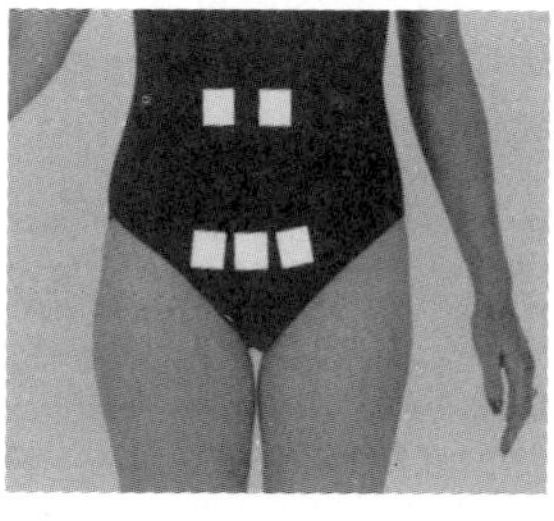

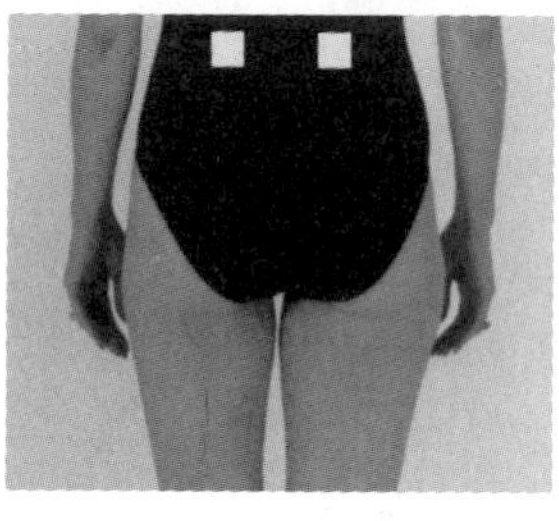

Frente do corpo: Os pontos estão situados em ambos os lados do umbigo e ao longo do osso pubiano.

Parte de trás do corpo: Os pontos estão localizados na parte inferior do gradeado costal, em L12, a cerca de 4 centímetros da coluna.

Ponto Neurolinfático 4: Alivia Problemas da Bexiga e do Aparelho Urinário Inferior

Massageie por 20 a 30 segundos cada área mostrada nas fotografias.

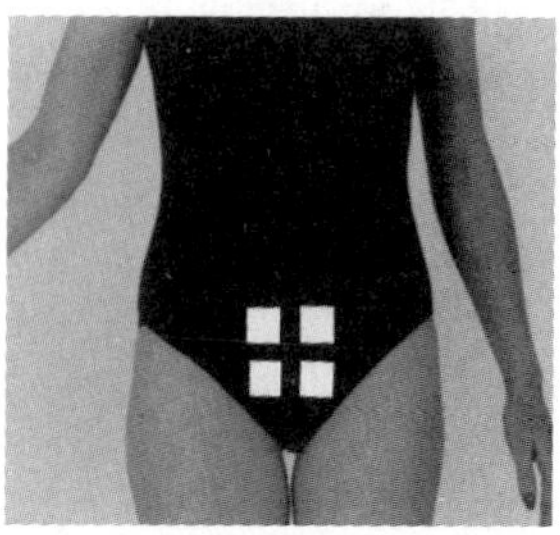

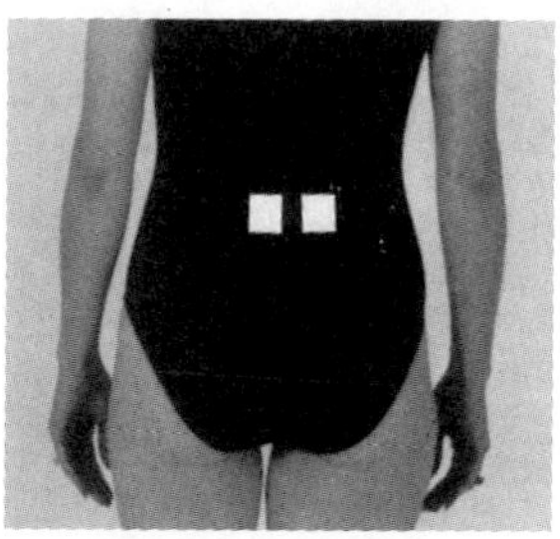

Frente do corpo: Os pontos estão localizados ao longo da parte superior e interna do osso pubiano

Parte de trás do corpo: Os pontos estão localizados em L2, a 2,5 centímetros da coluna.

Ponto Neurolinfático 5: Energiza a Tireóide; Diminui as Oscilações do Humor

Massageie por 20 a 30 segundos cada área mostrada nas fotografias.

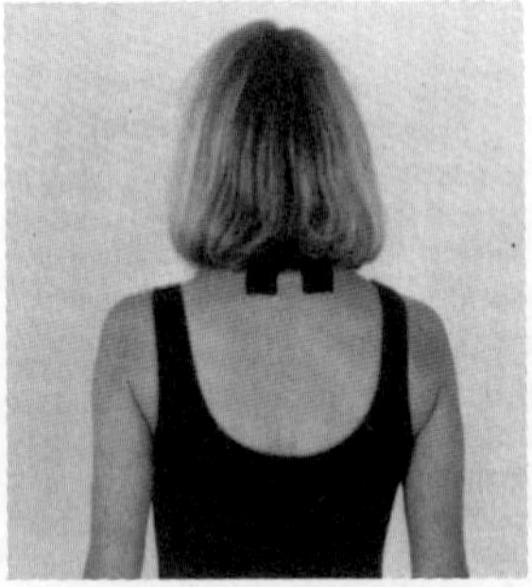

Frente do corpo: Os pontos ficam ao lado do esterno, entre a segunda e a terceira costelas.

Parte de trás do corpo: Os pontos estão localizados a 2,5 centímetros da coluna, entre T2 e T3.

Ponto Neurolinfático 6: Alivia a Fadiga

Massageie por 20 a 30 segundos cada área mostrada nas fotografias.

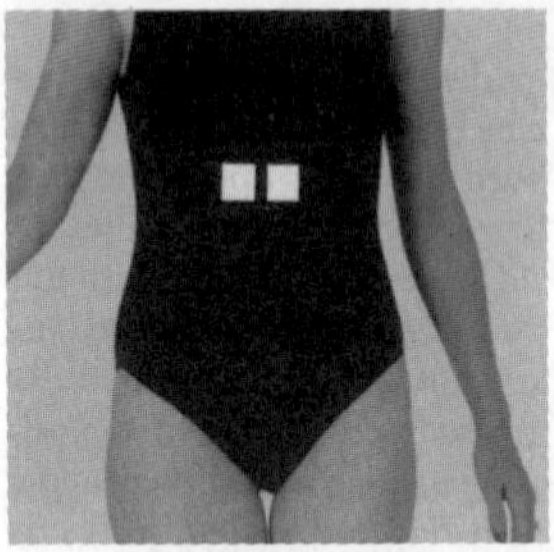

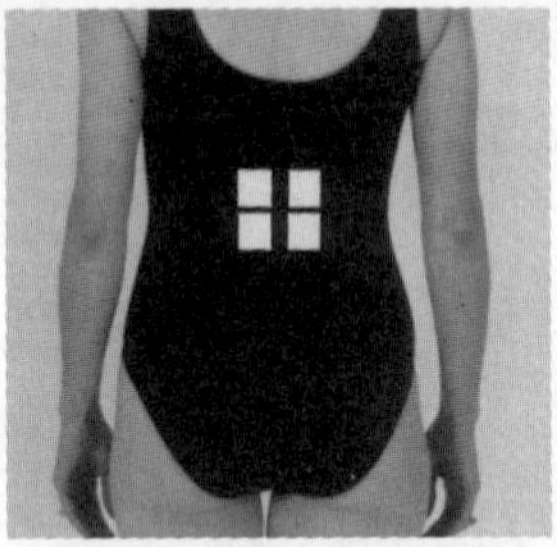

Frente do corpo: Os pontos ficam a 2,5 centímetros ao lado do umbigo e 5 centímetros acima dele.

Parte de trás do corpo: Os pontos ficam a 2,5 centímetros da coluna, entre T10-11 e T11-12.

Ponto Neurolinfático 7: Alivia Dores nas Mamas e a Sensibilidade na Região do Peito

Massageie por 20 a 30 segundos cada área mostrada nas fotografias.

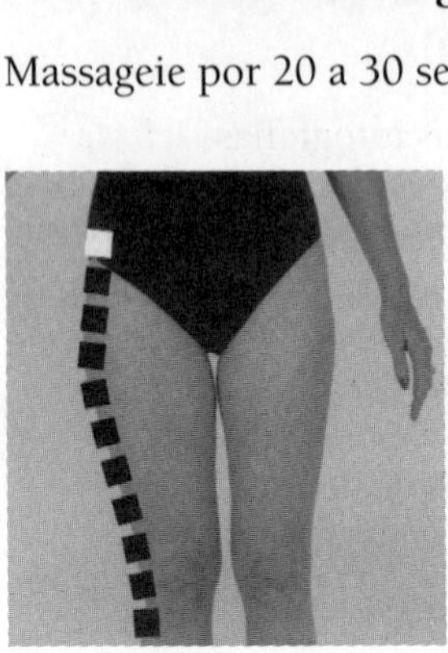

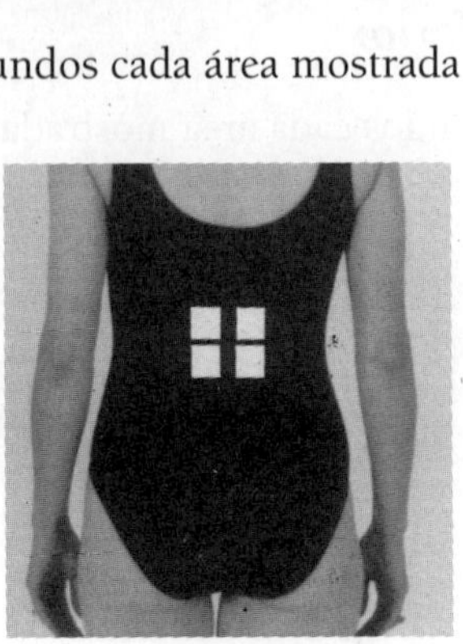

Parte da frente do corpo: A área está localizada ao longo da porção lateral da perna, desde o alto da coxa até logo abaixo do joelho.

Parte de trás do corpo: A área está localizada num triângulo que vai da parte superior do osso ilíaco até L2 e L4.

Pontos de Pressão Neurovascular

Os pontos de pressão neurovascular foram descobertos por Terrence Bennett, um pioneiro no campo da quiroprática. Ele descobriu que a estimulação de áreas da pele com um leve toque poderia melhorar a circulação sangüínea em sistemas de órgãos profundos. Ele verificou a ocorrência dessas mudanças em muitos pacientes observando os seus órgãos através de um fluoroscópio, ao mesmo tempo que uma pressão era aplicada à pele dessas pessoas.

Os pontos neurovasculares acham-se localizados principalmente na cabeça. Eles devem ser tocados de leve com os coxins dos dedos. Após pressionar levemente os pontos durante alguns segundos, uma leve pulsação será sentida. Esse pulso não está relacionado com os batimentos cardíacos. Acredita-se que seja a pulsação do leito microcapilar da pele. Esses pontos podem ser pressionados por um tempo que varia de 20 segundos a 5 minutos, dependendo da gravidade do problema. No que se refere à menopausa, sua maior utilidade é o tratamento de sintomas relacionados com as flutuações emocionais que podem ocorrer antes ou perto da menopausa.

Ponto Neurovascular 1: Diminui a Ansiedade, as Oscilações do Humor, a Irritabilidade e a Insônia decorrentes da Menopausa

Os pontos podem ser pressionados por até 5 minutos. Concentre-se nos sentimentos ou situações que a estejam incomodando. Tente sentir esse incômodo da forma mais intensa possível. Depois de algum tempo, você irá descobrir que está tendo dificuldade para se concentrar no problema. Ele lhe parecerá menos importante e você se sentirá muito mais tranqüila no fim do exercício. Esse é o exercício mais importante para aliviar problemas emocionais.

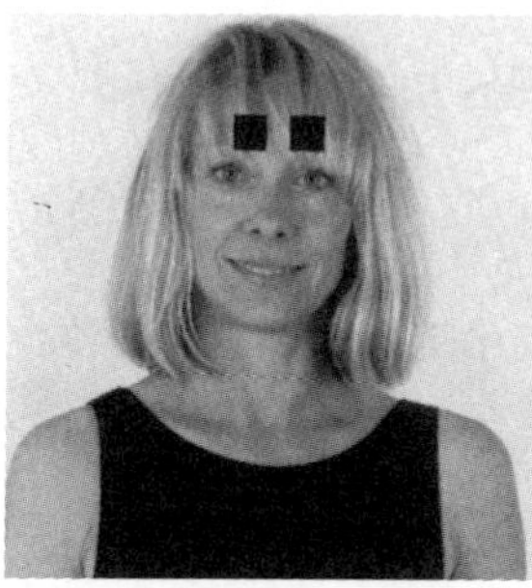

Eminência frontal: Localiza-se na testa, entre as sobrancelhas e o contorno do couro cabeludo.

Ponto Neurovascular 2: Ameniza a Depressão e a Fadiga decorrentes da Menopausa

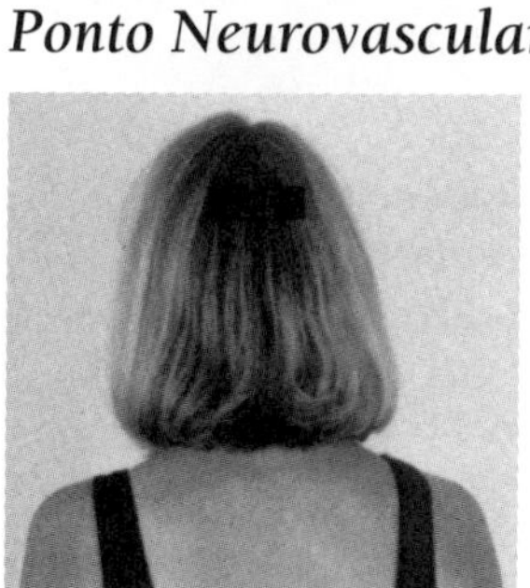

O ponto pode ser pressionado por até 5 minutos. Mantenha a pressão até a emoção desaparecer e sua energia melhorar.

Fontanela parietal: Localizada na parte de trás da cabeça, na linha média. Corresponde a uma das moleiras da cabeça dos recém-nascidos.

Os Pontos Corretos para os Seus Sintomas

Os pontos neurovasculares e de massagem neurolinfática mais importantes para você são os relacionados ao lado dos seus sintomas na tabela que se segue.

Pontos Neurovasculares e de Massagem Neurolinfática para os Sintomas da Menopausa

Sintomas	*Pontos Neurolinfáticos (NL) e Neurovasculares (NV)*
Aparelho Reprodutor Feminino	NL-1, 2
Ondas de calor	NL-1, 2
Vaginite Atrófica	NL-1-2
Desejo sexual, frigidez	NL-2
Bexiga, parte inferior do aparelho urinário	NL-3, 4
Ansiedade, irritabilidade, insônia	NL-5, NV-1
Depressão, fadiga	NL-6, NV-2
Mamas	NL-7
Tireóide	NL-5

Sugestões de Leitura

Kapel, Priscilla. *The Body Says Yes*. ACS Publishers, 1981.

Kapel, Priscilla. *Meridian Balancing*. 1979.

Peshek, Robert J. *Searching for Health, a Layman's Guide To Health Through Nutrition*. Color Coded Systems, 1982.

Thie, John F. *Touch for Health*. Pasadena, CA: T. H. Enterprises, 1987.

CAPÍTULO 16

Terapia de Reposição de Estrógenos

A maioria das mulheres na menopausa irão enfrentar a questão de usar ou não o estrógeno. Não existem respostas fáceis, pois o uso de estrógenos apresenta tanto benefícios quanto riscos. Como defensora da auto-ajuda médica, acredito muito na educação do paciente e tenho passado muito tempo discutindo essas questões com as minhas clientes. Isso é particularmente válido para a terapia de reposição de estrógeno porque, uma vez iniciada, você provavelmente irá utilizá-la pelo resto da vida. Se você tiver alguma outra dúvida sobre o estrógeno, deve, obviamente, discuti-la com o seu médico.

Tipos de Estrógeno

As mulheres geralmente usam o estrógeno na forma de comprimido ou de creme vaginal. Existem muitas marcas de estrógeno no mercado. Elas em geral são compostas por combinações de dois tipos de estrógeno que ocorrem naturalmente no seu corpo: o *estradiol* e a *estrona*. O estradiol está presente em maiores quantidades durante os anos férteis, ao passo que a estrona é o principal tipo de estrógeno produzido pelo corpo após a menopausa, nos ovários e nas supra-renais. Cerca de um terço das mulheres produzem estrona em quantidade suficiente para continuar a dar sustentação a seus tecidos e ossos. A maioria das mulheres, no entanto, apresenta uma significativa queda nos níveis de estrona e estradiol concomitantemente com o aparecimento dos sintomas da redução de estrógenos.

O *estriol* é a forma mais fraca de estrógeno que existe no corpo. Ele é produzido pelo fígado a partir do estradiol e da estrona presentes na corrente sangüínea. Cabe ao fígado a tarefa de metabolizar o estrógeno e preparar sua excreção pelo corpo. Para a terapia de reposição hormonal, o estriol está disponível na forma de comprimido, creme ou gel, produzidos nos Estados Unidos por solicitação especial em farmácias de manipulação. As pesquisas têm indicado que o estriol é eficaz no tratamento de ondas de calor, oscilações de humor e secura vaginal.

Dispomos de estrógenos sintéticos e naturais. O estrógeno está disponível na forma de comprimidos, de adesivos aplicados na pele e de cremes vaginais. A marca mais popular de estrógeno oral é o Premarin (Ayerst), constituído por estrógenos eqüinos conjugados. Ele é extraído da urina de éguas e contém uma mistura natural de estrógenos, incluindo a estrona. Outras marcas populares são Ogen (Abbot), que contém estrona, e Estrace (Mead Johnson), que contém estradiol, bem como muitas outras formulações genéricas. A única forma disponível de estrógeno por adesivo transdérmico é o Estraderm. Recentemente, novas marcas, como a Vivelle, foram introduzidas. O estrógeno por via transdérmica evita a necessidade de o hormônio passar pelo aparelho digestivo, como acontece quando o estrógeno é tomado vira oral. Ele também imita com mais precisão o modo como o estrógeno é produzido pelo corpo, sendo mandado para a corrente sangüínea em pequenas quantidades. Os cremes vaginais que contêm estrógenos são usados apenas para tratar sintomas de secura e atrofia vaginal.

Como Usar o Estrógeno

O estrógeno geralmente é tomado na forma de comprimidos. Ele é administrado do primeiro até o 25º dia do mês. Cerca de uma semana depois ocorrerá um sangramento semelhante ao do período menstrual. Também pode ser administrado todos os dias. Entretanto, o uso do estrógeno isoladamente declinou desde a década de 70, quando relatórios médicos indicaram que mulheres que usavam o produto tinham uma probabilidade cinco vezes maior de desenvolver um câncer de útero. Estudos mais recentes demonstraram que a adição de um composto de progestina (substância semelhante à progesterona) por duas semanas, no final de cada período de 25 dias de estrógeno, parece proteger as mulheres contra o desenvolvimento de câncer de útero. Como resultado disso, atualmente a maioria dos médicos prescreve uma combinação de estrógeno e progesterona para os sintomas da menopausa. As marcas mais comuns de progestinas existentes no mercado são Provera (Upjohn), Amen (Carnick) e Norlutin (Parke-Davis), entre outras. Estão também disponíveis uma forma oral de progesterona natural micronizada, extraída de compostos vegetais, e cremes de progesterona que podem ser aplicados na pele.

Em virtude dos possíveis efeitos colaterais do uso de hormônios (os quais irei analisar mais adiante, neste capítulo), deve ser usada a dose mínima de estrógeno e progestina necessária para aliviar os seus sintomas.

Algumas mulheres não querem tomar comprimidos de estrógeno porque ele atua sobre todo o corpo. Se a sua queixa principal for a falta de lubrificação da vagina, ulcerações e dor durante a relação sexual, você poderá usar um creme de estrógeno. O creme é aplicado no tecido vaginal com os seus dedos ou com um aplicador. Os cremes que contêm estrógeno podem aliviar boa parte da irritação vaginal que ocorre durante a menopausa em razão da queda de seus níveis naturais de estrógeno. Sem o estrógeno, a mucosa vaginal fica mais fina, mais seca e mais suscetível a sofrer lesões. Com o tempo, a vagina na verdade encolhe e torna-se menor. Com um mês de uso de creme à base de estrógeno, muitas mulheres referem uma grande diminuição do desconforto vaginal durante o coito. Embora o creme seja usado localmente, ainda poderá haver um pequeno risco de câncer de útero e de outros efeitos colaterais, de modo que muitos médicos recomendam o uso de progestina várias vezes por ano. Embora os cremes de estrógeno possam ajudar a diminuir a dor e a restaurar a mucosa vaginal, em muitas mulheres o nível de lubrificação obtido pode não ser suficiente. Assim, o uso de um lubrificante adicional, como o KY Gel, também pode ser necessário durante a relação sexual.

Benefícios da Terapia de Reposição do Estrógeno

Existem quatro importantes razões pelas quais os médicos prescrevem a terapia de reposição de estrógeno (TRE) para suas pacientes:

- Menopausa precoce (antes dos 40 anos de idade) em razão de cirurgia
- Prevenção e tratamento da osteoporose
- Eliminação de ondas de calor e suores noturnos
- Diminuição da falta de lubrificação vaginal, de ulcerações e dor durante as relações sexuais
- Prevenção de doenças cardiovasculares e derrames

Vejamos quais são os benefícios proporcionados pela terapia de reposição de estrógenos em cada uma dessas condições.

Menopausa precoce em razão de cirurgia. Mulheres com menos de 40 anos são submetidas a histerectomias por uma variedade de problemas médicos. Entre esses incluem-se infecções pélvicas (um problema cada vez mais comum), câncer, endometriose, tumores, sangramentos graves ou dor resultante de tecidos de cicatrização. Às vezes, os ovários precisam ser removidos juntamente com o útero. Em geral os cirurgiões tentarão preservar pelo menos um ovário ou parte dele, visto que o ovário remanescente continuará a secretar hormônios. Se isso não for possível e a mulher perder ambos os ovários, haverá uma queda abrupta em seus níveis hormonais. Ao contrário da queda gradual dos níveis hormonais que ocorre com a menopausa natural, essa queda súbita produz um tremendo impacto sobre o corpo da mulher. As mulheres queixam-se de ondas de calor, fadiga, depressão e perda de desejo sexual após a cirurgia, além de outros sintomas. Elas também correm um maior risco de desenvolverem osteoporose a longo prazo. Para essas mulheres, é aconselhável iniciar a terapia de reposição hormonal na época da cirurgia. Algumas mulheres optam por imitar a redução dos níveis hormonais que ocorre na menopausa natural, diminuindo as doses de hormônios na casa dos 40 e interrompendo o seu uso na casa dos 50, ao passo que outras mulheres continuam usando os hormônios indefinidamente.

Prevenção ou tratamento da osteoporose. As pesquisas têm mostrado que a terapia de redução de estrógeno reduz a perda óssea de cálcio após a menopausa. Como os efeitos da menopausa são tão devastadores (incluindo perda da resistência óssea, afinamentos dos ossos, aumento do número de fraturas e dificuldade para curá-las), as mulheres com elevado risco de osteoporose talvez queiram considerar a hipótese de fazer uso da terapia de reposição hormonal. As mulheres com risco elevado são aquelas com história familiar de osteoporose, membros de um grupo étnico (exceto as afro-americanas), mulheres magras e baixas, mulheres que passaram pela menopausa antes dos 40 anos de idade e mulheres que fumam ou consomem bebidas alcoólicas em excesso. A terapia de reposição de estrógenos para mulheres com elevado risco de osteoporose é ainda mais eficaz quando combinada com o uso de suplementos de cálcio, vitamina D e um programa regular de exercícios.

Redução da secura vaginal, ulceração e dor durante a relação sexual. A queda nos níveis de estrógenos que ocorre com a menopausa faz com que as paredes da vagina fiquem finas, secas e sejam facilmente lesadas pela fricção. Isso pode fazer com que o ato sexual torne-se desconfortável ou, até mesmo, doloroso. A terapia de reposição de estrógenos é muito eficaz para fortalecer o revestimento da vagina e melhorar sua lubrificação e resistência à fricção. A relação sexual passa a ser muito mais agradável e confortável com o uso da terapia de reposição de estrógenos. Algumas mulheres poderão optar pelo uso de um creme vaginal à base de estrógenos, o qual pode ser aplicado diretamente nos tecidos vaginais. Isso permite que as mulheres apliquem a quantidade exata de que precisam para ter alívio dos sintomas, minimizando os efeitos colaterais da terapia de reposição de estrógenos sobre as outras partes do corpo.

Prevenção de doenças cardiovasculares e derrames. O uso da terapia de reposição de estrógenos, isoladamente, tem apresentado um efeito benéfico sobre os níveis de lipídios sangüíneos, um fator importante no surgimento de doenças cardiovasculares. Ela aumenta o nível do HDL, o colesterol "bom", e reduz o de LDL, o colesterol "ruim", relacionado com problemas nas artérias coronárias. Estima-se que 50 por cento do efeito protetor do estrógeno sobre o sistema cardiovascular deve-se ao efeito do estrógeno sobre as lipoproteínas. Outra forma de proteção é o efeito direto do estrógeno sobre os vasos sangüíneos. O estrógeno tem um efeito relaxante sobre os vasos sangüíneos e melhora o fluxo arterial em todo o corpo. O seu efeito sobre as artérias coronárias produz uma reação benéfica sobre o fluxo de sangue no coração.

A terapia de reposição de estrógenos tem um efeito colateral negativo. Ela pode causar um aumento moderado nos níveis de triglicérides, os quais constituem um fator de risco de menor importância para o desenvolvimento de doenças cardíacas. Todavia, no conjunto, a terapia de reposição de estrógenos tem principalmente efeitos positivos sobre os lipídios sangüíneos.

A maioria dos médicos, porém, não prescreve os estrógenos isoladamente. Em geral, o estrógeno é associado a formas sintéticas de progesterona – chamadas progestinas – para proteger a mulher contra o desenvolvimento de câncer de útero. Foram feitos vários estudos para comparar os riscos e os benefícios entre o uso do estrógeno isoladamente e o da associação estrógeno-progestina. Até o momento, estudos com duração de mais de 12 meses não sugerem que as progestinas usadas na terapia de reposição hormonal tenham um efeito adverso sobre os lipídios sangüíneos. Estudos antigos sugerem que o uso da progesterona micronizada obtida a partir de fontes vegetais pode ter ainda menos efeitos adversos do que as formas sintéticas de progesterona comumente usadas.

Conquanto a progesterona oral micronizada seja obtida apenas mediante apresentação de receita médica, muitos cremes de progesterona podem ser comprados em lojas de produtos naturais. Esses cremes contêm níveis terapêuticos de progesterona e são aplicados sobre a pele duas vezes por dia. Os efeitos mais comumente relatados das progestinas sintéticas são depressão e fadiga, os quais não são causados pelas progestinas naturais.

Razões para Evitar o Estrógeno

O estrógeno não deve ser usado por mulheres com elevado risco de câncer de mama ou de útero ou que tenham miomas uterinos, endometriose, doenças do fígado ou da vesícula biliar ou depressão. Vejamos os efeitos negativos que o estrógeno pode produzir sobre estes problemas médicos.

Câncer de mama. O câncer de mama é um dos cânceres mais comuns em mulheres e muitas de nós estamos preocupadas com a ligação entre estrógeno e câncer. Com efeito, mulheres que antes já tiveram um diagnóstico de câncer de mama dependente de estrógeno normalmente não irão fazer a TRE. Embora o estrógeno não dê início ao câncer e não seja um carcinógeno, ele pode estimular o crescimento de um câncer já existente. Assim, a principal preocupação é que a TRE possa ajudar a promover a recorrência da doença. Os médicos, compreensivelmente, são cautelosos quando se trata de expor as pacientes a estes riscos, por mais graves que sejam os seus sintomas da menopausa.

A relação entre o uso da TRE e um aumento do risco de câncer de mama em mulheres que não tiveram a doença é muito menos clara. Muitos especialistas acreditam que a TRE não aumenta o risco de câncer de mama no curto prazo. Todavia, após 10 a 15 anos de uso, a TRE parece de fato aumentar o risco (mas não a taxa de mortalidade) de câncer de mama em 20 a 30 por cento. Mulheres com uma importante história familiar de câncer de mama podem optar por não usar o estrógeno. Se optarem por fazer a terapia de reposição de estrógeno, devem usá-lo na menor dose possível. Estas mulheres devem fazer um auto-exame das mamas todos os meses e, a cada um ou dois anos, submeterem-se a uma mamografia e a um exame da mama feito por seu médico.

Câncer de útero. Em meados da década de 70 descobriu-se que o uso do estrógeno isoladamente aumenta em cinco vezes o número de casos de câncer de útero. Desde então, verificou-se que o uso de progesterona juntamente com a terapia de reposição de estrógeno parece proteger contra o desenvolvimento desse tipo de câncer. Algumas mulheres, todavia, naturalmente podem ter mais propensão para o desenvolvimento de câncer de útero. Entre estas encontram-se as mulheres que têm mais de 15 quilos de excesso de peso, porque suas células adiposas produzem uma maior quantidade de estrógeno. Estas mulheres podem ser aconselhadas a não usar a terapia de reposição de estrógeno e, em vez disso, usar progestinas durante dez dias para induzir a descamação do revestimento do útero.

Miomas uterinos e endometriose. Os miomas ocorrem quando existe excessivo crescimento do tecido muscular do útero. Estes tumores geralmente são vistos em mulheres durante os anos férteis e têm seu crescimento estimulado pelo estrógeno. Os miomas podem causar sangramento menstrual excessivo e desconforto pélvico, chegando ao ponto de tornar necessária uma histerectomia. Em geral eles se encolhem após a menopausa por causa da redução dos níveis de estrógeno. Ocasionalmente, mulheres que fazem uso da terapia de reposição de estrógeno podem apresentar miomas de crescimento contínuo. Assim, recomenda-se que mulheres com miomas ativos usem com cautela a terapia de reposição hormonal e que sejam cuidadosamente acompanhadas por seus médicos.

A endometriose ocorre quando o revestimento do útero cresce para fora de sua área normal e se implanta na pelve. Ele pode causar dor e aderências (formação de tecido de cicatrização) nas mulheres. O crescimento desses implantes pode também ser estimulado pela terapia de reposição de estrógeno, a qual deve ser prescrita com cautela.

Doenças do fígado e da vesícula biliar. As mulheres com doenças hepáticas devem evitar o uso de terapia de reposição de estrógeno por via oral. Quando o fígado está comprometido pela ingestão excessiva de álcool, por hepatite ou por outros fatores, ele não consegue mais metabolizar eficazmente o estrógeno. Os adesivos de estrógeno, todavia, podem ser usados por mulheres cuja função hepática esteja comprometida.

O uso da terapia de reposição de estrógeno também pode aumentar o risco de doença na vesícula biliar em mulheres suscetíveis. Entre as que apresentam um risco mais elevado de desenvolver doenças na vesícula biliar estão as obesas, que adotam uma alimentação gordurosa, que têm níveis elevados de colesterol, que são diabéticas ou que são descendentes de nativos americanos.

Depressão e alterações de humor. Algumas mulheres acham que a terapia de reposição hormonal melhora muito o seu humor, enquanto outras relatam que a terapia de reposição de estrógeno e as progestinas podem causar depressão e alterações de humor. A ocorrência de alterações de humor também podem ser vistas em mulheres que fazem uso de pílulas anticoncepcionais. Se ocorrerem alterações de humor em mulheres mais jovens, elas podem mudar para uma outra pílula anticoncepcional ou interromper definitivamente o uso de contraceptivos orais.

Estrógenos Comumente Usados na Terapia de Reposição Hormonal

Nome Comercial	*Nome Genérico*
Premarin	Estrógenos eqüinos conjugados
Estinyl	Etinilestradiol
Estrace	Estradiol
Ogen	Estrona

Progestinas Comumente Usadas na Terapia de Reposição Hormonal

Nome Comercial	*Nome Genérico*
Provera	Acetato de medroxiprogesterona
Amen	Acetato de medroxiprogesterona
Norlutin	Norentindrona
Norlutate	Acetato de norentindrona

PARTE IV: Conclusão

CAPÍTULO 17
Como Organizar o Seu Programa

O *Guia Completo da Menopausa* lhe oferece todo um programa para ajudar a aliviar alguns dos seus sintomas da menopausa, para prevenir o aparecimento de outros e para ajudá-la a alcançar novos níveis de saúde e vitalidade. O programa de auto-ajuda contém muitas opções de tratamento. Experimente-as e veja quais técnicas funcionam melhor para você. A Tabela de Tratamento da Menopausa, nas páginas 38-41, deve ajudá-la a montar o seu próprio programa de forma simples e fácil. Ela destaca todos os pontos que eu gostaria que você tivesse em mente. Não se prenda a detalhes. Tenha sempre em mente o seu objetivo supremo: aliviar os problemas da menopausa e melhorar a sua saúde geral. A meta é ficar cada vez mais forte e mais saudável à medida que você for envelhecendo. À medida que for aprendendo novas técnicas para melhorar o seu bem-estar, a sua saúde pode de fato melhorar com a passagem dos anos.

Usufrua o programa e use-o como uma nova e excitante experiência de aprendizado. Divirta-se com os exercícios. Encare as mudanças em seus hábitos alimentares como uma excelente oportunidade para experimentar novos e deliciosos alimentos.

A cura ocorre gradualmente e nunca se faz num ritmo constante. Não se sinta culpada se perder um dia de exercícios. Não desanime se fugir de sua dieta nos feriados, nas férias ou simplesmente porque o seu velho gosto por esse ou aquele tipo de alimento se tornou irresistível. Todo mundo tropeça e cai de vez em quando. A pessoa bem-sucedida se levanta e segue em frente. Trate apenas de rever periodicamente as suas metas e as diretrizes gerais que tracei para você.

Você é o seu melhor sistema de *feedback*. Mostre-se sensível às mensagens enviadas por seu corpo. Ele irá dizer-lhe quando determinados alimentos ou tensões emocionais poderão agravar os seus sintomas.

Lembre-se de que até mesmo mudanças moderadas em seus hábitos podem melhorar sua saúde e ajudar a prevenir muitos dos sintomas daquilo que chamamos de "processo de envelhecimento". Problemas tais como rigidez, falta de flexibilidade e fadiga – bem como muitas doenças – podem ser prevenidos ou ter sua gravidade reduzida mediante atenção adequada às técnicas de medicina preventiva. Um corpo forte e saudável deve ser uma meta a ser perseguida por toda a vida.

Nutrição

Faça todas as mudanças nutricionais de forma gradual. Reveja periodicamente as listas de alimentos cujo consumo deve ser limitado ou enfatizado. A cada vez que você rever estas listas, escolha mais alguns alimentos cujo consumo você esteja disposta a eliminar e outros que você disponha-se a experimentar. Reveja estas listas com a freqüência que desejar, mas procure fazê-lo regularmente. Cada pequena mudança que você faça em sua dieta pode ser útil.

Reveja as diretrizes para cada refeição. Você talvez queira reestruturar uma determinada refeição. Os exemplos de cardápio que forneci no texto podem servir de modelo para você.

Use suplementos de vitaminas e de ervas para ajudar a satisfazer as suas necessidades nutricionais. A menopausa é a ocasião em que o seu corpo necessita de mais nutrientes para manter o melhor nível de saúde possível.

Redução do *Stress*

Os exercícios apresentados no capítulo de redução do *stress* podem ser muito úteis caso você seja sensível às mudanças hormonais e emocionais que ocorrem durante a menopausa. Os exercícios de redução de *stress* para a menopausa podem ajudá-la a equilibrar o seu humor e a aumentar a sua sensação de bem-estar. Eles também irão ajudar a modificar o seu sistema de crenças acerca do seu corpo, além de melhorar o funcionamento do seu sistema nervoso autônomo.

Ao iniciar o seu programa, reserve meia hora durante vários dias consecutivos e experimente executar os exercícios de redução de *stress* descritos neste livro. Encontre uma combinação que funcione para você e, então, pratique-a regularmente.

Os exercícios devem ser realizados todos os dias, durante pelo menos alguns minutos por dia. Você talvez chegue à conclusão de que o melhor momento para realizá-los é ao acordar, pela manhã, ou à noite, antes de ir dormir. Outros momentos apropriados poderiam ser definidos durante o dia, especialmente naquelas ocasiões em que você estiver sentindo-se particularmente cansada ou estressada. Trate simplesmente de arranjar uns dez minutos, feche a porta de sua sala e relaxe. Respire profundamente, medite ou use as visualizações ou afirmações para a menopausa. Você irá descobrir que estará sentindo-se muito melhor depois de ter feito isto. Você também poderá descobrir que é agradável executar os exercícios de redução de *stress* antes dos seus exercícios físicos regulares.

Exercícios Físicos

Exercícios moderados – caminhar, fazer *jogging*, nadar, jogar golfe, jogar tênis ou andar de bicicleta – devem ser feitos regularmente, junto com os exercícios de aptidão e flexibilidade. O melhor é praticá-los todos os dias ou em dias alternados, dependendo do seu nível de tolerabilidade.

Exercícios Corretivos Específicos

Massagem por Acupressão, Yoga, Pontos Neurolinfáticos, Pontos de Pressão Neurovascular

Na primeira ou nas duas primeiras semanas, reserve meia hora por dia, durante vários dias consecutivos, e realize os exercícios que aquecem, tonificam e energizam o seu corpo. Descubra quais são aqueles que você mais aprecia. Estes devem sempre preceder quaisquer exercícios corretivos específicos para os seus sintomas.

Procure os exercícios específicos que irão corrigir os seus sintomas na Tabela de Tratamento para a Menopausa, apresentada nas páginas 38-41. Experimente todos os exercícios recomendados para os seus sintomas específicos. Descubra quais deles funcionam melhor para você. Pratique-os regularmente de modo que eles ajudem a prevenir e a aliviar os seus sintomas.

Seção Caderno de Avaliação

Preencha a seção de avaliação antes de dar início ao seu programa. Em seguida, utilize-a periodicamente (a cada 1 a 3 meses) para verificar o progresso que você estiver fazendo e as áreas problemáticas às quais você deve dedicar mais tempo. O uso regular do caderno de avaliação irá fazer com que o programa torne-se muito mais fácil e eficaz para você.

As páginas do caderno de avaliação oferecem a você uma forma estruturada de avaliação de seus hábitos de vida, de seus sintomas e de seus sucessos. A parte de avaliação de hábitos irá mostrar-lhe quais aspectos de sua vida contribuem para o surgimento dos seus sintomas. Faça uma avaliação de seus sintomas relacionados com a menopausa e relacione os tratamentos que você estiver fazendo para ajudar a corrigi-los. É importante que você proporcione a si mesma este *feedback* num formato organizado e fácil de usar.

Conclusão

Ao terminar este livro, quero fazer diversas considerações. Lembre-se de que a menopausa e os anos que se seguem a ela podem ser um período de vigor e vitalidade. Envelhecer pode proporcionar-lhe a oportunidade de aprender novas técnicas de manutenção da própria saúde. Muitas mulheres prestam mais atenção aos seus hábitos de vida nos anos da menopausa e, em conseqüência, passam a gozar de uma saúde melhor do que a que tinham quando eram jovens. Esse processo de aprendizado pode ser uma aventura emocionante que irá aumentar a sua alegria de viver. Ele certamente aumentou a minha.

Portanto, você deve praticar regularmente as técnicas de auto-ajuda apresentadas neste livro. Adote bons hábitos de nutrição, pratique as técnicas de relaxamento e redução do *stress* ou as técnicas específicas que ajudem a aliviar os seus sintomas específicos. Se você dominá-las e fizer com que elas se tornem parte de sua vida cotidiana, será recompensada com os mesmos resultados maravilhosos que eu e minhas pacientes obtivemos. Elas irão proporcionar-lhe uma base sobre a qual você poderá construir uma vida saudável e que vale a pena ser vivida.